国家哲学社会科学成果文库

NATIONAL ACHIEVEMENTS LIBRARY
OF PHILOSOPHY AND SOCIAL SCIENCES

公共服务标准化的创新机制

卓越 等著

社会科学文献出版社
SOCIAL SCIENCES ACADEMIC PRESS (CHINA)

卓越　福建尤溪人，经济学博士。现任厦门大学公共事务学院副院长、教授、博士生导师，全国政府绩效管理研究会副会长、福建省人民政府顾问，兰州大学管理学院等多所高校兼职教授。曾先后赴美国、澳大利亚、新西兰、荷兰、德国、俄罗斯、韩国、新加坡、菲律宾等国家参加国际学术会议，进行学术访问、项目考察和科研合作。

教学和科研的主要方向为政府绩效管理、公共服务标准化、政府治理与创新。

已正式出版《政府成本控制研究》《政府绩效管理概论》《公共部门绩效评估》等个人专著、合著40余部。在《政治学研究》《教育研究》《中国行政管理》等刊物上发表论文230余篇。

主持"十二五时期公共服务标准化创新机制研究""基于数据挖掘的地方政府绩效评估指标体系研究""政府成本控制研究"等20余项国家社科基金重点项目、国家社科基金项目、国家自然科学基金项目和省部级项目。

《国家哲学社会科学成果文库》
出版说明

为充分发挥哲学社会科学研究优秀成果和优秀人才的示范带动作用，促进我国哲学社会科学繁荣发展，全国哲学社会科学规划领导小组决定自2010年始，设立《国家哲学社会科学成果文库》，每年评审一次。入选成果经过了同行专家严格评审，代表当前相关领域学术研究的前沿水平，体现我国哲学社会科学界的学术创造力，按照"统一标识、统一封面、统一版式、统一标准"的总体要求组织出版。

全国哲学社会科学规划办公室

2011 年 3 月

前　言

本书在导向方面，体现价值理性和工具理性相结合，既期望在理论上建构一个公共服务标准化的较为完整的体系，又要突出标准化在推进服务型政府建设中的工具作用，推进服务型政府建设从理念倡导到方法技术的转变。本书突出绩效管理的发展导向，凸显职能管理、目标管理、绩效管理的发展战略，实现流程管理与结果管理相结合，目标管理与绩效管理相结合，以投入、过程、产出、结果作为基本的标准元素，以公共服务的提供资源、提供机制、提供结果作为基本的标准维度。本书重在创新提升，实现借鉴企业经验与体现公共精神相结合；重在实践探索，实现架构通用框架与选择试点相结合；重在推广运用，实现通用标准与个别标准相结合。

在目标方面，努力通过理论与实务相结合的方式，体现双重创新。在理论层面：①在对公共服务标准化进行内涵辨识、特点把握、意义解读、轨迹追述的基础上，建立一套较为完整的公共服务标准化建设理论体系。在推进服务型政府建设中，形成一个与公共服务市场化、公共服务均等化、公共服务提供机制等相对应的标志性主题。②从企业管理标准与政府管理标准、服务标准与公共服务标准、国家标准与地方标准、规范化和标准化的比较分析中，提炼公共服务标准的特点，形成公共服务标准的边界。③不仅从公共服务的供给机制，而且从公共服务的需求机制入手，在研究视角上推进了服务型政府建设的深入发展。在实务方面，通过规范的模板设定，运用文字、表格、图形等方式，完整描述和明确定位，制定通用型的公共服务标准，形成深化服务型政府建设的操作平台，为较大规模的公共服务标准化建设推广工作奠定基础。按照不同类型、不同层级设计若干套模板，建构一套通用型的公共服务标准，在技术和工具层面形成了公共服务的创新机制。制定标准是一个理论指导的过程，也是实践推动的过程。或者说，制定标准可以通过由下而上和由上而下两种渠道进行。目前，公共服务标准化建设基本上是通过由下而上的渠道，一些地方政府在积极地实践，但是，各自为政的试点探索缺乏统一标准，容易产生歧义。由下而上的发展进程急需由上而下的积极回应，急需出台一个在格式要素和内容标准上的通则性操作指南。同时，通过标准化建设，通过规范的模板设定，与电子政务相衔接，为开发公共服务标准化管理系统软件预留空间。

本书围绕一个主题串联式发展，各个环节纵向依次衔接，理论分析、模型建构、模板设计和推广实施等各个环节逻辑性强，关联度高。本书在导论之后，构建现状分析模块（第二章至第三章）、模型的构建与验证模块（第四章至第六章）和实务操作模块（第七章至第九章）等几个相互联系的板块。

在现状分析模块，本书从综合考量的视角梳理了公共服务标准化的发展进程。标准化建设、服务型政府建设和规范化建设这三条并联的线索几乎同时汇聚而来，形成了壮观场面。第一条主线以管理标准化作为基点，按照标准化—服务标准化—公共服务标准化的发展路径，确定公共服务标准化的时代特征。第二条主线以推进服务型政府建设作为背景，把公共服务标准化作为一个与公共服务市场化、公共服务提供机制、公共服务均等化相对应的全新主题，作为推进服务型政府深入发展的内在逻辑延伸。第三条主线以规范化作为基点，在阐述规范化建设现状的基础上，分析规范化与公共服务标准化的异同，说明规范化发展的必由之路。本书意在梳理之后，寻求三条主线之间的交点，逻辑性地推出公共服务标准化。与纵向发展进程分析相呼应，本书从横向比较的角度，对公共服务标准化的结构进行类型划分，对公共服务标准化与 ISO9000 政府质量管理进行功能上的比较分析。从更好地了解什么是公共服务标准化和更深层次上理解公共服务标准化内涵的角度，本书在公共服务标准化现状分析板块中专门进行了类型划分。在分类标准方面，设计了多视角的公共服务标准化分类、阶段分类、内容分类和环境分类等，并对综合性服务窗口、单项性服务窗口、市政设施、城市公共信息、公共企业、基本公共服务、专门领域的公共服务标准化进行了归类和特征描述。本书通过分析公共服务标准化与 ISO9000 政府质量管理的异同，说明公共服务标准化对于 ISO9000 政府质量管理的比较优势。在分析方法上，本书按照文本分析的一般方法，遵循特点分析、问题分析和发展路径分析的基本框架，重心落在公共服务标准化对 ISO9000 政府质量管理的积极促进作用方面。

在模型的构建与验证模块，本书按照创新研究的规范路径，以问题为导向，以假设为前提，通过建构和验证公共服务标准化可执行、可持续、可扩散模型，依次逻辑展开。在创新可执行性模型的构建与验证方面，本书在论证创新可执行性的内涵、特点和作用的基础上，构建创新可执行性的模型，按照接受阶段和执行阶段分解影响因素。在创新的执行阶段，选择创新的执行客体和执行主体作为主要影响因素。前者主要表现为创新方案的可执行性，具体包含目标要素、操作要素和价值要素；后者包括组织设置、组织资源和组织文化三个方面。创新的可执行性模型为公共服务标准化可执行性评估提供了基础框架，相当于评估体系的基本维度＋基本指标，或者称一级指标＋二级指标。依照模型的思路，本书建立相应的三级指标，构建完整的创新可执行性评估体系。在此基础上，选择比较典型的案例进行分析，证明公共服务标准化的可执行性。在创新可持续性模型的构建与验证方面，本书认为，标准化可持续性的形成轨迹取决于不同发展路径下标准化影响因素作用力的大小，包括动力机制、组织力度、操作运载途径、发展路径的依赖、论证机制、标准的广度与深度、信度与效度以及监督机制的健全程度等八个方面的要素。本书采用针对给定评价因子作出的书面描述评估方法，建立公共服务标准化可持续模型的评估体系，由工作机制、标准质量和监督机制三个维度组成。在此基础上，选择比较典型的案例进行分析，证明公共服务标准化的可持续性。在创新可扩散性模型的构建与验证方面，本书根据梯度理论在政府创新扩散领域的适用性程度，在比较分析的基础上，选择了与产品生命周期理论、区域生命周期理论不同的梯度理论作为基本分析视角；从资料丰富程度、扩散空间范围和受控比较程度考虑，选择相关的实践案例；通过数据收集，分析基本公共服务标准化创新扩散的"反梯度"现象和梯度特征，进行总结和思考。

在实务操作模块，本书通过国外的管理经验借鉴和国内相关政策的佐证，从战略角度分析了公共服务标准化的顶层设计。本书认为，在理论上，公共服务标准化应该有自身明确的界点，但在实践中，对公共服务标准化界点勘探存在困惑。本书认为，公共服务标准化顶层设计必须面对公共性问题和政府主导问题的挑战。构建通用型模板设计需要进行理论预设，通用型公共服务标准必须凸显公共服务标准模板的菜单式特性，力求公共服务的过程控制与结果导向，实现公共服务标准体系的相容，贯穿从标准设定到实施的诉求和展现公共服务提供的工具效应。通用型公共服务标准模板可以分为公共服务基础标准、公共服务资源供给与管理标准、公共服务提供要素标准和公共服务绩效标准四个基本维度。本书认为，公共服务标准化的组织实施的基础是组织分析，包括公共部门组织实施文化服务标准化的程序，以及标准化实施中的制度和组织建设，其中制度和组织建设是文化服务标准化实施的基础和保证。组织实施是公共服务标准化的一个基本环节和重要步骤，可以对标准化工作的其他方面进行检验，对公共部门管理、目标和战略加以改进。本书认为，公共服务标准化建设总是在一定的环境中进行的，环境是影响公共服务标准化建设可持续发展的双刃剑。环境建设包括宏观环境建设与内部环境建设。前者是相对比较普遍的外部影响因素的集合，对公共服务标准化产生外生性的作用力；后者则是相对特殊的内部影响因素的集合，对公共服务标准化产生内生性的作用力。也就是说，环境对于公共服务标准化的影响包括宏观环境的外生性影响与微观环境的内生性影响。内外部环境分别由不同的影响因素构成，产生不同的影响力与影响方式。同时，这两股不同的影响力将合成对公共服务标准化的综合作用力，形成影响公共服务标准化建设的不同环境类型。为此，可以按照"外—内—总"的逻辑对公共服务标准化建设环境进行具体分析，寻求有效的促进机制。

本书是在国家社科基金重点项目"'十二五'时期公共服务标准化创新机制研究"（项目编号：10AZD005）的基础上，经过认真修改完善而形成的。本书由厦门大学公共事务学院卓越教授担任主著，同时，基本上每章也有其他作者协助写作。各章的作者为：第一章，卓越；第二章，卓越、兰丽娟、段哲哲、肖雪芹；第三章，卓越、卢梅花、陈赟、刘洋；第四章，卓越、于湃；第五章，尹昌美、卓越；第六章，卓越、陈诚；第七章，卓越、卓萍、张世阳；第八章，卓越、马媛；第九章，卓越 、王欢欢。

本书的出版得到社会科学文献出版社的积极帮助，该社社会政法分社曹义恒总编为编辑此书提供了不少创意，借此机会一并表示由衷的谢意。

卓　越

2015 年 10 月 26 日

目　　录

Contents

第 一 章

导 论

导论的作用在于阐述选题的研究意义，介绍选题的核心概念和相关理论与模型，并对选题国内外研究现状进行综合述评，在此基础上，明确选题的研究目标导向，展示总体的逻辑框架，提出具体的研究方法。

第一节　研究对象界定

明确研究对象是全部研究的逻辑起点，界定研究对象既要准确揭示对象的内涵与特征，还要完整阐述研究对象的意义与作用。

一　公共服务标准化的内涵与特征

1. 服务标准化

学界已明确，"标准"包含四个方面的含义：制定标准的对象是重复性的事物或概念，标准产生的客观基础是"科学、技术和经验的综合成果"，标准在制定过程中要经有关方面"协商一致"，标准的本质特征是统一的规定。标准化就是围绕标准所展开的一系列活动，以便达到标准化的状态。根据 GB/T 20000.1 - 2002 中的定义，标准化是为了在一定范围内获得最佳秩序，对现实问题或潜在问题制定共同使用和重复使用的条款的活动。从标准的定义可以推出，服务标准化是通过对服务标准的制定和实施，以及对标准化原则和方法的运用，以达到服务质量目标化、服务方法规范化和服务过程程序化，从而获得优质服务的过程。

自 1996 年国际标准化组织（ISO）提出"服务标准化"口号以来，服务标准化即受到各成员国尤其是西方发达国家的重视，各国都不同程度地开展了推进服务标准化的工作，服务标准化已成为标准化进程中一个新兴的标准化领域。自起步以后，其受到我国各界的高度重视，研究的视角和深度也在不断拓宽变深。根据国际标准《服务标准制定考虑消费者需求的建议》（ISO/IEC Guide 76：2008）中的界定，"服务"是指供方和顾客接触面上至少需要完成一项活动，其结果通常是无形的。服务的目的是满足顾客的需求，服务的条件是必须与顾客接触，服务的实质是一项活动，是产生于人、机器、设备与顾客之间互动关系的有机联系，并由此形成一定的活动过程。所谓服务标准是规定服务应满足的要求以确保其适用性的标准。

从服务标准化范围和内容的国际层面的界定来看，国际标准化组织消费者政策委员会（ISO/COPOLCO）开发的 ISO/IEC 76 号指南，即《服务标准制定考虑消费者需求的建议》，给出了制定服务标准时通常应考虑的要素及其规范主题。我国 GB/T 15624.1 - 2003《服务标准化工作指南　第 1 部分：总则》将服务标准化的范围概括为六个方面[①]：①批发、零售和住宿、餐饮服务；②交通运输、邮政和仓储服务；③金融和房地产服务；④商务、专业技术和科学研究服务；⑤旅游、文化、娱乐和体育服务；⑥社会公共服务和其他服务。社会公共服务包括：政府行政管理服务，城市建设服务、卫生、社会保障和社会福利服务，康复工程服务，教育服务，居民社区服务，图书馆服务等；其他服务包括国际组织服务等。我们可以以此作为建立公共服务标准体系的依据。

同时，GB/T 15624.1 - 2003 还对服务标准化的内容进行了概括，分别对服务基础标准、服务管理标准、服务质量标准、服务资质标准、服务设施标准、服务安全卫生标准、服务环境保护标准、保护消费者权益标准等八种类型进一步展开，介绍了该类服务标准通常所包含的内容。GB/T 15624.1 - 2003 第六章规定了服务标准的类型，一般可分为服务基础标准，服务管理标准，服务质量标准，服务资质标准，服务设施标准，服务安全、卫生标准，服务环境保护标准和保护消费者权益的标准。

---

① 国家标准化技术委员会：《服务标准化工作指南　第 1 部分：总则》，中国标准出版社 2003 年版。

2. 公共服务标准化

公共服务标准涉及与公众生活密切相关的公共服务领域，也涉及政府自身行为规范的管理。一般认为，公共服务标准化是指政府在为公众提供公共服务和公共产品的实践中，对于重复性的行为、技术和产品制定具体的操作和管理标准，并通过各级标准化行政主管部门批准和颁布，进而在实践中实施和推广，以求不断满足公众的公共需求，取得最佳社会效益的过程。需要强调的是，这里所说的"公共服务"是一个广义的概念，凡是通过政府部门提供产品和服务的实践都可以纳入公共服务标准化的范围，而不是狭义上的政府公共服务职能。例如，政府部门的审批服务，虽然属于政府市场监管职能，但也是可以进行公共服务标准化的公共服务行为。

有学者认为，从范围上讲，公共服务标准化的重点内容有基本公共服务的标准化、政府公共服务管理体制的标准化和政府绩效管理体制的标准化。公共服务标准化具有动态性、差异性、多样性、统一性、经济性和程序性的特征。

3. 公共服务标准化的特征

第一，动态性。公共服务标准是对社会实际问题的回应。随着社会发展、科技进步，标准化需要不断向深度和广度发展，不适用的标准体系需要不断修订、完善和提高。政府公共服务标准化不是一劳永逸的工程，而是持续改进、螺旋式上升的动态发展过程，是通过制定、发布和实施等环节的循环，不断完善，不断提高政府公共服务水平和绩效的过程。

第二，差异性和多样性。公共服务标准化不同于工业标准化，它呈现多种形式。由于社会经济发展水平的差异和掌握资源状况的不同，政府公共服务标准化会在国家和地区之间呈现出地理性差异。政府公共服务标准不再是单一的技术指标形式，而是形成了一个由定量指标和定性描述综合表达的体系。

第三，统一性。同一公共服务事项或类别会存在由不同层级政府、不同政府部门交叉管理的问题。通过制定统一的技术标准、管理标准和服务标准，可以实现公共服务提供流程的规范化，明晰部门之间职能的界限，促进各部门之间的有机衔接，实现无缝管理，提升政府公共服务的效能和公众满意度。将某部门单一的标准与其他标准相联系，可以构建统一的政府公共服务标准体系。统一的公共服务标准也有利于对各个政府部门公共服务状况的比较和监控，并为科学的绩效评估提供依据。

第四，经济性。现代标准化不仅重视标准化的经济效益，也开始重视标准化的社会效益，这突出体现在公共服务标准化方面。政府在为公众提供公共服务的过程中制定和实施标准只是一种手段，其效果应该以是否满足公众公共需求和取得最佳的社会效益作为评判标准，而不是为了管理方便或取得政绩而去寻找操作中的最佳秩序。

第五，程序性。公共服务标准的制定、发布、实施和监督等各个环节都需要遵循一定程序。

二 公共服务标准化机制创新

1. 机制创新的内涵

政府创新"就是公共权力机关为了提高行政效率和增进公共利益而进行的创造性改革"。[①] 政府只有创新，才能改变行政体制的被动性和僵化性，增强自身的灵活性和适应性，才能适应企业创新和区域创新的要求，发挥自身在各种创新领域和各种创新活动中的积极作用，保证国家创新的顺利进行。地方政府公共服务创新是政府创新的重要组成部分。公共服务创新是在实现建设公共服务型政府这一目标的过程中，政府通过树立民本和服务理念、转变职能、改进服务方式等措施而坚持的创新方向和价值目标；也就是指公共部门转变观念，优化组织结构，在公共服务过程中提高公共服务质量，满足公众更新的、更高的需求。公共服务创新既是一种使公共组织获得公众满意度的方法，也是一种在社会现有资源中发现新的价值创造的协同作用用的方式。公共服务创新需要政治系统的倡议、资源支持、每个人的责任感，更重要的是组织内外部学习，创新源于对资源的重新整合。

"机制"的概念最初是19世纪的一些生物学家在生物学分析中率先运用的，原指机器的构造和工作原理，或有机体的内在工作方式，包括其构造、功能和相互关系。可以看出，机制既不是单纯指涉及对象的静态结构，也不是单纯指涉及对象的动态运行，而是把这两个方面结合起来，是各个要

---

① 俞可平：《论政府创新的若干基本问题》，《文史哲》2005 年第 4 期。

素在运行过程中的相互关系以及从中体现出的一般规律。"机制"一词现在泛指事物的各个组成部分之间的相互联系、互为因果的联结，以及整个系统与环境之间的相互关系及其体现的规律，从而为社会管理提供新的理论视角和方法。将"机制"这一高度整合的概念导入公共服务标准化，就是要从方法、技术、工具的视角对公共服务标准化体系即整个标准系统进行动态的整体考察，既要考察公共服务标准化管理系统的各个组成要素，又要考察多个阶段和环节构成的动态行为过程，以及公共服务标准化体系与政府内外部环境之间的交互作用。

机制创新包括公共服务提供系统的重新设计和公共服务供给方式的重大变化，其直接价值取向是创设一种新的治理文化。公共服务标准化机制创新就是要寻求标准系统各个要素的重新组合，使公共服务标准体系的各个组成部分或者各种标准要素能有效耦合，运行同向，信息传递通畅，实现标准化管理的高效化。本研究认为，公共服务标准化机制创新主要涉及公共部门的制度因素、组织因素、实施机制、标准内容的制定和运行、创新效果等基本要素。要实现公共服务标准化管理机制创新，就必须分析政府公共服务标准化体系各个要素、各个要素之间、要素与整体之间，以及系统与环境之间的交互作用中所体现的规律，因为正是标准化体系的组成要素各自从不同角度影响管理机制的形成和有效运行，并进一步影响到整个地方政府公共服务标准化体系的运行效率。

2. 地方政府创新理论

近些年来，国内学者对地方政府创新内涵的认识和研究日趋成熟，并随着国内外地方政府创新的实践不断得到深化。地方政府创新研究主要涉及地方政府创新行为、创新层次、创新模式以及地方政府创新技术手段等方面。

（1）地方政府创新行为。在政府创新的界定方面，存在两个错误的认知：一种是片面强调创新的独创性，认为政府创新必须是一种创造。事实上，创造是形成新事物，创新则是把新事物投入使用。创新既包括可以创造新事物供自己使用，也包括能够成功地采用新的目标、程序、政策。创新是一个过程，通过这个过程新的思想、产品和操作方法被创造和发展，它对采用它的个体而言是新颖的，而非创新本身是新颖的。劳伦斯·莫尔将创新定义为成功引进对某种情形来说是新的手段或目的。[1] 这种错误认识也曾出现对公共服务标准化是不是一种创新的判断中，认为公共服务标准化使用企业管理的工具，并不是公共部门自己的创造，或者认为某地公共部门学习其他公共部门的标准化工作只是简单的重复和拷贝。沃克尔（Jack L. Walker）认为，一个项目或政策，只要相对于采用该项目或政策的主题来说是新的，那么就是创新。不管此执行程序是否过时或在别的地区已经执行。只要这些观念或时间对于所实施的主体来说是一种新的理念即为创新。[2] 考虑到我国的地区发展差异，这个定义比较符合我国目前的公共服务标准化创新实践。相对于东部一些地方政府的公共服务标准化的首创实践，西部地区的标准化实践更多的是一种跟进式的创新。另一种错误认知是以私人部门创新的标准来要求政府创新以提高政府效率、降低政府成本。需要明确的是，现代政府的首要任务是提供高质量的公共服务而不是片面追求管理效益、经济效益最大化。在创新模型的构建中，节约成本和提高公共服务质量这两个影响因素对于创新绩效的贡献作用一定是有先后顺序的。

纽曼（Janet Newman）等学者更多地强调了创新执行，将创新定义为间断的、渐进的改变，但对于某些地区而言，此改变是全新的，且此种改变已经得到了执行，并不只是渴望或计划中的想法。[3] 创新不仅是一种新思想，也是一种新实践。创新是一个不能自我产生或自我持续的过程。更确切地说，组织的创新需要优秀的领导力来塑造组织能力以培养组织的创新实验意识并且能够容忍和接受失败。因此，如果想实现公共服务标准化的持续有效的创新效果，该研究内容必须涵盖创新的产生条件或约束条件，即不断改善组织体制和运行机制。

结合我国公共服务标准化的实践，地方政府公共服务创新可以是对现有服务的细微改变（例如具体公共服务事项的内容和流程规范化），也可以是系统的巨大转变，即组织整体架构或权力关系的重新设计和组织文化的转

---

[1] Lawrence B. Moh, "Determinants of Innovation in Organizations," *The American Political Science Review*, 1969, Vol. 63, No. 1, p. 111.

[2] 杨雪冬、陈雪莲：《政府创新与政治发展》，社会科学文献出版社2011年版，第4页。

[3] Janet Newman, John Raine, Chris Skelcher, "Transform Local Government: Innovation and Modernization," *Public Money and Management*, 2001, April – June, pp. 61 – 68.

变，如国内各省市的"一站式"政务服务中心对于传统"条块分割"的行政管理体制及行政权力结构模式的突破。因此，公共服务标准化的创新应当是一项新的程序，创造性地使用组织资源，以及创新设计组织整体结构。然而，在很多成功的创新实践中，创新并不是作为制度设计所激励的结果或为了满足公民的需求或管理机构适应战略执行的结果而出现的。相反，实践中的创新经常是暂时性的、临时的、非正式的对环境局部性的适应。因此，地方政府公共服务创新可以定义为地方政府为适应组织内外环境变化和挑战，积极调动一切力量，对尚未完善的治理模式和方法进行创造或改进，向社会公众提供优质的公共产品和服务。

（2）地方政府创新层次。地方政府创新层次指的是地方政府创新在纵向和横向上的关系。学者们主要关注于中央政府—地方政府的纵向关系对地方政府创新影响的研究以及地方政府创新本身涉及的层次研究。例如，创新标准化战略就可以从纵向方面被划分为国家、地方以及行业、部门不同的层次。在分析我国地方政府公共服务标准化机制创新的约束因素时，除了需要分析政府间的纵向关系影响以外，还要考虑地方政府自身的性质和能力。在美国超过半数的创新是自下而上的创新，这与我国多数地方政府公共服务标准化的实践形成了鲜明的对比。特奥菲洛维奇（Teofilovic）提出，官僚政治的行政、对风险的厌恶、领导能力弱以及缺乏战略眼光是阻碍政府创新以及公共服务现代化的主要因素。[①] 这些影响因素为公共服务标准机制体制创新以及标准的可执行评估体系的指标设计提供了可供参考的思路。关于地方政府创新本身的层次的研究，加西亚（Garcia）将组织创新划分为基本创新层次、操作创新层次以及转换创新层次，这符合我国公共服务标准体系关于通用标准、管理标准以及工作标准的划分。[②] 此外，公共服务标准化建设也吻合了沃克尔对创新类型的划分，即产品创新、过程创新和辅助创新。[③] 公共

[①] Nada Teofilovic, "The Reality of Innovation in Government," *The Innovation Journal: The Public Sector Innovation Journal*, 2002, Vol. 7 (3).

[②] Gilberto Garcia, *Emergence and Sustainability of the Innovation Process of Mexico's Local Governments*, Http: //www. innnovations. harvard. edu/showdoc. html? id = 7933, 2005, Published.

[③] Richard M. Walker, "Innovation Type and Diffusion: An Empirical Analysis of Local Government," *Public Administration*, 2006, Vol. 84, No. 2, pp. 311 – 335.

服务标准化实践既产生了新的服务，又将既有的产品和服务提供给新的使用者；标准化活动再造了公共部门的工作流程，间接地影响了公众对公共服务的消费，从技术和组织两个方面实现了创新；而且，公共服务标准化的辅助创新也体现在它的创新不是孤立实现的，是与组织环境的联合创新，它的成功实施依赖于组织自身之外的控制因素，如配套服务的提供者、服务的使用者等。

（3）地方政府创新模式。鲍里斯（Borins）基于对多达271个美国政府创新奖和33个加拿大管理创新奖的深入分析，从以下角度比较了美国和加拿大的公共管理创新实践，即创新特征；创新起源；创新是组织计划还是探索的结果；创新障碍以及如何克服；创新结果；创新扩散六个方面。[①] 虽然两国的政治体制不同，但在创新模式方面却是相似的。这也说明我国各地不同的公共服务标准化机制创新模式也存在向不同地区和部门扩散的可能。

（4）地方政府创新技术手段。当代政府面临着一个全新的技术环境，从而给政府公共治理带来许多机遇和挑战。这些机遇和挑战要求地方政府及时改变传统行政模式，改进工作的技术和手段，不断更新公共服务的种类和提升公共服务质量。公共服务标准化活动的开展就极大地依赖了当代信息技术的成果。可以说，其创新的手段不但涉及技术手段创新，更包含了政府的政策创新和制度创新等方面。研究表明，电子政务的便利性使用、适应性和可信性是公众接受电子政务的重要影响因素。[②] 但是，地方政府的创新实践如果单纯依靠技术手段的创新而缺乏组织结构的重塑以及治理能力的提高，该创新并不能真正提高公民的满意度。因此，公共服务标准化实践作为应对新挑战的一种公共服务治理工具应运而生。它包含了系统的、协调的、可操作的标准体系，强调过程管理、技术手段和持续改善。它借助电子政府等技术手段的创新，进一步改革政府内部组织结构和职能机构，提高工作能力，提高公众对政府的满意度。

[①]　Sanford Borins. "What Border? Public Management Innovation in the United States and Canada," *Journal of Policy Analysis and Management*, 2000, Vol. 19, No. 1, pp. 46 – 74.

[②]　Lemuria Carte, France Belanger, "The Utilization of E-Government Services: Citizen Trust, Innovation and Acceptance Factors," *Journal of Info Systems*, 2005, Vol. 15, pp. 5 – 25.

三 公共服务标准化机制创新的研究意义

公共服务标准化是政府公共服务创新的新成果，它通过标准化的操作和标准化指导性文件的制定，规范政府社会管理和公共服务行为，有效提升服务的质量和水平，是政府应对公共需求快速增长与公共服务供给不足的矛盾的有效方法。

1. 推进服务型政府建设

本研究可以在操作层面推进服务型政府建设的深入发展，加强建设服务型政府的工具理性作用，凸显服务型政府的应用特征。

（1）有助于更好地满足公共服务需求，更好地体现以人为本的思想。公共服务不仅要从供给方和公共服务的提供机制方面，研究提供方式、提供内容等，更要从公共服务的需求方，扩大服务对象的了解机制，增强服务对象的满意程度。公共服务标准化建设过程实际上就是通过透明阳光政府的建设过程，通过理清政府各个层次的部门、岗位权力责任，梳理公共服务流程，建立各种规范化的标准依据，实现政府行为的标准化操作。通过标准化建设，公众可以熟悉政府的公共服务职责和行为，明确自身的参与渠道和投诉途径，实现政府服务对公众的开放和透明。公共服务标准化建设是一个持续的绩效改进过程，其目标是提高政府的执行力和公信力、实现人民满意的服务型政府建设，即政府提供的公共产品和公共服务能不断地满足人民群众日益增长的需求。通过本研究，有助于解决日益增长的社会公共服务需求与政府管理手段和提供服务相对滞后的矛盾。通过公共服务标准化，能够树立政府管理的形象，让公民了解政府到底做了什么工作，赢得公众认可，从而提高公众满意度，有利于社会和谐。通过本研究，有助于加强政府自身能力建设，通过阳光透明的操作，促进政府的廉政建设。

（2）有助于更好地提升公共服务质量。公共服务标准化建设是一项以技术、工具、方法作为特征的机制创新。公共服务标准化把粗放式管理引导到精细式管理，在总体设计、信息收集、组织实施方面强调精细化管理，强调集约化管理，提高政府资源的利用效率，要求服务质量优等化、服务方法规范化、服务过程程序化、服务手段现代化。公共服务标准化建设通过设立目标，确定政府职责，规范工作流程，减少了长官意志的随意性，增加了科学发展的规律性，应用性较高，可操作性较大，降低了政府管理的工作成本，提高了政府的工作效率。

（3）有助于更好地体现公共服务精神。从标准化到服务标准化，再到公共服务标准化，这是一个发展，也是一个突破。政府管理与企业管理相互联系又相互区别，政府在改革创新的过程中，引入工商管理的理念、方法和技术，提升了政府管理效率，但是，政府的公共责任、公平正义等公共精神如何体现，这是一个理论问题，也是一个实践难题。通过本研究，可以有机地整合实践中已有的 ISO9000 质量管理、标杆管理等工具，着力梳理公共服务标准化中的公共性特征，探索公共服务的标准制定过程和制定规则，从以往的借鉴企业经验到体现公共精神，从以往的贯标到制定标准，从被动地跟随潮流到主动地引领潮流。

（4）有助于推进公共服务体制和机制创新。推进公共服务创新是当今世界各国政府面临的共同课题。如何适应这种趋势，为公众提供更公正、更便捷、更有质量的公共服务，是当今世界各国亟须解决的问题。推进公共服务机制体制创新，是适应公众需求不断增长的必然要求，是提高政府公共服务质量和水平的迫切要求。目前，我国正处于经济转轨和社会转轨的关键时期，公共服务与公众需求之间的不平衡问题已经成为制约经济发展和社会进步的一个重要因素。尤其是近年来，社会经济变化迅速，政府管理相对滞后，危机的发生更是频繁。除灾难、事故、群体性事件等重大突发性危机外，重大腐败案件调查、重大决策失误、经济发展停滞、地方性事件引起全国关注等也成为地方政府经常面临的危机。① 为了解决社会经济发展严重失衡的问题，为了塑造积极正面的政府形象，我国政府必须加强服务型政府建设，提高公共服务水平，关键是推进公共服务的体制和机制创新，其中的重要工作是政府管理手段的创新。政府管理方式的创新，特别是市场化工具、工商管理技术和社会化手段在政府的引入，是 21 世纪政府管理的基本趋势。公共服务标准化本质上是一种关注公共服务的工具、技术和方法的机制管理，关注价值实现与制度运行的结果，并表现为在解决公共服务提供方式问

---

① 杨雪冬、陈雪莲：《政府创新与政治发展》，社会科学文献出版社 2011 年版，第 325—326 页。

题时应用的具体工具、技术和方法所构成的体系。公共服务标准化在设计时
整合了战略管理、风险管理、政府流程再造、绩效评估等新兴的政府工具，
寻求从公共服务的质量、数量、流程、失效等方面的改进来达到公共管理的
目标。公共服务标准化作为工具，具有可复制、可移植、可推广的特性，可
以成为某个部门、某项具体公共服务的一般性标准和行为规范。[①] 因此，公
共服务标准化作为有效的政府工具，对于促使我国政府管理方式以及管理方
法、技术与手段的创新，对于推动我国行政体制改革，提高政府管理的绩效
具有重要的现实意义。

（5）有利于实现基本公共服务均等化。在基本公共服务领域，政府公
共服务标准化建设的目标就是确定法定的基本公共服务的范围和领域，明确
一定时期内基本公共服务达到的标准，实现基本公共服务的均等化。基本公
共服务的范围和标准要经过充分的调研论证，符合公民的需求和我国经济
社会发展的现状，同时还要达成广泛的社会共识。基本公共服务标准的制
定要充分考虑不同地区公共服务供给现状，在涉及公民基本权利的领域要
尽量制定全国统一的公共服务标准。同时，在公共服务标准化建设过程
中，政府还要明确基本公共服务标准实现的规划和不同时期的目标，建立
相应的支持体系，从而确保基本公共服务标准由政府的口号和政策真正转
化为政府的行动，保障基本公共服务供给的持续性；通过基本公共服务标
准的制定和实施，确保公民基本需求的公平满足，真正实现基本公共服务
的均等化。

2. 丰富我国标准化研究的主题

标准化作为科学管理的有效手段，是人类社会实践的产物，是社会发展
到一定阶段的必然结果。标准化经历了古代标准化、近代标准化到现代标准
化的发展历史。现代标准化的发展极大地丰富了标准化的领域和内容。标准
化研究曾经是工业领域的专业，但随着各类管理实践中越来越多地使用标准
化的理论和方法，服务标准化也成了标准化研究的重要分支。标准化建设也
和其他一切科学活动一样，需要一定的条件支持，需要遵循特定的规律。有

---

① 王登华、卓越：《公共服务标准化导论——以南京市江宁区财政局实践探索为个案》，中国财政
经济出版社 2011 年版，第 188 页。

成效的标准化建设必须把握时机，[①] 充分利用资源。公共服务标准化的研究就为现代标准化研究开辟了一个新的领域，相关成果将对丰富标准化理论研究成果，特别是对当前在我国仍旧为弱项的服务标准理论研究的发展发挥一定的作用。

3. 帮助解决公共服务标准化实践的"创新"问题

新公共管理的理论和实践极大地促进了公共服务标准化的发展，其强调将企业生产管理的科学方法引入公共服务领域，其中重要的一点就是通过标准化的手段提升服务的品质。在新公共管理运动浪潮的冲击下，西方政府逐渐在公共服务中引入全面质量管理（TQM）、标杆管理（Benchmarking）、平衡计分卡（BSC）等工商管理技术，并积极探索公共管理服务标准化的可行路径。

虽然相比于西方发达国家，我国对公共服务标准化的研究相对滞后，但我国学者也逐渐意识到公共服务标准化研究的重要性，一方面在积极吸收国外的研究成果，另一方面也正在积极对公共服务标准化在我国的应用进行探索性的研究。公共服务标准化在中国的发展呈现出实践先行、理论不足的明显特点。

学界对公共服务标准化的研究起步相对较晚，目前的研究大都集中在一般性介绍，缺乏全面深入的研究，至于标准体系、实施机制以及具体的实施策略方面的研究就更加缺乏。标准化研究落后的深层次原因是标准化模式、运行机制、管理机制、管理法律法规体系不完善，以及相应的基础研究不足。科学研究的不到位，大都表现在我国标准化实践中普遍存在科学性不足的问题：标出多门，一标多定；标准立项不能很好地反映社会需求；标准立项、制修订过程不透明；标准化信息管理和交流效率低；支持标准体系建设的基础能力不足等。[①]同时，公共服务标准化专业人才的缺失也严重制约了公共服务标准化的理论研究。

相对于理论研究的不足和滞后，我国许多地方政府已经先一步引入标准化的技术和方法，并在实践中取得了积极的效果。其中，标杆管理、全面质量管理和ISO质量管理体系等思想和技术先后被引入地方政府的公共服务改革中。我们有必要对这些实践经验进行梳理和总结，这将有利于促进我国公

---

① 《国民经济和社会发展第十二个五年规划纲要》，新华网，http://www.gov.cn/2011lh/content_1825838.htm，最后访问日期：2015年10月8日。

共服务标准化的理论研究，也可以避免对西方标准化管理的全盘照搬引发的水土不服的问题。①

目前，公共服务标准化还处于起步阶段，但也遭遇到了"创新"的难题。在政府创新的实践中，很有可能出现这样一种情形：一种"创新"产品或工具推出后，各级各地政府蜂拥而上，一阵热潮过后，原有的活动逐渐偃旗息鼓，"创新"产品或工具变成了政府某段时期政绩的展示。目前，我国政府公共服务标准化实践正处于发展阶段，需要我们思考的问题是：标准化能否适应公共部门，能不能带来我们预期的效果，标准化实践究竟是不是一种"创新"？如果它是创新，它包含哪些要素？要素之间是何种相互关系？这种创新如何验证？

因此，本研究旨在积极回应公共管理和公共服务标准化实践发展的现实需要，拟构建公共服务标准化机制创新模型，理清其内涵、体系，通过多角度的理论与实践的比较与借鉴，对公共服务标准化实现创新绩效的管理体制和运行机制创新等方面进行探索性研究，深入探讨以下问题：公共服务标准化如何有助于持续改进和提升公共服务质量？作为一种新兴的政府治理工具，服务标准化和以往的政府治理工具有何不同？它的适用条件是什么？它的兴起属于昙花一现的改革热情还是在我国政府创新的现实土壤成功植入并持续发展？

第二节　研究基础综述

任何一项创新性的研究，都同样离不开已有研究成果的铺垫。已有的研究成果既包括比较直接的以研究对象为题的期刊论著的研究，也包括比较间接的相关理论成果研究。

一　已有研究成果综述

国内对公共服务标准化以及其机制创新的研究起步相对西方国家比较晚。同国内外数量繁多的公共服务标准化实践活动相比，我国学者关于公共服务标准化理论和实践的论文以及专门的著作也较少。几十年来，西方国家

---

① 黄恒学：《政府基本公共服务标准化研究》，人民出版社 2011 年版，第 3 页。

在提升公共服务质量和水平等政府改革与治理方面积累了不少经验。因此，深入了解和借鉴国外公共服务标准化的理论发展和经验，对我国公共服务标准化的理论研究和实践指导有重要的意义。尤其是我国现阶段的公共服务标准化体制创新的"实践先行，理论滞后"的现状更是对标准化创新理论提升提出了迫切的要求。

1. 公共服务研究与服务标准化研究简述

（1）公共服务研究简述。2002 年，党的十六大明确提出公共服务是政府的一项重要职能，自此，学术界对公共服务的研究如火如荼。以中国期刊网 2002—2009 年的文献为例，以"公共服务"为篇名的文章有 6102 篇，以"公共服务"为关键词的文章有 29670 篇。从已有的文献来看，按照不同的标准，学界关于公共服务的研究领域可以区分为不同的类型：从研究主题上看，有公共服务的基础理论、公共服务型政府建设、公共服务均等化、公共服务提供（供给）方式、公共服务绩效评估等；从区域上看，可以划分为城市公共服务和农村公共服务；从行业上看，可以划分为教育公共服务、医疗公共服务、就业公共服务等。近年来，对公共服务的研究有逐步深入的趋势，以公共服务提供（供给）方式为例，又可以具体细化为公共服务提供范围、提供主体、提供方式和提供结果等。总体上看，目前的研究比较多地偏重于从供方来考虑应然的公共服务。

（2）服务标准化研究简述。分析目前的研究文献，国内学者主要围绕以下三个主题展开研究。其一，是关于实施服务标准化作用与意义的研究。综合黄龙昌[①]、柳成洋[②]、潘建国[③]的观点来看，服务标准化从微观上能提升服务质量，给顾客带来利益，给企业带来价值；从宏观上有利于转变服务业的发展方式，增强服务业的竞争力，促进服务业的健康发展。其二，是关于我国服务业标准化的现状、存在问题及对策研究。柳成洋[④]认为，我国服务

---

① 黄龙昌、汪浩：《服务标准化——服务业产业化发展的基础》，《中国标准化》2000 年第 8 期。
② 柳成洋、李涵：《政府、企业、社会共同参与加快服务业标准化建设》，《标准生活》2009 年第 11 期。
③ 潘建国：《论服务标准化建设》，《广州城市职业学院学报》2009 年第 3 期。
④ 柳成洋、李涵：《政府、企业、社会共同参与加快服务业标准化建设》，《标准生活》2009 年第 11 期。

标准化经过近 30 年的发展，在服务业标准体系、标准研制、技术委员会建设、国际标准化、工作模式五个方面取得了不错的成绩。左佩兰[①]、柳成洋[②]、唐炎钊[③]、李学京[④]等认为，我国的服务标准化存在缺乏服务标准化政策方法的研究、服务标准数量和质量偏低、新兴服务领域标准空缺、制定的标准可操作性差等问题；张明兰、王晓燕[⑤]认为，我国服务企业的标准化意识薄弱、公共服务标准数量少。学者们针对这些问题，围绕着服务标准化体系建设、人才队伍建设、法律法规建设、国际化以及政府和企业的责任等角度提出对策建议。其三，是就服务业中的某些行业的标准化展开研究。研究比较多的有交通运输行业中的铁路客运服务标准化、公路客运服务标准化；旅游行业的旅游企业服务标准化、酒店饭店服务标准化、旅游景服务区标准化等。另外，物流服务标准、人才服务标准化、养老服务行业标准化等也有少量的文献。

2. 国外公共服务标准化机制创新研究现状

现代意义的标准化始于 20 世纪 60 年代，而国外公共服务标准化的实践和运用则始于 80 年代西方以新公共管理理论为主题的政府改革。西方政府纷纷采用企业化、市场化的办法，以促进政府服务效率和质量的提升。在公共服务领域中的最重要的举措就是借鉴企业生产的标准化做法，实施公共服务标准化。全面质量管理、ISO9000 质量管理、标杆管理、平衡计分卡等一系列量化、指标化管理方法是西方公共服务标准化的重要手段和方法。

在搜集国外文献的过程中，我们直接用"公共服务标准化"作为搜索对象很难得到有意义的搜索结果，关于公共服务标准化的相关理论都分散地存在于各国政府治理改革的理论与实践中。英国政府以改进公共服务质量为目的，于 1991 年和 1994 年分别颁布了《公民宪章》和《新公民宪章》，确

① 左佩兰、冯卫：《我国服务标准化工作初探》，《中国标准化》2003 年第 7 期。
② 柳成洋、左佩兰、冯兰：《我国服务标准化的现状和发展趋势》，《中国标准化》2007 年第 3 期。
③ 唐炎钊、朱小聘：《我国服务领域的标准化问题探析》，《全国商情：经济理论研究》2008 年第 1 期。
④ 李学京：《标准与标准化教程》，中国标准出版社 2010 年版。
⑤ 张明兰、王晓燕：《服务标准化的特征和对策研究》，《上海标准化》2009 年第 11 期。

定了公共服务领域的基本原则。1991—1998 年，英国政府陆续颁布了 48 部宪章。这些宪章设计围绕着公众享受到的主要公共服务项目，公开了可以期待的服务水平，基本涵盖了公共服务的领域。不仅如此，为了确保宪章的落实，英国政府在 1992 年，以审计委员会为主体，设计了地方政府绩效指南（Audit Commission Citizen's Charter Performance Indicators）。2002 年，英国国家审计署出台了地方政府全面绩效考核框架（Comprehensive Performance Assessment，CPA），按此标准对地方政府进行严格的考评。此外，始于 1998 年的公共服务协议框架（Public Service Agreements，PSA）的运用和发展建立了一种现代的公共支出和绩效管理框架，为制订审慎、有效的中长期支出计划服务。公共服务协议框架要求各部门同财政部进行协商，签订公共服务协定，为期三年。该协议包括各部门的目标、目的、优先事项，部门必须解释说明绩效指标的实现方式、完成期限和完成程度，同时强调战略目标、成本收益、公平、高质量等方面。以上英国政府为改进公共服务质量所做的管理工作，可以对我国公共服务标准化体系的设计、原则、具体指标设置等工作有一定的启示。

1981 年，里根总统提出联邦政府应向企业学习，将标准化管理思想与管理技术引入公共服务体制创新中来，提高美国政府的管理与服务水平。[1] 1993—2000 年，克林顿政府推出"国家绩效评估"（National Performance Review），从而开始了"美国历史上持续时间最长、最成功的改革"，[2] 将政府公共服务的标准化、指标化推向了一个新的阶段。他的主要改革措施包括：改进构成政府主体的 32 个"高影响机构"（High Impact Agencies）的绩效，让其参考福特汽车公司等大企业的做法，制定出四千多项顾客服务标准；在公共服务中使用"清晰语言"（Plain Language）；美国国会 1993 年通过的《政府绩效与结果法案》（简称《结果法案》）为当代联邦政府绩效评估奠定了永久性的法律框架。小布什执政时期在《结果法案》的基础上，

---

① 李泺、孟春、李晓玉：《公共服务均等化中的服务标准：各国理论与实践》，《财政研究》2008 年第 10 期。

② National Partnership for Reinventing Government，"A Brief History of Vice President Al Gore's National Partnership for Reinventing Government during the Administration of President Bill Clinton. 1993 – 2001," *January* 12，2001，p. 1.

逐步建立健全了项目—部门—跨部门的层级式绩效评估体系，在政府绩效评估方面取得了显著成绩。项目绩效评估是通过项目等级评估工具（Program Assessing Rating Tool，PART）进行的。作为一致的、标准的跨部门评估工具，项目等级评估工具为了提高该标准的科学性，兼顾联邦政府众多目的、性质各不相同的项目，使设计的问题与项目之间具有更高的相关性，把联邦项目划分为不同的类型。每个项目中使用的大多数标准问题都是相同的，但根据每类项目的特殊性增加特色性标准问题。① 此外，项目等级评估工具强调了战略规划的重要性。联邦各部门根据部门使命制定五年战略规划和战略目标，这关系到各部委能否切实履行职责并为公众提供高质量的公共产品或服务。同时，把这些长期的战略目标分解为具体的可量化的目标，为下一步的绩效评估奠定了基础。布什政府提出了联邦政府改革方案——总统管理议题。为促进改革，联邦政府的管理和预算办公室制定出"成效标准"和"管理记分卡"，采用红、黄、绿灯标志进行追踪评估（红、黄、绿分别表示较差、中等、较好三种状况），按照成效标准评估其进步情况。联邦政府在绩效管理方面还有一些可供参考的新实践，例如使用管理仪表板这类视觉化工具以统一的数据形式向公众展示政府各部门项目的实时绩效信息。这种透明化的运作模式使大众可以随时了解政府项目的绩效信息。综上所述，美国政府绩效管理的实践，可以为公共服务标准体系的战略规划、指标体系设计，以及电子化工具使用等方面的标准化工作提供参考。

国外公共服务标准化的管理模式及运行机制包括两种：一是政府主导型公共服务标准化类型，二是市场化型公共服务标准化类型。政府主导型公共服务标准化管理模式中标准的供给是由政府完全主导并进行供给的。政府主导型公共服务无法收费而完全由政府以财政方式提供。由于在政府主导型公共服务领域没有引入竞争机制，所以政府主导型公共服务标准无法由私人部门或第三部门来主导制定。在市场化型公共服务标准化管理模式中，标准多是自愿性标准的。因此，公共服务市场化改革受到各方的推动，公共服务的市场化可以使政府开源节流，缓解财政矛盾，有效配置行政资源，尽可能地

---

① 张强、朱立言：《美国联邦政府绩效评估的最新进展及启示》，《湘潭大学学报》（哲学社会科学版）2009 年第 9 期。

满足社会对公共服务的需求，以维护政府在民众中的形象。标准领域中形成了很强的竞争，各类标准的制定主体，包括行业协会和企业，纷纷在各自的领域内制定行业或者企业标准。政府在实施和监管市场化公共服务的质量时，多采用已有的自愿性标准，一般不会亲自制定相应的技术法规，以及将标准进行强制性应用。

综合美国、加拿大、欧洲等西方国家的公共服务标准化实践和研究状况来看，国外公共服务标准化呈现出以下三个特点。第一，公共服务标准形式多样。西方国家的公共服务标准形式有关于公共服务投入、产出、结果要达到的定量标准，有关于公平、服务质量、公民满意度等定性标准，有关于提供服务的规范化行为标准，还有公共服务一般标准、个性标准等等。第二，公共服务标准化的领域以政府的基本公共服务为主。从西方国家公共服务标准化实施的领域来看，公众对安全、卫生、健康、环境等领域高度关注和重视，这是政府的基本公共服务项目，也是公共服务标准化的重点实施领域。第三，西方国家将公共服务标准化和政府绩效管理、绩效评估有机结合。西方国家在推行政府绩效评估的过程中，以设定的各种形式的公共服务标准为评估尺度，对政府各部门提供公共服务的经济、效率、效果、公平性等进行全面的绩效衡量。公共服务标准已成为政府绩效评估标准，公共服务标准化与绩效管理共同成为政府提高服务效率、质量的管理手段。

3. 国内公共服务标准化机制创新研究现状

我国公共服务标准化的研究起步较晚，目前还没有形成较完善系统的公共服务标准体系，对公共服务标准化的内涵也没有统一的界定，针对公共服务标准化的机制创新研究也较少。研究主要基于西方发达国家和企业生产管理的背景，集中在对标准的一般性介绍，缺乏对我国公共服务标准化理论体系的深入研究和实践中的技术指导。具体来讲，公共服务标准化的标准体系、管理体制、运行机制以及具体的标准化技术、工具和实施策略等方面的研究更加缺乏。同时，各级政府对公共服务标准化建设的相关指导理论的需求更加迫切。如何针对我国公共服务标准化建设面临的问题寻找解决的途径和对策，形成具有我国特色的相关理论和创新思路，就成为目前公共管理研究的一个焦点话题。

（1）研究阶段。总体来说，国内关于公共服务标准化的研究起步晚、成果少。按照时间顺序，大体可以分为前序铺垫阶段和实质展开阶段。①前序铺垫阶段（2000—2007 年）。2000—2003 年，公共服务标准化的研究还是零散地出现在政府的相关领域中，如 2000 年开始的关于政府电子政务标准化的研究，2002 年左右出现的关于政府部门实施 ISO9000 质量管理体系标准的研究文献。2004—2007 年，国内学者开始关注政府行为宏观层面的标准化，这一时间段出现了公共服务标准化研究的雏形。张吕好①的《行政许可、认证与标准化管理》、郑桂林②的《行政标准化问题研究》、韩志明③的《公共管理标准的理论分析》是这一阶段的代表性文献。②实质展开阶段（2008 年至今）。从 2008 年开始，学界明确提出公共服务标准化的主题，并就公共服务标准化的相关主题展开研究，并出现了一批开创性的研究成果。钟瑛④的博士论文《政府公共服务标准体系研究》，李泷等⑤的《公共服务均等化中的服务标准：各国理论与实践》，王国华、温来成⑥的《基于公共服务标准化——政府统筹城乡成展的一种可行性选择》，胡税根、徐元帅⑦的《我国政府公共服务标准化建设研究》《中国政府公共服务标准化建设的价值研究》，王桢桢、郭正林⑧的《公共服务均等化的影响因素及标准化体系建构》，卓越、徐国冲⑨的《绩效标准：政府绩效管理的新工具》等是这一阶段的代表性文献。

（2）研究主题。国内学者关注公共服务标准化主要有五个方面的内容。

第一，关于公共服务标准化内涵的研究。郑桂林⑩最早提出了行政标准

---

① 张吕好：《行政许可、认可与标准化管理》，《行政法学研究》2004 年第 3 期。

② 郑桂林：《行政标准化问题研究》，《重庆行政：公共论坛》2005 年第 6 期。

③ 韩志明：《公共管理标准的理论分析》，《北京科技大学学报》2007 年第 2 期。

④ 钟瑛：《政府公共服务标准体系研究》，《档案学通讯》2008 年第 5 期。

⑤ 李泷、孟春、李晓玉：《公共服务均等化中的服务标准：各国理论与实践》，《财政研究》2008 年第 10 期。

⑥ 王国华、温来成：《基本公共服务标准化：政府统筹城乡发展的一种可行性选择》，《财贸经济》2008 年第 3 期。

⑦ 胡税根、徐元帅：《我国政府公共服务标准化建设研究》，《天津行政政学院学报》2009 年第 6 期。

⑧ 王桢桢、郭正林：《公共服务均等化的影响因素及标准化体系建构》，《学术研究》2009 年第 6 期。

⑨ 卓越、徐国冲：《绩效标准：政府绩效管理的新工具》，《中国行政管理》2010 年第 4 期。

⑩ 郑桂林：《行政标准化问题研究》，《重庆行政：公共论坛》2005 年第 6 期。

化，认为行政标准化就是将标准化体系的理念、原理、原则、方法引入公共行政管理部门，通过建立质量体系达到提高公共管理水平和公共服务质量的目的。韩志明于2007年提出了公共管理标准，认为标准是公共管理的重要工具，标准化和依据标准的管理是当代社会控制和公共管理的重要特征，并指出公共管理标准具有公共物品、最低限度的义务和要求、一致和统一、秩序和信任、权威和强制、明确责任六个方面的特性。胡税根①从标准化的角度去界定公共服务标准化，并认为公共服务标准化具有变动性、社会价值性、多样性、统一性、基本性等性质。

第二，关于公共服务标准化意义价值的分析。张吕好②从行政法学的角度出发，认为在公共管理领域实施标准化有利于促进政府依法行政。钟瑛③在其博士论文《政府公共服务标准体系研究》中认为，电子化公共服务是电子政务的本质，公共服务的标准化将促进电子政务体系进一步发展。胡税根等④认为，公共服务标准化是服务型政府建设、政府透明管理、完善公共服务体系的必然要求，公共服务标准化建设具有理论、技术、管理、绩效评估、社会、伦理、应用等七个方面的价值。

第三，关于公共服务标准化内容体系的研究。李洺等⑤在研究国外公共服务标准的分类基础上，从需求层次、供给过程、供给主题三个维度划分公共服务标准。胡税根等⑥认为，公共服务标准化实践中的重点内容是基本公共服务的标准化、政府公共服务管理体制的标准化、政府绩效管理体制的标准化三个方面。王桢桢、郭正林⑦认为，公共服务标准化体系应当包括提供

---

① 胡税根、徐元帅：《我国政府公共服务标准化建设研究》，《天津行政政学院学报》2009年第6期。

② 张吕好：《行政许可、认可与标准化管理》，《行政法学研究》2004年第3期。

③ 钟瑛：《政府公共服务标准体系研究》，《档案学通讯》2008年第5期。

④ 胡税根、徐元帅：《我国政府公共服务标准化建设研究》，《天津行政政学院学报》2009年第6期。

⑤ 李洺、孟春、李晓玉：《公共服务均等化中的服务标准：各国理论与实践》，《财政研究》2008年第10期。

⑥ 胡税根、徐元帅：《我国政府公共服务标准化建设研究》，《天津行政政学院学报》2009年第6期。

⑦ 王桢桢、郭正林：《公共服务均等化的影响因素及标准化体系建构》，《学术研究》2009年第6期。

者的建设标准、生产者的质量标准、消费者的效用标准三大内容。江源富、杜义国①以新泰市行政服务中心为例，列出了实践中的服务标准体系的内容：服务基础标准体系、服务质量标准体系、服务管理标准体系、服务工作标准体系。

第四，关于公共服务标准化与公共服务均等化关系的研究。王国华、温来成②认为，实行基本公共服务标准化管理，可以均衡城乡公共服务差异，实现统筹城乡发展的目的，作者还选取了义务教育等七个领域进行了基本公共服务标准化的初步设计。王桢桢、郭正林③认为，公共服务标准化是公共服务均等化实现的保障、衡量体系，公共服务的各个领域都应当建立标准化体系。李洺、孟春、李晓玉④认为，政府公共服务标准与公共服务均等化是手段和目的的关系，两者存在动态调整关系，公共服务均等化目标是较低水平的公共服务标准，并就我国通过完善公共服务标准实现公共服务均等化提出了相应建议。

第五，2000 年以来，学界对 ISO9000 质量管理体系在政府部门的运用展开了研究，从而有助于促进公共服务标准化。ISO9000 质量管理体系的核心是 ISO9000 族标准，按照标准的类型划分属于管理标准，政府管理的标准化也是公共服务标准化的题中应有之义。姜晓萍和郭金云⑤、尤建新和王家合⑥、肖陆军⑦、李绥州⑧等学者的文章从政府部门引入 ISO9000 质量管理体系的必要性、可行性、质量管理体系的要素、实施等方面展开了论述。此

---

①　江源富、杜义国：《标准化和信息化是提升行政服务水平的有效途径》，《电子政务》2009 年第 10 期。

②　王国华、温来成：《基本公共服务标准化：政府统筹城乡发展的一种可行性选择》，《财贸经济》2008 年第 3 期。

③　王桢桢、郭正林：《公共服务均等化的影响因素及标准化体系建构》，《学术研究》2009 年第 6 期。

④　李洺、孟春、李晓玉：《公共服务等化中的服务标准：各国理论与实践》，《财政研究》2008 年第 10 期。

⑤　姜晓萍、郭金云：《我国政府部门实施质量管理体系的探索》，《北京行政学院学报》2004 年第 2 期。

⑥　尤建新、王家合：《政府质量管理体系建构：要素、要求和程序》，《中国行政管理》2006 年第 12 期。

⑦　肖陆军：《论政府公共服务质量管理体系建构》，《宁夏社会科学》2008 年第 4 期。

⑧　李绥州：《导入 ISO9001：2000 背景下地方政府绩效考核指标体系述评》2008 年第 3 期。

外，关于部分公共服务行业、领域的公共服务标准化也有少量研究，如公共安全标准化、医疗服务标准化、税收执法服务标准化、社区卫生服务信息标准化等。

3. 公共服务标准化机制创新研究简评

公共服务领域是服务业的重要组成部分，公共服务标准化是服务标准化体系中不可或缺的部分。从目前的研究现状来看，国内关于服务业的标准体系研究偏少，关于服务业中的公共服务标准化研究更少。以行业标准化为例，目前对服务业中公共服务行业标准化的研究很少，在《国民经济行业分类》（GB/T4754–2002）关于服务业的行业分类中，关于教育、卫生、社会保障和社会福利业、文化、公共管理和社会组织等行业的公共服务标准化研究几乎是一片空白。从健全完善我国服务业标准体系的视角看，加强对公共服务行业的标准化研究的空间范围非常大。

作为一个新兴的研究领域，国内学者对公共服务标准化的研究较多的还是停留在价值佐证层面。即便是基础理论研究，对公共服务标准化内涵、特点的把握也还有待于深入。如前所述，在基本概念方面，国内的研究从行政标准化开始，那么，行政标准化和服务标准化是什么关系？规范化和标准化是什么关系？又如，有关政府部门实施ISO9000质量管理体系标准的研究文献比较多，实际上，企业标准和政府标准是既有联系又有区别的，管理标准和服务标准也是既有联系又有区别的，对于这个问题的深入研究，可以很好地体现公共服务标准化的特点，可以很好地显现公共服务标准化的发展过程。

总体上看，国内学者对公共服务标准化的理论研究在相当程度上落后于实务操作。从2008年开始，地方政府在公共服务标准化方面已经有了不少积极的实践探索，国家标准化管理委员会批准了数十个改革试点，有一级政府层面的，也有单项行为的；有直接性公共服务的，也有间接性公共服务的。这些鲜活的改革内容，有待于理论界去梳理总结，提供理论指导。

国内学者对于公共服务标准化内容分类的探索有积极的意义，内容分类可以演绎成公共服务标准化的基本维度。当然，从不同的逻辑思路，不同的学者可以有不同的主题凝练和划分标准。在此基础上进一步细化分层，可以开发设计公共服务标准化各种类型的模板，这是公共服务标准化最为核心的内容，是公共服务标准化走向可操作性、运用性的关键环节。

二 相关理论及模型简析

1. 公共服务标准化机制创新的相关理论简析

公共服务标准化是将企业的管理理念引入政府公共服务过程的管理思想，凡是通过政府提供的公共产品和服务都可以纳入政府公共服务标准化的范畴。作为政府治理创新的重要技术手段，公共服务标准化的理论基础也逐渐得到研究者的重视。

（1）公共部门战略管理理论与公共服务标准化机制创新。公共部门战略管理理论的内涵与公共服务标准化有许多契合的地方。公共服务标准化的实施过程就本质而言也就是服务标准化战略在公共部门的实施过程。同时，公共服务标准化同公共部门战略管理的理论及实践参考经验都是来源于有很大差异的私营部门，再加上理论自身存在的缺陷，所以施行过程中必然要做许多的改进，这些措施对于公共服务标准化在公共服务标准化领域的运用都有许多有益的启示。公共部门战略管理途径既是一种公共部门管理（尤其是政府管理）的新实践模式，又是一种公共部门管理的新研究范式。战略管理途径力图克服传统公共行政的局限性，着眼于公共组织与外部环境的相互作用，系统考虑组织的未来远景、近期目标和长期目标，将关注的焦点由内部转向外部，从注重日常管理、常规管理转向未来的发展管理和危机管理。它试图通过对组织内外环境变量、组织长期目标以及组织角色与环境的匹配的关注，以提高组织实现其使命的内在能力。纳特和巴可夫在《公共和第三部门组织的战略管理》一书中指出："战略管理处理这样一个关键问题，即为面临着日益增加的不确定性未来的组织定位……战略管理通过产生用以指导战略行动的计划、计谋、模式、立场和观点而为一个组织创造焦点、一致性和目的。"[①] 公共部门战略管理过程的战略规划、战略实施和战略评价三个阶段为公共服务标准化的组织和实施过程提供了指导思想。公共部门战略管理途径的兴起为公共服务标准化转变政府管理方式提供了理论基础。

---

① Paull C. Nutt, Robert W. Backoff, *Strategic Management of Public and Third Sector Organization : A Handbook for Leaders.* San Francisco：Jossey - Bass，1992.

（2）政府治理工具理论与公共服务标准化机制创新。政府治理工具，又称为政策工具（Policy Instrument）或者政府工具（Governmental Tool）。政府工具研究是当代国外公共管理（公共行政与公共政策）学科中异军突起的一个重要主题领域，近年来国内学界的研究也开始起步。政府工具的研究途径关注工具的特性、分类、选择和应用及其绩效等方面的问题。莱斯特·M.萨拉蒙认为："政府治理工具，又称公共行动的工具，它是一种明确的方法，通过这种方法集体行动得以组织，公共问题得以解决。"① 按照这种理解，治理工具是管理方式，是政府实现其管理职能的手段。手段是为目的服务的，手段与目的之间应该有一致性，因此政府的治理工具就应该有这样两个特点：一个是有利于政府职能效率的实现，一个是有利于公共行政伦理目的有效实现。我国台湾学者吴定则认为："为政府机关执行政策以达成政策目标，可以自由应用之各种技术的总称，亦即将政策目标转化具体政策行动所使用的工具或机制。"② "政府工具是政府治理的手段和途径，是政策目标与结果之间的桥梁。在公共管理及政策执行中，选用何种政府工具或政策工具，用哪一种标准来评价该政策工具的效果等问题对政府能否达成既定目标具有决定性影响。"③ 随着现代治理精神的逐渐引入，政府的角色正在悄然改变，更多地强调公平、理性、放权和互动的新型政策工具对传统政策工具产生了巨大的冲击。政府工具理论的研究框架和主题为公共服务标准化的研究内容提供了理论参考。政府工具理论为公共服务标准化的研究提供了途径。主要有四种基本途径可供公共服务标准化选择：工具主义、过程主义、权变主义、建构主义。政府工具研究的理论与实践意义也印证了公共服务标准化研究的意义。

（3）创新理论与公共服务标准化机制创新。创新理论对于在研究和实际工作中判断政府公共服务标准化活动是否属于创新有着重要的指导作用，可以帮助研究者加深对公共服务标准化机制创新的内涵、特征、过程、模式、影响因素、评价指标等内容的理解和实际应用。约瑟夫·熊彼特认为，

---

① 转引自陈振明《政府工具研究与政府管理方式改进》，《中国行政管理》2004年第6期。

② 〔加〕迈克尔·豪利特、〔澳〕M.拉米什：《公共政策研究——政策循环与政策子系统》，庞诗译，三联书店2006年版，第144—169页。

③ 陈振明：《政府工具研究与政府管理方式改进》，《中国行政管理》2004年第6期。

创新是指建立新的生产函数，是对生产要素和生产条件进行组合，形成一种新组合。熊彼特所定义的创新内容不仅是产品创新，还包括技术创新、市场创新、资源配置创新和组织创新。创新就是对事物的整体或某些部分进行变革，从而获得更新和发展的活动。这种更新与发展，可以是事物内部构成因素的重新组合，也可以是事物外部形态的转变，这些都是事物的内容或形态由于增加新的因素而得以完善和丰富。

相比于技术创新的管理研究，由于服务所具有的无形性、生产与消费的同时性、易逝性，以及不可存储性等特征，学界对服务创新研究在理论上取得的进步已经远远落后于实践的需要。① 从广义上来看，服务创新是指一切与服务相关或针对服务的创新行为与活动；而从狭义上来看，服务创新则主要指发生在服务行业中的创新行为与活动。理解服务创新的内涵，应该从创新的无形性、创新的新颖度范围、创新形式的多样性、创新的顾客导向性以及创新的适用性等五个方面去把握。近年来，国内学者对地方政府创新内涵的认识逐渐趋于成熟和稳定，并随着国内外地方政府创新的实践不断得到深化。地方政府创新内涵认识的深化主要涉及对地方政府创新行为的再认识、地方政府创新层次的研究、地方政府创新模式的研究以及地方政府创新推广的研究等方面。

结合政府创新的研究与实践，本研究认为，目前的公共服务标准化活动在服务创新本质上符合上述学者对服务创新的定义。因为服务标准化本身就是在公共服务领域实施一项新的程序、过程，创造性地使用资源，创新组织设计。它既是对现有公共服务微小的改变（例如具体公共服务事项的内容规范化），也可以是对大的系统的转变（服务范围、服务方式、服务效果的改变），对组织结构或关系的重新设计（组织扁平化、设立专业化标准团队、部门岗位职责的重新设计等）和组织文化（价值观念、行为规范）的改变，例如"一站式"政务服务中心对传统"条块分割"的行政管理体制及行政权力结构模式的突破。公共服务标准化的机制创新也反映了我国地方政府创新的趋势从经济领域的关注转向了政府核心能力的建设方面。根据创

① 〔英〕乔·迪德、〔美〕福兰克·M. 赫尔：《服务创新：对技术机会和市场需求的组织响应》，吴金希、张小方、朱晓萌、刘倬译，知识产权出版社 2011 年版，第 1 页。

新的推广研究，公共服务标准化机制创新的推广在我国将是一个复杂而又长期的过程，机制创新选择必须考虑到政府的地区差异、文化差异、内部组织结构、能力等内外因素。如何将东部地区成功的公共服务标准化经验推广到西部地区，如何将某些公共服务标准化的创新实践推广到更广泛的服务领域，如何根据西部地方政府自身的能力特点进行机制创新等，都是一个复杂的过程。由于西方政府创新大都基于成熟的政治经济体制等因素，因而近些年来西方学者较少关注制度创新，但我国转型中的政治、经济体制使得地方政府创新的制度环境面临着很大的不确定性，各项制度安排之间的协调成本很高。因此，公共服务标准化的实践必须解决制度环境问题。此外，从技术层面讲，公共服务标准化作为政府技术创新的一种类型，虽然能够降低公民参与政务的成本，提高政府的行政效率，但是如果没有组织结构的调整，公共部门管理能力的提高，公务员能力素质的改善，那么公共服务标准化也仅能停留在技术创新的层面上，并不能真正提高公民对政府的满意度。因此，组织因素也将纳入公共服务机制创新模型中考量。

2. 公共服务标准化机制创新相关理论模型简介

服务的创新研究是比较新的研究领域，对公共服务标准化创新进行验证更是一个全新的尝试，特别是在公共服务服务创新知识学科体系自身不完备，研究成果系统性不足，与实践需要的差距较大的情况下更是如此。影响创新活动的因素研究，遵循了从研究技术创新到服务创新这一发展历程。早期创新影响因素研究集中在技术创新研究领域，旨在探索企业创新内在机制以提高创新绩效。随着服务创新研究的兴起和发展，服务创新影响因素研究逐渐成为学者关注的领域。[①] 为了构建合乎逻辑的公共服务标准化创新模型，本研究首先分析和借鉴现有的一般服务创新的影响因素，并结合公共服务标准化实践，找出符合我国行政环境和标准化活动要求的创新影响因素。

（1）基于驱动力的服务创新影响因素。孙博（Sundbo）和加卢（Gallouj）通过调查研究多个欧洲国家的服务企业，将多种驱动力进行组合，总结出服务创新的基本驱动力模型。该模型将服务创新驱动力分为内部驱动力和外部驱动力，这两类驱动力又各自包含了不同因素，从不同方面对服务创新活动

---

① 周国华：《物流企业服务创新的影响因素研究》，华中科技大学博士学位论文，2012。

产生影响。内部驱动力主要包括企业战略管理、员工和制度的创新三个方面；外部驱动力则分为创新的路径（轨道）和参与者（行为者）两类，创新路径包括制度轨道、技术轨道、专业服务轨道、管理轨道和社会轨道，服务创新的外部参与者包括竞争者、顾客、公共部门和创新供应者，它强调员工的动力作用尤其重要，不仅表现在员工经常处于与顾客直接接触的互动位置上，能够最先发现顾客的需求，根据自身的工作经验提出创新性的思想，而且员工是企业创新服务战略的最终实施者和创新产品的提供者。

（2）基于"资源—能力"视角的创新影响因素。罗利亚（Nohria）和古拉蒂（Gulati）认为，组织的资源投入对服务创新活动的支持至关重要，即使在创新尚未明确的阶段也是这样。多尔蒂（Dougherty）和哈迪（Hardy）认为，创新激励能极大地推动企业服务创新的发展，强调了创新激励在服务创新中的重要性。同时，他们指出，有效的创新资源投入能帮助企业更好地理解消费者的需求以及企业自身的服务创新活动，从而提高企业的服务创新绩效。

（3）整合的四维服务创新模式。比尔德比克（Bilderbeek）、赫托格（Hertog）、马克伦德（Marklund）、米尔斯（Miles）等人在1998年提出了四维服务创新模型。它能全面概括服务创新的内容维度并指导实际的服务创新活动。服务创新很少局限于技术创新范围，它与服务本身的特性、销售的新途径、与顾客接触的新方式以及服务生产的新方法等有密切联系，在实践中大部分创新都不是由单一因素驱动的，而是由多种因素不同程度地相互作用形成了创新。四维度模型就是运用结构化方式，描述分析多因素共同作用产生创新的一个整合模型。任何一项创新都可以看做模型中服务概念创新、服务界面创新、新服务传递系统和服务技术创新四个维度的某种特定组合。

（4）基于创新资源角度的服务创新模式。赫拉德（Henard）和希曼斯基（Szymanski）认为，创新资源的投入直接影响服务创新的成效，在服务创新中，必要的时间、人力和资金投入是创新成功的基本资源要素。服务创新需要周密的计划和安排，一定的技术和知识支持，都是影响服务创新的重要因素。同时，学者们还强调创新激励在服务创新中的重要性，认为创新激励能极大地推动企业服务创新的发展。

（5）基于创新系统属性创新模式。目前，要在公共部门组织内部实现创新所面临的挑战和复杂程度远比想象的要多。创新体系就像俄罗斯套娃，乍一看简单直观，没有什么特别之处，但是它的内部构造实际上比我们第一眼看到的要复杂得多。如果我们拆开这个玩具，就会发现这个玩具是由许多层组成的，一层叠着一层，而每一层又是一个完整的娃娃。同样，对于公共服务标准化创新体系的理解也是一个深层次的、系统化的挑战，要考虑到其中互相依赖的所有因素。创新和质量控制一样，需要培训、工具、信息技术系统、新的度量标准、新价值取向和组织流程再造，这些都要紧密地结合起来，形成一个有效的系统。每个成功的组织有不同的发展路径，但它们都有一些共同的要素：领导力、组织和基础建设、价值观、流程、工具、考核以及技术等。这些元素存在于每个组织之中，要想建立一种系统的、特有的创新能力，就要创建与组织文化和使命相协调的这些元素。可以说，就是一种与目标和组织相匹配的稳健的创新。

（6）服务创新的效果。基斯·帕维特提出，企业组织创新的过程分为三个步骤：科学和技术知识的生产；将知识转化为产品；回应并影响市场需求。三个步骤有部分交叉重叠，每个步骤都对创新有自己的贡献。在创新的过程中许多方面都显示出依赖于特定的部门和技术领域，包括支撑创新机会的知识基础，科学理论与技术实践的联系，以知识为基础的多元化的可能性，科研预算的配置方法，集权化的程度以及需要发展的关键技能、界面和网络。只有两个创新过程是永恒的：协调和整合专业化知识以及在不确定的情况下学习。

（7）服务创新的过程。克里斯蒂恩·赫普、布鲁斯·S. 特瑟、伊恩·迈尔斯的调查聚焦于企业的创新行为，关注创新对创新企业所提供的服务，服务的用户所产生的影响。服务创新的成功往往需要过程创新和服务创新的联合运用，才可能有组织创新。单独的服务创新或组织创新是难以成功的。

第三节　研究思路与方法

研究思路与研究方法是研究设计的核心问题。前者解决导向路线问题，后者提供具体的路径策略。

一　研究思路

研究思路通过研究导向、研究目标和研究逻辑的展开，形成总体性研究框架。

1. 研究导向

本书体现价值理性和工具理性相结合，既期望在理论上建构一个公共服务标准化的较为完整的体系，又突出标准化在推进服务型政府建设中的工具作用，推进服务型政府建设从理念倡导到方法技术的转变。

本书突出绩效管理的发展导向，凸显职能管理、目标管理、绩效管理的发展战略，实现流程管理与结果管理相结合，目标管理与绩效管理相结合；以投入、过程、产出、结果作为基本的标准元素，以公共服务的提供资源、提供机制、提供结果作为基本的标准维度。

本书重在创新提升，实现借鉴企业经验与体现公共精神相结合；重在实践探索，实现架构通用框架与选择试点相结合；重在推广运用；实现通用标准与个别标准相结合。

2. 研究目标

努力通过理论与实务相结合的方式，在理论与实务方面体现双重创新。

在理论方面：①在对公共服务标准化进行内涵辨识、特点把握、意义解读、轨迹追述的基础上，建立一套较为完整的公共服务标准化建设理论体系。在推进服务型政府建设中，形成一个与公共服务市场化、公共服务均等化、公共服务提供机制等相对应的标志性主题。②从企业管理标准与政府管理标准、服务标准与公共服务标准、国家标准与地方标准、规范化和标准化的比较分析中，提炼公共服务标准的特点，形成公共服务标准的边界。③不仅从公共服务的供给机制，而且从公共服务的需求机制入手，在研究视角方面推进服务型政府建设的深入发展。

在实务方面：通过规范的模板设定，运用文字、表格、图形等方式，完整描述和明确定位，制定通用型的公共服务标准，形成深化服务型政府建设的操作平台，为较大规模的公共服务标准化建设推广工作奠定基础。按照不同类型、不同层级设计若干套模板，建构一套通用型的公共服务标准，在技术和工具层面形成公共服务的创新机制。制定标准是一个理论指导的过程，也是实践推动的过程。或者说，制定标准可以通过由下而上和由上而下两种渠道进行。目前，公共服务标准化建设基本上是通过由下而上的渠道，一些地方政府在积极地实践，但是，各自为政的试点探索缺乏统一标准，容易产生歧义。由下而上的发展进程急需由上而下的积极回应，急需出台一个在格式要素和内容标准上的通则性操作指南。同时，通过标准化建设，通过规范的模板设定，与电子政务相衔接，为开发公共服务标准化管理系统软件预留空间。

3. 研究逻辑

本书围绕一个主题串联式发展，各个环节纵向依次衔接，理论分析、模型建构、模板设计和推广实施等各个环节逻辑性强、关联度高。本书在导论之后，构建现状分析模块（第二章至第三章）、模型的构建与验证模块（第四章至第六章）和实务操作模块（第七章至第九章）等几个相互联系的板块。

在现状分析模块，本书从综合考量的视角梳理了公共服务标准化的发展进程。标准化建设、服务型政府建设和规范化建设这三条并联的线索几乎同时汇聚而来，形成了汹涌澎湃的壮观场面。第一条主线以管理标准化作为基点，按照标准化—服务标准化—公共服务标准化的发展路径，确定公共服务标准化的时代特征。第二条主线以推进服务型政府建设作为背景，把公共服务标准化作为一个与公共服务市场化、公共服务提供机制、公共服务均等化相对应的全新主题，作为推进服务型政府深入发展的内在逻辑延伸。第三条主线以规范化作为基点，在阐述规范化建设现状的基础上，分析规范化与公共服务标准化的异同，说明规范化发展的必由之路。本书意在梳理之后，寻求三条主线之间的交点，在三江并流中，合乎逻辑地推出公共服务标准化。与纵向发展进程分析相呼应，本书从横向比较的角度，对公共服务标准化的结构进行类型划分，对公共服务标准化与ISO9000政府质量管理进行功能上的比较分析。从更好地了解什么是公共服务标准化，从更深层次上理解公共服务标准化内涵的角度，本书在公共服务标准化现状分析板块中专门进行了类型划分。在分类标准方面，本书设计了多视角的公共服务标准化分类、阶段分类、内容分类、环境分类等，并对综合性服务窗口、单项性服务窗口、市政设施、城市公共信息、公共企业、基本公共服务、专门领域的公共服务标准化进行了归类和特征描述。本书通过分析公共服务标准化与 ISO9000 政府质量管理的异同，说明公共服务标准化对 ISO9000 政府质量管理的比较优势。在分析方法上，本书按照文本分析的一般方法，遵循特点分析、问题分析和发展路径分析的基本框架，重心落在公共服务标准化对 ISO9000 政府质量管理的积极促进作用上面。

在模型的构建与验证模块，本书按照创新研究的规范路径，以问题为导向，以假设为前提，通过建构和验证公共服务标准化可执行、可持续、可扩散模型，依次逻辑展开。在创新可执行性模型的构建与验证方面，本书在论证创新可执行性的内涵、特点和作用的基础上，构建创新可执行性的模型，按照接受阶段和执行阶段分解影响因素。在创新的执行阶段，选择创新的执行客体和执行主体作为主要影响因素。前者主要表现为创新方案的可执行性，具体包含目标要素、操作要素和价值要素；后者包括组织设置、组织资源和组织文化三个方面的内容。创新的可执行性模型为公共文化服务标准化可执行性评估提供基础框架，相当于评估体系的基本维度＋基本指标，或者称一级指标＋二级指标。依照模型的思路，本书建立相应的三级指标，构建完整的创新可执行性评估体系。在此基础上，本书选择比较典型的案例进行分析，证明公共文化服务标准化的可执行性。在创新可持续性模型的构建与验证方面，本书认为，标准化可持续性的形成轨迹取决于不同发展路径下标准化影响因素作用力的大小，包括动力机制、组织力度、操作运载途径、发展路径的依赖、论证机制、标准的广度与深度、信度与效度以及监督机制的健全程度八个方面的要素。本书采用针对给定评价因子做出的书面描述评估方法，建立公共文化服务标准化可持续模型的评估体系，由工作机制、标准质量与监督机制三个维度组成。在此基础上，本书选择比较典型的案例进行分析，证明公共文化服务标准化的可持续性。在创新可扩散性模型的构建与验证方面，本书根据梯度理论在政府创新扩散领域的适用性程度，在比较分析的基础上，选择了与产品生命周期理论、区域生命周期理论不同的梯度理论作为基本分析视角；从资料丰富程度、扩散空间范围和受控比较程度考虑，选择相关的实践案例；通过数据收集，分析基本公共文化服务标准化创新扩散的"反梯度"现象和梯度特征，进行总结和思考。

在实务操作模块，本书通过国外管理的经验借鉴和国内相关政策的佐证，从战略角度分析了公共服务标准化的顶层设计。本书认为，在理论上，公共服务标准化应该有自身明确的界点，但在实践中，公共服务标准化界点勘探存在困惑。本书认为，公共服务标准化的顶层设计必须面对公共性问题和政府主导问题的挑战。构建通用型模板设计需要进行理论预设，通用型公共服务标准必须凸显公共服务标准模板的菜单式特性、力求公共服务的过程控制与结果导向、实现公共服务标准体系的相容、贯穿从标准设定到实施的诉求和展现公共服务提供的工具效应。通用型公共服务标准模板可以分为公共服务基础标准、公共服务资源供给与管理标准、公共服务提供要素标准和公共服务绩效标准四个基本维度。本书认为，公共服务标准化的组织实施的基础是组织分析，包括公共部门组织实施文化服务标准化的程序，以及标准化实施中的制度和组织建设，其中制度和组织建设是文化服务标准化实施的基础和保证。组织实施是公共文化服务标准化的一个基本环节和重要步骤，可以对标准化工作的其他方面进行检验，对公共部门管理、目标和战略加以改进。本书认为，公共文化服务标准化建设总是在一定的环境中进行的，环境是影响公共文化服务标准化建设可持续发展的双刃剑。环境建设包括宏观环境与内部环境。前者是相对比较普遍的外部影响因素的集合，对公共文化服务标准化产生外生性的作用力；后者则是相对特殊的内部影响因素的集合，对公共文化服务标准化产生内生性的作用力。也就是说，环境对于公共文化服务标准化的影响包括宏观环境的外生性影响与微观环境的内生性影响。内外部环境分别由不同的影响因素构成，产生不同的影响力与影响方式。同时，这两股不同的影响力将合成对公共文化服务标准化的综合作用力，形成影响公共文化服务标准化建设的不同环境类型。为此，可以按照"外—内—总"的逻辑对公共文化服务标准化建设环境进行具体分析，寻求有效的促进机制。

二　研究方法

科学的研究方法可以保障研究结论的效度与信度。它可以让研究者拥有共同的研究方法话语，从而使社会科学研究具备集体智慧特征的可能性，有助于知识的积累、延承和发展。本书遵循规范研究与实证研究相结合、定性研究与定量研究相结合、理论研究与实务开发相结合的原则。具体采用文献分析、比较分析、案例研究、深度访谈、问卷调研等方法。

1. 规范研究方法

比较研究是科学分析中常用的逻辑方法，这种方法在大致相同的一类事物中发现问题、发现矛盾，在相互区别的一类事物中寻找中介、寻找联系。例如，本书通过分析企业管理标准与政府管理标准、服务标准与公共服务标准、国家标准与地方标准、规范化和标准化、行政标准和服务标准的区别与联系，同中寻异、异中求同、寻求原因、发现规律。又如，本书从公共服务标准化机制创新模型的构建方面，通过对不同领域创新理论和创新模式的比较分析，抽取出公共服务标准化机制创新的作用因素；从公共服务标准化机制创新模型因素的深入分析中，比较国内外公共服务标准化机制创新的文献和实践。通过初步整理事实材料，发现新的科学事实，帮助在相似之中找到相异之处，在相互区别中找到切入点，为公共服务标准化的模板设计提供启发思路。

文献分析方法是指根据一定的研究目的或课题，通过调查文献来获得资料，从而全面、正确地了解掌握所要研究问题的一种方法。本书在综合分析国内外有关公共服务标准化机制创新研究文献的基础上，归纳国内外在此问题上的研究现状和实践经验，并对公共服务标准化机制创新相关理论进行探讨。在此基础上，提出本书的分析思路和框架。

系统分析的方法将公共服务标准化的模板设计作为一个完整的系统，各个子系统相互区别又相互联系，通用标准和特定标准、全国标准和地方标准等各种类型、各个层级和各个部门之间，按照统一的思路，形成完整的一、二、三层标准体系。

2. 实证研究方法

深度访谈是一种无结构的、直接的个人访问，在访问过程中，由掌握高级访谈技巧的调查员对调查对象进行深入访问，用以揭示对某一问题的潜在动机、信念、态度和情感。公共服务标准化作为新兴的政府治理工具，其创新模型构成在其适用范围、运作机制和效果等方面会受到当地政府的机构设置、组织文化、管理体制、运作机制、人员素质以及地方经济社会发展程度的影响。因此，本书在调研的初始阶段选择了深度访谈这一方法，力图促使访谈双方在公共服务标准化机制创新问题的理解上达成共识，深入了解具体部门在公共服务标准化机制创新影响因素的看法，以便及时调整调研问卷的设计和模型建构。

问卷调查法就是通过书面的形式，以严格设计的测量项目或问题，对研究对象进行调查，搜集研究资料和获取研究数据，从而进行研究的方法。本书在文献研究和实地调研的基础上，编制了公共服务标准化机制创新模型，通过专家咨询进行指标的筛选。最终编制了创新模型问卷，计量尺度采用李克特5级量表。本书选取在当地具有代表性的公共服务标准化实施机构，以实际参与标准化工作的单位领导和工作人员作为调研对象，对机制创新的构成因素进行了一定规模的调研。

本书选择若干个实践中的典型案例进行深入和全面的考察，运用访谈、观察、实物分析等方法汇集资料，面对大量已有的技术标准、管理标准、工作标准、质量手册、规范制度的基础资料，在描述是什么、分析为什么的过程中解剖"麻雀"，觉察变量，形成假设，发现或探求一般规律和特殊性，为公共服务标准化的模板设计寻求方式对策。

第 二 章

三江并流：公共服务标准化的发展进程

在公共服务标准化的发展进程中，标准化建设、服务型政府建设和规范化建设这三条并联的线索几乎同时汇聚而来，形成了汹涌澎湃的壮观场面。

第一节 标准化发展进程中的公共服务标准化

从标准、服务标准到公共服务标准，这是历史发展的必然。需要特别指出的是，服务标准化与公共服务标准化具有内在的逻辑联系。当前，公共服务标准化的推进主体明确，推进领域广泛，发展形势喜人。

一 从标准化到公共服务标准化

1. 标准与标准化

标准是"为了在一定的范围内获得最佳秩序，经协商一致制定并由公认机构批准，共同使用的和重复使用的一种规范性文件"（GB/T 20000.1 - 2001《标准化工作指南 第 1 部分：标准化和相关活动的通用词汇》）。标准化是对标准的动词化，是一种过程和活动，是"为了在一定范围内获得最佳秩序，对现实问题或潜在问题制定共同使用和重复使用的条款的活动"（GB/T 20000.1 - 2002）。从过程上说，标准化是由非标准到标准再到标准再造的一个从无到有到调整的变迁过程，其中包含了标准的需求分析、标准的制定、标准的合法化、标准的颁布、标准的监控和调整等一系列过程；从作用上说，对现实问题和潜在问题制定共同使用和重复使用的规则，具有事前预防、事中调整和事后调整的功能，通过资源的合理配置，提高工作效率和质量。因此，统一性、精简性、规范性、重复性是标准化的基本特征。统一性即对参差不齐的多重标准进行单一化；精简性即对繁杂的重复性的事项进行简单化；规范性即对不规则的事项进行约束，以获得最优配置；重复性即标准一旦制定就可以进行推广使用和再次使用。

2. 服务标准化兴起与发展

随着全球经济结构的调整，从 20 世纪中叶起，服务业逐渐取代传统的工业和农业，成为全球主要产业。继农业经济时代和工业经济时代后，主要发达国家产业结构呈现出向"服务型经济"的转变。早在 1967 年，富克斯（V. Fuches）就宣称美国在西方发达国家中率先进入了"服务经济"社会。"1995 年，世界服务贸易额超过了 12300 亿美元，占全世界贸易额的 25% 以上。1994 年服务贸易增长率为 8%，而 1995 年达到了 14%。"[①] 服务贸易成为世界贸易中增长最快的领域，服务业也成为标准化的新领域。首先，在经济全球化条件下，国际服务标准有利于协调服务领域的国际贸易，加强区域交流合作；其次，在服务竞争市场上，标准化有助于提高服务质量和效率，是服务企业制胜的法宝。1995 年 1 月 1 日，《服务贸易总协议》正式生效，规定服务质量是服务贸易的基础，服务产品的质量和市场准入的资格条件必须加以规范。为了反映服务领域的这些新进展，国际标准化委员会、国际电工委员会和国际电信联盟将"服务"作为 1996 年世界标准日的主题，将服务标准化提上了标准化发展的日程。2001 年，国际标准化组织消费者政策委员会在"提升服务标准——标准的功用"研讨会中再次强调了服务标准化，并将旅游和金融服务定为国际标准化的两个优先领域。因此，服务标准化是在产业结构转型和应对服务质量挑战的背景下兴起的，并受到国际标准化组织的重视。

服务标准化主要是从标准化的领域和对象上的进一步细化和明确，是指"对实际和潜在服务问题作出统一规定，供共同使用和重复使用，以在预定的服务领域内获得最佳秩序的活动"。[②]

服务业是国民经济的重要组成部分，服务业的发展水平是衡量现代社会

---

① 〔美〕埃伯哈德·默尔曼：《呼唤服务标准》，《地震标准化》1996 年第 2 期。
② 洪生伟：《服务标准化的对象和领域——初探服务标准化》，《标准生活》2009 年第 8 期。

经济发达程度的重要标志。标准化为促进服务业发展提供了重要的技术支撑，受到我国的高度重视。从 20 世纪 90 年代中期至今，经过近 20 年的探索，我国服务标准化取得了一定的成效，具体表现在：①服务标准化的政策导向持续加强。为了有步骤、有计划地推进服务标准化，我国从政策层面对服务标准化工作进行了全面规划。早在 2001 年，《国民经济和社会发展第十个五年计划纲要》就提出了"调整产业结构，大力发展服务业，完善服务标准，提高服务水平"的重要任务；2004 年，受国家标准化管理委员会的委托，全国服务标准化技术委员会负责组织编制了《全国服务标准 2005—2008 年发展规划》。2007 年，国家标准化管理委员会又启动了《全国服务业标准化 2009—2013 年发展规划》。服务标准化的政策导向持续加强，为服务标准化的开展提供了指导。②服务标准化的组织支撑逐步完善。为了顺利开展服务标准化，我国正逐步完善服务标准化的组织体系，形成全国专业标准化技术委员会服务网。全国已成立和批准筹建的与服务业相关的标准化技术委员会、分技术委员会、工作组近百个。在国家层面上，2003 年 4 月，经国家标准化管理委员会批复，成立了全国服务标准化技术委员会（SAC/TC264），负责服务标准化的管理和协调。在具体服务领域，成立了一系列全国专业标准化技术委员会，涵盖了公共安全、环境、教育服务、信息技术、社会信用和食品安全等多个领域，如全国食品安全管理技术标准化技术委员会（SAC/TC313）、全国教育服务标准化技术委员会（SAC/TC232）、全国环境管理标准化技术委员会（SAC/TC207）等。③服务标准化的开展领域日益扩展。服务标准化是一个动态的过程，其标准化领域也随着社会需求进行调整。"截至目前，我国已颁布服务业标准累计 2550 项。其中，国家标准 1240 项，行业标准 1310 项；已列入计划的国家标准制定项目 528 项。这些标准主要涉及旅游、运输、商贸、餐饮、社区服务等领域。"① 随着信息化和新兴产业的发展，服务标准化的新领域也层出不穷，如电子商务、电子采购。

---

① 　国家标准化管理委员会：《全国服务业标准 2009—2013 年发展规划》，民政科技与标准化信息平台，http://kjbz.mca.gov.cn/article/mzbzhzcwj/201106/20110600158003.shtml，最后访问日期：2015 年 10 月 8 日。

3. 从服务标准化到公共服务标准化

20 世纪 80 年代，面对严峻的财政危机、管理危机和信任危机，西方社会开始了一场以政府公共服务社会化、企业化、市场化为核心的新公共管理运动，强调将企业管理的科学方法引入公共服务领域，以提高公共服务质量和效率，满足公众对公共服务的需求。鉴于标准化在服务领域的巨大作用以及服务标准化领域的不断扩展，标准化管理思想也被运用到公共服务领域中。公共服务标准化是政府通过制定、颁布、实施、监控和调整公共服务和公共产品的相关标准，对重复性事项或经常性事项进行管理，达到服务目标明确化、服务方法规范化、服务过程程序化和服务质量可控化等目标，提高公共服务提供的效率和质量的过程。"美国、日本、加拿大把健康、安全、环保等作为其标准化战略重点，对涉及公共安全方面的标准化问题进行了深入研究。意大利还设有企业和社会部，专门开展质量管理体系和客户满意度、旅游金融等服务，以及企业责任、社会安全、环境、核能等领域的标准化工作。"[①] 在质量管理体系方面，英国、美国、加拿大、新加坡等国家在政府部门引入制造业和服务业中的 ISO9000 族质量管理体系，如 ISO/IWA 4：2005《质量管理体系地方政府应用 ISO 9001：2000 指南》；在公共部门绩效评估方面，美国将标杆管理引入公共管理过程，新西兰将绩效合同和预算文件作为评估的依据，英国已经形成了比较系统和全面的公共部门绩效评估体系，主要由审计委员会绩效指标、最佳价值绩效指标、地方绩效指标和其他绩效指标几个部分构成。为了激励和推广公共服务标准化，联合国和一些国家专门设立了公共服务奖，包括联合国公共服务奖、美国国家公共服务奖、杜鲁门公共服务奖以及欧洲公共服务质量奖等。《2011—2015 年 ISO 战略规划》中更是提出在标准制定中支持公共权力机构的需要，将提高支持公共政策的标准价值作为实现"全球愿景的十个关键目标"之一。

二　服务标准化与公共服务标准化的逻辑联系

1. 两者以标准的特性为基础

服务标准化和公共服务标准化都是以标准作为标准化技术和管理理

[①] 杨锋、王玉金：《主要发达国家制定和实施标准化战略的经验》，《标准科学》2011 年第 1 期。

念的应用，其具体的构成元素都是标准，设置依据都符合标准的特征。首先，标准具有统一性，即标准是在一定范围内共同遵守的准则和依据，不同级别的标准在不同适用范围内统一，这是标准的本质特征。其次，标准具有重复性，即虽然标准要随着社会的发展而进行更新，但在一定时期内是具有稳定性的，可以重复使用。"标准的产生的客观基础，一是科学技术成果，二是实践经验的总结，并且这些成果与经验都是要经过分析、比较、选择、综合，使其能反映客观规律性，能适用这些特定范围的对象。"[①] 因此，服务标准化和公共服务标准化在具体标准的设置中都需要根据客观情况选择具有重复性的节点进行统一，保持标准的适用性和相对稳定性。

"标准的实施是指有组织、有计划、有措施地贯彻执行标准的活动，是将标准规定的各项内容贯彻到服务（产品）实现、经营管理、使用维护等领域的活动过程，是整个标准化活动的重要环节。"[②] 公共服务标准化和服务标准化的组织实施都必须在一定的条件才能运行，需要组织机构、人员、物资保障和技术支撑。组织机构即建立相应的组织机构统一组织标准实施工作，政府是我国标准化的主要组织机构，包括国家质量监督行政部门、国家标准化管理部门、认证认可监管部门以及相应的地方行政机构；人员即通过对标准化涉及部门或岗位上的人员进行标准化资质和技能的培训，培养标准化所需的专业人才；物资保障即配备标准化实施的设备、资金、环境等物质条件；技术支撑则是为标准化实施提供信息技术等方面的辅助。只有各要素得到优化配置，才能保障公共服务标准化和服务标准化的有序有效开展。

2. 公共服务标准化是服务标准化的有机构成

根据国际国内权威的产业分类标准，公共服务属于服务业的范畴，这是联系公共服务标准化与服务标准化之间的重要枢纽。

首先，从国际标准产业分类（ISIC）中的服务业分类来看，联合国统计

---

① 苗秀娟、焦海旺主编《新编政治机关公文写作示范》（下册），蓝天出版社 2009 年版，第 127 页。

② 国家标准化管理委员会服务业标准化部：《服务业组织标准化》，中国标准出版社 2010 年版，第 107 页。

委员会于 2006 年 3 月通过的《所有经济活动的国际标准行业分类》（修订本第 4 版）中，服务业分类共有 15 个门类（见表 2－1），

表 2－1　《国际标准行业分类》（修订本第 4 版）中的服务业分类

门类	名称	门类	名称
G	批发和零售业:汽车和摩托车的修理	H	运输和储存
I	食宿服务活动	J	信息和通信
K	金融和保险活动	L	房地产活动
M	专业、科学和技术活动	N	行政和辅助活动
O	公共管理与国防;强制性社会保障	P	教育
Q	人体健康和社会工作活动	R	艺术、娱乐和文娱活动
S	其他服务活动	T	家庭作为雇主的活动;家庭自用、未加区分的物品生产和服务活动
U	国际组织和机构的活动		

资料来源：联合国经济和社会事务部统计司：《所有经济活动的国际标准行业分类》（修订本第 4 版），2009。

其中，行政和辅助活动、公共管理与国防、强制性社会保障、教育、人体健康和社会工作活动以及艺术、娱乐和文娱活动都是公共服务的具体体现。联合国统计委员会国际标准行业分类（ISIC）自 1984 年第 1 版通过以来，被世界绝大多数国家采用或根据其制定自己国家的行业分类，是国际一级比较经济活动统计数据的一项重要工具，具有权威性。

其次，在质量管理方面关于质量体系认证机构认证业务范围分类表中，服务业分类（见表 2－2）也包括公共行政管理以及教育等具有公共服务性质的项目。

表 2－2　认证机构认证业务范围分类中的服务业分类情况

大类	内容	大类	内容
29	批发和零售;汽车、摩托车、个人及家庭用品修理业	30	宾馆及餐馆
31	运输、仓储和通信业	32	金融中介、房地产和租赁
33	信息技术	34	工程服务
35	其他服务	36	公共行政管理
37	教育	38	健康和社会工作
39	其他社会服务		

资料来源：中国合格评定国家认可委员会：《质量管理体系认证机构认证业务范围能力管理实施指南》，2011 年 2 月 15 日。

最后，我国通用的国民经济行业分类标准 GB/T 4754 - 2011《国民经济行业分类》中的服务业分类（见表 2 - 3）包括了科学研究和技术服务业，水利、环境和公共设施管理业，教育，卫生和社会工作，公共管理、社会保障和社会组织以及文化、体育和娱乐业等公共服务项目。

表 2 - 3　我国国民经济行业分类中的服务业分类

门类	类别名称	门类	类别名称
F	批发和零售业	G	交通运输、仓储和邮政业
H	住宿和餐饮业	I	信息传输、软件和信息技术服务业
J	金融业	K	房地产业
L	租赁和商务服务业	M	科学研究和技术服务业
N	水利、环境和公共设施管理业	O	居民服务、修理和其他服务业
P	教育	Q	卫生和社会工作
R	文化、体育和娱乐业	S	公共管理、社会保障和社会组织
T	国际组织		

资料来源：国家质量监督检验检疫总局、国家标准化管理委员会：《国民经济行业分类》（GB/T 4754 - 2011），2011 年 4 月 29 日。

《中华人民共和国国民经济和社会发展第十一个五年规划纲要》指出，公共服务包含的领域包括义务教育、公共卫生、社会保障、社会救助、促进就业、贫困、防灾减灾、公共安全、公共文化、基础科学与前沿技术以及社会公益性技术研究、国防等。可见，虽然关于公共服务的内容划分不尽一致，但都包括了公共服务的主要内容，特别是我国国民经济行业分类已比较完整地囊括了公共服务。这就为公共服务标准化和服务标准化具有一致性提供了依据。

从产业分类来说，公共服务属于服务业的重要组成部分，具有服务的属性，公共服务标准化理应遵循服务标准化的基本规范。根据《服务业组织标准化工作指南　第 2 部分：标准体系》，结合《公共服务标准化指南》（征求意见稿），公共服务标准化与服务标准化共同遵循的基本规范主要体现在以下两个方面：第一，都符合标准化工作一般原则和标准具体编写要求。在政策层面上，符合国家有关法律法规要求；在标准层级的采用上，有限采用国家标准、行业标准和地方标准；在标准的管理上，结合实际情况不断完善标准体系；在标准间关系上，保持相互支撑和协调；在标准编写上，应符合国家对服务标准的分类和编写要求等。第二，都采用服务标准化通用基础标准。服务通用基础标准规定了整个服务业标准化的一些通用的或基础性的标准，具有广泛性和普适性，主要体现在术语与缩略语、符号与标志等通用标准上。随着公共服务标准化范畴和概念的明晰，公共服务标准化基本标准引入了公共服务分类标准，并在术语部分对公共服务标准和公共服务标准化进行了界定。在以后的实践中，也将新增一些公共服务标准化专业术语和要求，保持公共服务标准化规范与实践的一致性。

三　大力推进中的公共服务标准化

虽然公共服务标准化概念是近年来才提出的，但在公共服务领域其实已经开展了蕴含标准化理念的公共服务改革，如通过引入企业管理的理念来规范公共管理，主要包括目标管理、标杆管理和服务承诺制度等。

1. 公共服务标准化的推进主体

在标准化管理进程中发展起来的公共服务标准化，主要的推进主体是质监、标准委等部门。基本的路径是在服务标准化的大范围内拓展出来的。《全国服务业标准 2009—2013 年发展规划》要求"建立 500 个左右的服务业标准化试点"。2009 年度国家级服务业标准化试点项目中就容纳了一定规模的公共服务标准化试点项目，在 132 项服务标准化项目中至少有 19 项明确为公共服务类（见表 2－4）。

表 2－4　2009 年度国家级公共服务标准化试点项目

序号	承担单位名称	项目名称
1	北京市东城区质量技术监督局	北京市东城区城市公共服务标准化示范区
2	北京人力资源服务行业协会	北京人才服务业标准化试点
3	重庆市大渡口区建桥工业园管理委员会	重庆市建桥工业园服务业标准化试点
4	沈阳市质监局沈河分局	沈河区社区安全管理服务业标准化试点
5	青岛黄岛丁家河社区	青岛黄岛丁家河社区服务业标准化试点
6	中共南京市江宁区委员会南京市江宁区人民政府	江宁区级机关公共服务标准化示范区
7	杭州市上城区人民政府	杭州市上城区政府行政管理与公共服务标准化试点

续表

序号	承担单位名称	项目名称
8	巢湖市行政服务中心	巢湖市行政审批服务标准化试点
9	合肥市行政服务中心	合肥市行政审批服务标准化试点
10	河南东方能源股份有限公司	河南供气服务业标准化试点
11	河南省电力公司许昌供电公司	许昌供电服务业标准化试点
12	漯河市行政服务中心	漯河市行政服务标准化试点
13	信阳市行政服务中心	信阳市行政服务标准化试点
14	湖南省常德市人民政府政务服务中心	常德市政府政务服务标准化试点
15	福建省龙岩行政服务中心	福建省龙岩行政服务标准化试点
16	昆明市五华区大观街道办事处顺成社区	昆明市顺成社区服务业标准化试点
17	陕西省知识产权局	陕西省知识产权服务标准化试点
18	兰州市燃气公司	兰州燃气服务业标准化试点
19	西宁市人民政府行政服务中心	西宁市人民政府行政服务标准化试点

资料来源：国家标准化管理委员会：《2009 年度国家级服务业标准化试点项目表》，2009 年 5 月 15 日。

2. 公共服务标准化的最新进展

近年来，公共服务标准化在实践层面发展很快，在宏观层面、政府质量管理领域、行政服务中心、基本公共服务领域等方面尤其迅速。我们通过对中国标准化研究院网站的搜索得知，2011—2013 年，国家相关部门正在起草编制并形成征求意见稿的国家标准共有 49 项，其中涉及公共服务的项目主要有《乡镇基本公共服务通则》《公共事务活动风险管理指南》《质量管理体系 地方政府应用 GB/T 19001 - 2008 指南》《行政服务标准化工作指南》《政府部门建立和实施质量管理体系》《消费品质量安全风险信息描述规范》《职业健康安全管理体系 GB/T 28001 - 2011 实施指南》等。

（1）宏观层面制定纲领性文件。其一，质量发展纲要明确社会管理标准化工作重点。2012 年 2 月，国务院印发《质量发展纲要（2011—2020年)》，从质量发展基础建设的角度，提出六项措施，其中包括社会管理和公共服务等领域国家标准体系建设，提出建立健全教育、卫生、人口、公共就业和人才服务、劳动关系、社会保险、社会管理等社会事业领域的标准化体系，促进社会公平正义，推动和谐社会建设。

其二，基本公共服务体系明确国家标准。2012 年 7 月，国务院印发

《国家基本公共服务体系"十二五"规划》，明确了"十二五"时期基本公共服务的范围和项目，阐明了国家基本公共服务的制度安排，引导公共资源配置，并且按照服务对象、保障标准、支出责任和覆盖水平等四个方面，提出了每一项基本公共服务的国家基本标准。所提的标准均具体到基本公共服务项目，而服务项目直接服务到个人，以充分贯彻"以人为本"的思想。所有标准的内容均依据现行法律法规和有关政策提出。具体的设施设备、人员配备以及经费等行业性标准由各主管部门依法另行制定。

其三，多部委联合行动，标准化工作"十二五"行动纲要发布实施。2012 年 8 月，由国家标准化管理委员会会同国家发展和改革委员会等 27 个部委制定的《社会管理和公共服务标准化工作"十二五"行动纲要》（以下简称《纲要》）正式印发实施。《纲要》是我国首个社会管理和公共服务标准化工作的纲领性、战略性文件。《纲要》涉及公共教育、公共劳动就业服务、社会保险、基本社会服务、公共医疗卫生、人口和计划生育、公共基础设施管理与服务、公共文化体育、公共交通、司法行政与服务、公共安全、生态保护和环境治理、社会组织管理、社会公益科技服务 14 个领域的标准化工作。《纲要》所要达成的具体目标是：制修订标准 800 项以上，覆盖社会管理和公共服务主要领域；实施包括基础通用标准及标准化评价体系建设工程在内的 11 项重大工程；重点开展 200 项左右社会管理和公共服务重要领域的标准化科研项目；建立社会管理和公共服务标准化国家级试点 300 个左右，一批标准实施的典型经验得到总结和推广；建立 1 万人左右的社会管理和公共服务标准化专业人才队伍，形成一个多层次、高素质的标准化人才梯队。

（2）政府质量管理领域的标准化建设。第一，2012 年 8 月，《政府部门建立和实施质量管理体系指南》（征求意见稿）完成。该指南将政府职责涵盖的各工作事项的内容、程序和要求为管理单元，为各级政府部门建立和实施质量管理体系提供一般模式，主要技术内容包括政府部门建立和实施质量管理体系的原则、依据、要求、方法、步骤，以及保持质量管理体系持续改进的措施等。

第二，2012 年 11 月，《质量管理体系——地方政府应用 GB/T 19001 - 2008 指南》国家标准征求意见稿的起草工作完成，制定该标准的目的主要有：一方面，从公共服务领域出发，阐述 GB/T 19000 系列标准中的质量管理概念。另一方面，探索如何将 GB/T 19001 - 2008 中规定的质量管理体系要求应用于地方政府的公共服务过程。

（3）行政服务标准化建设。2012 年 10 月，由全国服务标准化技术委员会归口、新泰市公共行政服务中心等单位起草的《行政服务标准化工作指南》和《行政服务中心运行规范》两大系列、六项国家标准形成征求意见稿。2013 年 4 月，六项标准顺利通过国家标准化管理委员会专家组审定，将在我国所有行政服务中心执行。

（4）基本公共服务标准化建设。其一，《乡镇基本公共服务通则》国家标准已形成征求意见稿。该项目主要致力于解决城乡基本公共服务不均等问题，通过研制乡镇公共服务标准体系，充分发挥标准化在规范服务要求、提升服务水平、优化服务管理等方面的基础性作用。

其二，《社会保障服务中心设施设备要求》国家标准于 2012 年 2 月 1 日正式实施。该标准除了术语界定，还对社会保障服务中心选址、中心建筑面积、中心功能区划分（划分为经办服务大厅、档案管理区、办公区和业务支持区四个功能区）、装修要求、公共设施要求、服务办公设施要求以及标志等方面进行了规范要求。该标准的出台可以说是提升社保服务档次的标尺，[①] 并且对地方社保经办服务窗口加强标准化建设起着极大的指导作用。

其三，全民健康公共服务标准化项目启动。汶川县全民健康公共服务标准化国家级试点工作于 2012 年启动，项目将重点针对公共卫生、健康教育、健康环境和健康保障四大领域开展标准化工作，预期将建立起一套科学实用的全民健康公共服务标准体系，截至 2012 年 3 月 20 日，中国标准化研究院联合相关科研单位，按计划完成了相关服务体系研究和 60 余项服务标准的草拟工作。该项目是全国首个全民健康公共服务标准化试点，将全民健康理念应用到县域治理，在我国没有先例。它作为全国县级政府全民健康公共服

---

① 许翔、高丽梅：《提升社保服务档次的"标尺"——〈社会保障服务中心设施设备要求〉》，《大众标准化》2012 年第 12 期。

务标准化的前期探索，为国家公共管理理论的进一步发展提供了实践经验。①

其四，教育领域的标准化建设。①专用校车国家标准出台。2012 年 4 月 10 日，国家质量监督检验总局和国家标准化管理委员会批准发布了专用校车国家标准《专用校车安全技术条件》，标准号为 GB24407 - 2012，标准属性为强制性国家标准，自 2012 年 5 月 1 日起实施。专用校车安全国家标准的发布实施将有力地支撑《校车安全管理条例》的贯彻落实，对规范专用校车生产、加强校车安全管理具有十分重要的意义，并最终有利于提升学校和幼儿园的安全环境质量。② ②"非正式教育培训服务"相关国家标准通过审查。"非正式教育培训服务"是国际服务标准化的新兴领域，2010 年，由中国提出的"语言培训服务提供者基本要求"国际标准提案在 ISO/TC 232 全会上获得全票通过，实现了我国主导制定服务国际标准零的突破，国内也高度重视语言培训服务业发展，"积极培育培训等消费热点"被明确列为政府在"十二五"期间的重点工作之一。

其五，公共文化标准化进程。目前，我国新闻出版业标准内容覆盖产业链全流程。2012 年，新闻出版业发布国家标准 4 项，组织编制完成并发布行业标准 15 项，发布行业指导性技术规范 1 项。截至 2012 年年底，新闻出版业共制修订国家标准 56 项，发布行业标准 149 项。③ 下一步国家新闻出版广电总局将从加强标准化组织工作以及加强已发布标准宣贯实施的指导与监督工作两个方面，继续加强标准化工作。

（5）专门领域公共服务标准化建设。其一，首部综合防灾减灾社区标准出台。2013 年 4 月，北京市综合防灾减灾社区标准（试行）出台。该标准主要围绕组织管理、应急准备、设备设施、评估完善等方面展开制定，是促进首都综合防灾减灾社区规范化管理、合理确定综合防灾减灾社区的工作

---

① 《汶川试点：全民健康公共服务标准化》，新浪网，http：//news. sina. com. cn/c/2012 - 07 - 17/045924787130. shtml，最后访问日期：2015 年 10 月 8 日；《全民健康公共服务标准化试点项目在四川汶川启动》，中国新闻网，http：//news. hexun. com/2012 - 07 - 17/143661405. html，最后访问日期：2015 年 10 月 8 日。

② 《专用校车国家标准（GB24407 - 2012）解读》，校车网，http：//www. xiaoche001. com/zcfg/gn/2012/0828/2012082819202485583818709729. html，最后访问日期：2015 年 10 月 8 日。

③ 《我国新闻出版业标准内容已覆盖产业链全流》，《中国新闻出版报》2013 年 4 月 15 日。

规范，是衡量有关必备的综合防灾减灾设备和设施建设水平的全市性标准。

其二，公共资源交易市场服务地方标准出台。2012 年 12 月 25 日，安徽省质监局等相关部门在合肥联合发布了安徽省地方标准《公共资源交易市场服务标准体系》。该标准的正式出台，不仅为安徽公共资源交易市场服务提供统一规范标准，还在全国公共资源交易领域先行先试的经验中率先上升为"地方标准"。根据标准规定，全省交易机构应建立公共资源交易网，实现设区的市行政区域内全覆盖；建立电子招标投标系统，具备交易平台功能、服务平台功能和监督监察平台功能，实现网上招标、网上投标、网上开标、网上评标、网上监察、服务与管理同步。①

3. 公共服务标准化的试点推进

（1）标准化试点项目形成示范效应。2011 年 8 月至 9 月，杭州市上城区实施的我国首个"政府行政管理与公共服务标准化"试点、北京市东城区国家级城市公共服务标准化示范区均高分通过了国家标准化管理委会员的验收，标准化试点项目已形成积极的示范效应。

（2）标准化试点工作新趋势。其一，标准化试点项目内容拓展。通过梳理 2011—2012 年国家级服务标准化的试点项目表，可以发现，公共服务标准化试点项目数量明显增加，并且项目内容更加多元化。在 2012 年国家级服务业标准化拟推荐试点项目中，就有涉及公共安全领域、计量服务、案件监督管理服务、城市电梯应急指挥公共服务等标准化试点项目，这些项目具有创新性，并且都贴近民生，体现了公共服务需求导向的逻辑起点。例如，江苏省东海县民生热线暨应急联动服务指挥中心公共服务项目被国家标准化管理委会员批准为 2011 年度国家级服务业标准化试点项目。该项目立项目的主要是构建突发事件"统一接警、统一处警"的快速应急联动机制，提高为民服务水平，实现整合资源、信息共享、统一指挥和节约资金的目标，将公安、交通、消防、供电、供水、城管等 20 多个职能部门的咨询、救助等服务职能进行集中整合；同时，还将 110、119、120、数字城管等接警员全部安排进驻指挥大厅集中办公，统一接警处警；从相关职能部门抽调部分业务骨干进驻

---

① 《安徽省〈公共资源交易市场服务标准体系〉颁布实施》，中安在线，http：//ah.anhuinews.com/qmt/system/2012/12/25/005377436.shtml，最后访问日期：2015 年 10 月 8 日。

指挥大厅，进行现场解答质询。该项目的建设及推广，将为提高为民服务的水平、实现城市功能升级、推广"智慧东海"标准化先进经验提供保证。①

其二，标准化试点项目由单一走向综合。2011年9月，浙江省政府与工信部、国家标准化管理委员会员签订战略合作框架协议，共同推进浙江省智慧城市建设试点，形成"3＋X"指导与服务模式。2012—2013年，浙江省先后启动了3批共20个智慧城市建设示范试点项目，覆盖居民生活、卫生健康、城市管理、安全监管、交通物流、能源供给、水资源利用等当前人民群众最为关切的领域。自智慧城市建设示范试点项目启动以来，浙江省高度重视标准化工作。除了出台相关的工作方案，还成立了智慧城市标准化技术委员会，并创立了国内首个省级层面专门致力于推动智慧城市建设的联合性社团组织——浙江省智慧城市促进会。②

2012年，江苏省苏州市成为我国城市综合服务标准化试点，2012—2014年市区13大类56个服务项目，全面推行标准化管理操作。2012年9月，苏州针对"身份证和居住证管理、出入境管理""幼儿园教育、中小学教育""人力资源服务、就业培训和就业指导""环境卫生清扫保洁"等21个细分项目，启动了首批标准化试点工作；2013年，包括"交通和车辆管理""特殊教育""家庭出诊、家庭护理、家庭病床等上门医疗服务""贫困群体救助""养老服务""廉租房和经济适用住房的供应保障"等在内的35个项目，都通过建立、实施标准，规范服务提供和管理行为。所有项目都在2014年年底完成验收。③

总体来说，经过近些年的标准化试点工作建设，逐步形成了一批具有示范意义的标准化手段和方法，今后公共服务标准化建设将开展重点领域综合性标准化试点项目，最终建成综合标准化样板示范工程，做好经验总结提炼，进而在全国范围内宣传、培训、推广。

---

① 《我市首获两个国家级服务标准化试点项目》，连云港质量网，http：//www.lygzj.gov.cn/news_Detail.aspx? n_id=7499，最后访问日期：2015年10月8日。

② 《浙江智慧城市促进会及标准化技术委员会在杭成立》，浙江经贸网，http：//www.zjjm.gov.cn/show-11107.html，最后访问日期：2015年10月8日。

③ 《向"苏州质量"转型提升，争创全国质量示范市》，新华网，http：//sz.xinhuanet.com/2013-05/21/c_115847617.htm，最后访问日期：2015年10月8日。

第二节 推进服务型政府建设中的公共服务标准化

在推进服务型政府建设的过程中，形成了多个阶段主题。公共服务标准化是服务型政府建设中最新主题，对其他主题有积极的促进作用。

一 服务型政府建设的主题跟进

20 世纪 90 年代初期，地方政府开始思考与中国特色社会主义市场经济相适应的行政体制改革，出现了服务型政府的实践探索。温家宝总理于2004 年 2 月 21 日在中央党校省部级主要领导干部"树立和落实科学发展观"专题研讨班结业仪式上正式提出要"建设服务型政府"，以后又多次在政府工作报告中提出要推动建设"服务型政府"。回顾服务型政府建设的实践过程，大致经历了四个阶段。

1. 公共服务市场化

随着社会的变迁转型，我国公共服务体系暴露出越来越多的弊端：公共服务提供效率低下、数量不足、质量不高；公共部门财力相对紧缺。面临这一困境，这个时期的服务型政府建设将国外市场化的方法应用在公共服务供给中，政府推出若干领域，引入私人投资，将私人部门的管理手段和市场激励机制引入公共服务当中，始于事业单位，并向国企推进，并发展到社会组织当中，形成多中心供给局面，追求公共服务供给效率。1992 年，我国开始了以市场化为取向的行政体制改革，实行政企分开，推行公司制改造，利用市场竞争机制，打破垄断，促进竞争，电力、电信、铁路、公路、航空等领域实行政企分开，将原来的部门进行企业化改造，使其走向市场化，如在固话领域成立网通、铁通公司，实行竞争。为解决国家财政资金不足的问题，政府在 20 世纪 90 年代中期开始在改革公共基础设施建设和投融资体制方面，逐步放宽了对外商以及国内民营企业直接投资基础项目的限制，实施了 BOT 等项目融资方式的试点和推广，各地纷纷利用民间资本进行基础设施的建设。

与此同时，政府还积极培育社会力量，公共服务供给主体多元化，形成多中心供给局面：1998 年开始的新一轮政府机构改革的内容以转变政府职能为核心，把一些本来不该政府承担的职能交给政府，把公共服务项目分权给非政府组织、社会中介组织、公民的志愿性社团、协会和社区组织等"第三部门"和市场，并支持社会力量发展，地方政府在公共服务的供给方面将由政府单一供给的模式转变为政府、社会和企业共同承担的多中心供给模式。与此同时，政府采购制度也在全国普遍建立，很多政府公共服务项目要实行公开招标，通过招标，引入竞争机制，减少政府采购成本，提高政府采购效率，节约财政资金。公共服务市场化在我国服务型政府建设的进程中起步早，现在正向着最大范围内的"公共服务市场化"的局面发展。

2. 公共服务绩效评估

随着经济全球化、市场化和管理民主化趋势的推进，公众对公共服务的质量、成本、效率等方面的期望值越来越高，监督意识越来越强。绩效型政府的改革目标和政府公共管理问题日益凸显，20世纪90年代地方政府开始注重公众需求，探索适合中国特色的公共服务绩效评估体系。公共服务绩效评估在范围上是从地方政府实践开始的，然后上升到国家层次，具有了由下而上的特点；地方政府的实践内容非常丰富，具有不同的模式；在内容上则呈现了由以行政机构和经济领域为中心向以公共服务和社会领域为中心转变的特点。

2004年，中央把"建立健全公共产品和服务的监管和绩效评估制度"写进了《国务院工作规则》。2008年，胡锦涛总书记也在中共中央政治局第四次集体学习中指出，建设服务型政府要"推进以公共服务为主要内容的政府绩效评估和行政问责制度"，各地的政府绩效评估实践的重点偏向于公共服务绩效评估，公共服务的内容在绩效评估中的比重加大，在评估政府绩效的过程中，"将评估重心放在公共服务上，重视公共服务提供的质量与效果"。[①] 南京、珠海等地开始"万人评议政府"活动，湖南省实现社会承诺服务制模式，都体现了这样的转变。"2004年，甘肃省政府将非公有制企业评价政府绩效工作委托给兰州大学。通过中国地方政府绩效评估，以改善政府制定非公有制企业发展的公共政策，形成"甘肃模式"，公共政策作为一项公共产品，这一模式的评价内容直指公共服务。

---

① 孟华：《推进以公共服务为主要内容的政府绩效评估》，《中国行政管理》2009年第2期。

3. 公共服务均等化

服务型政府建设在最近几年修正了效率优先的追求，开始关注公平理念，完善服务型政府建设的内容，具体的内容是公共服务均等化。我国的公共服务供给存在"地区差异、城乡差异、国际比较差异、供给水平差异"。[①]面对这一现实，我国政府开始关注公共服务地区间公平问题，胡锦涛在2007年10月15日在中国共产党第十七次全国代表大会上的报告中提出要"围绕推进基本公共均等化和主体功能区建设，完善公共财政体系"，[②] 而服务型政府的根本标志是看政府提供的公共产品和公共服务是否到位，是否不断满足人民群众日益增长的物质文化需要。服务型政府建设在这一时期倡导公共服务的公平价值，力图通过多种手段，实现公共服务城乡、地区之间的均等化，确保结果均等，"让不同地区适格公民享受到了同等数量和质量的基本公共服务，满足了自身的基本需求"。[③]

公共服务均等化首先是在"十一五"规划纲要中提出的，其具体内容为：完善中央和省级政府的财政转移支付制度，逐步推进基本公共服务均等化。地方政府的实践在几个发达地区展开，并且是从公共服务的某一个领域或某一层面展开的，如江苏省在2003年做的五件实事，就改变了农村地区的公共服务供给短缺状况，改善了农村地区的基础设施和医疗条件，实现了城乡之间某些领域的公共服务均等化。特别是最近几年，随着服务型政府建设的深入，开始在促进城乡一体化建设方面展开了很多实践，更有"成都、重庆的统筹城乡发展综合改革配套区，开始加快农村基本公共服务建设作为重点，采取更加有力的倾斜和优惠政策，努力提高基本公共服务水平"，[④]以此实现城乡社会保障均等化。2006年10月11日，党的十六届六中全会中通过的《中共中央关于构建社会主义和谐社会若干问题的决定》要求尽快使中西部地区基础设施和教育、卫生、文化等公共服务设施得到改善，逐步缩小地区间基本公共服务差距，实现地区之间公共服务均等化。并且，"基

---

① 参见唐铁汉《建设服务型政府与基本公共服务均等化》，《国家行政学院学报》2008年第2期。
② 转引自任强《公共服务均等化问题研究》，经济科学出版社2009年版，第1页。
③ 王桢桢：《广州基本公共服务均等化的推进路线与标准框架》，《广东行政学院学报》2011年第6期。
④ 唐铁汉：《建设服务型政府与基本公共服务均等化》，《国家行政学院学报》2008年第2期。

本公共服务均等化"被明确列为到 2020 年中国构建社会主义和谐社会的九
大目标和主要任务之一，各地纷纷展开实践，如浙江、海南两省率先出台纲
领性文件，加快推进基本公共服务均等化的实施速度，随后，广东、江苏、
吉林、黑龙江等省也开展了推进基本公共服务均等化的工作。实现地区之
间、城乡之间公共服务均等化成为我国各级政府的一种共识。

4. 公共服务标准化

在均等化之后，标准化作为一种提高效率、实现公平的方法途径受
到了我国各级地方政府的重视，各级政府试图通过标准化的技术与手段，
实现公正与效率之间的和谐统一，将服务型政府理念转化为一种行为模
式，将公共利益最大化。2011 年，广东出台"以港为鉴"、打造公共服务
的"广东标准"，试图借鉴香港经验，在广东地区打造高于国家规定标准
的公共服务，实现公共服务均等化。2011 年，湖南省颁布《湖南省政府
服务规定（草案）》，打造政府服务的"湖南标准"。该草案以法治手段
推进服务型政务建设，从省级政府层面规范行政机构能做什么。其核心
目标是重新设计和配置政府职能。该草案明确规定，政府必须向公民提
供 14 类基本公共服务的范围，包括就业促进、社会保险、社会救助、社
会福利、住房保障、公共教育、医疗卫生、公共科技、公共文化等，规
定了提供服务的相关标准流程。这些标准化实践，在一定意义上是破解
当前地区之间、城乡之间公共服务不一致的有力手段，也为公共服务的
"全国标准"做出了开创性的探索，在我国幅员辽阔、各省份情况不一致
的情况下，公共服务标准化成为解决服务型政府建设过程中所遇到问题
的有效手段与途径。

二　公共服务标准化在服务型政府建设中的作用

作为一种理论与工具，公共服务标准化在许多国家（尤其是西方发达
国家）公共管理改革中发挥了重要作用。有效运用标准化的方法，可以积
极促进服务型政府的深入发展。

**1. 实现服务型政府由"效率优先"向"效率与公平兼顾，更加注重公
平"转变**

在服务型政府建设之初，面临的最大困境是公共服务供给不足、效率不

高，行政主体"确立并秉持的是效率优先的行政价值观"，① 通过公共服务市场化手段，采取价格机制与竞争机制，提高公共服务的供给数量与行政机构的工作效率，而公共服务绩效评估的重点还是公共服务供给主体行政机构的效能，基本上采用"3E"标准（即经济、效率和效益），希望通过评估的手段来提升行政机构的办事效率，贯彻效率主义的价值观。

21 世纪以来，我国行政发展更加注重公平。2006 年 10 月党的十六届六中全会审议通过的《关于构建社会主义和谐社会若干重大问题的决定》旨在加强全面制度建设，用"经济发展基础"替代了"效率优先"，用"更加注重社会公平"替代了"兼顾公平"，公平成为服务型政府的价值追求。服务型政府偏向于实现"效率与公平"的平衡，随后公共服务均等化作为行政发展的一个新主题出现在服务型政府建设的实践中，但是均等化作为一种价值追求，缺少实践上的可操作性，并且容易引起公众对公共服务供给效率的担忧。服务型政府对"效率与公平"的要求是行政发展价值观的具体体现，要求政府在社会资源有限的条件下，在效率与公平之间进行选择。公共服务标准化是从具体操作层面来思考促进行政发展的，并且实现了这一价值追求，服务型政府是公共利益的代表，也是服务型政府存在的基础与终极目标，其建设必须实现公正与效率之间的和谐统一，将公共利益最大化；标准化建设体现了服务型政府对公平的内在要求与价值追求。服务型政府的核心是提供公共服务，而公共服务具有价值目标，应体现效率、公平、正义、普遍等价值目标，同时也可以解释为公众需要和经济持续发展的目标，并通过国家的法律予以确立；作为公平价值的公共服务，是政府必须有的价值选择，是政府获得合法性、合理性的基础。"所有政府服务都应该一视同仁地提供给利益群体内的所有选民，不管技术上讲排他性是否可行。"② 由于政府公共服务能力的差异，同样的资源不一定产生相同水平的公共服务。

公共服务标准化建设可以规范政府的公共服务行为，节约公共服务成本并最大限度地发挥政府能力，使得使用相同的资源可以生产出同一水平的公

---

① 朱逢春：《改革开放以来行政价值观的嬗变对行政发展的影响》，《哈尔滨市委党校学报》2010 年第 10 期。

② 〔美〕詹姆斯·M.布坎南、康格尔康：《原则政治，而非利益政治——通向非歧视性民主》，张定淮、何志平译，社会科学文献出版社 2004 年版，第 156 页。

共服务。政府通过实施公共服务标准管理，使城乡居民在最基本的公共服务，如义务教育、初级公共卫生、社会保障、公共文化设施、公共安全、基础设施等方面享受到同等待遇，体现社会公平性，可逐步消除城乡居民，特别是弱势群体的不公平感，减少社会矛盾，维护社会稳定，构建和谐社会。① 另外，标准化建设有利于提高公共服务资源利用效率。标准化具有先进性，它所确定的一致性应有利于促进社会需求得到更好的满足，统一化的过程的实质就是打破旧的平衡和确立高标准的过程。通过标准的确立，可以改变我国城乡公共服务差距的纵向调节模式，现有的转移支付主要是上级对下级之间的转移支付，在制度上没有横向的转移支付，即没有地区之间、城乡之间的转移支付，只有一些对口支援等非制度性、非约束性的政策引导。这样使得政府间的资源过度集中在发达地区、城市地区，不利于提高公共服务供给资源的效率。在制度上、法律上明确规定基本公共服务水平超标地区有帮扶落后地区的义务，实行地区间、城乡间横向转移支付制度，保障各地区城乡实行基本公共服务标准化管理所需财力，有助于保证提供最大量的公共服务。

2. 帮助服务型政府实现从"人治"向"法治"的转变

在市场经济时代，国家所代表的公共利益和社会成员的个人利益之间出现一条明显的界限，需要以法律的形式明确双方的权力与职责、权利与义务，从而使得双方恪守各自的行为边界，不任意侵害对方的合法权益。"一个立足中国国情和实际、适应改革开放和社会主义现代化建设需要、集中体现党和人民意志的，以宪法为统帅，以宪法相关法、民法商法等多个法律部门的法律为主干，由法律、行政法规、地方性法规等多个层次的法律规范构成的中国特色社会主义法律体系已经形成，国家经济建设、政治建设、文化建设、社会建设以及生态文明建设的各个方面实现有法可依。"② 但是，在构建服务型政府建设的过程中，"有法必依，执法必严，违法必究的任务更

① 参见王国华、温来成《基本公共服务标准化：政府统筹城乡发展的一种可行性选择》，《财贸经济》2008 年第 3 期。
② 吴邦国：《中国特色社会主义法律体系已经形成》，新华网，http://news.xinhuanet.com/legal/2011 - 03/10/c_ 121170711. htm，2011 - 3 - 10/2012 - 4 - 20，最后访问日期：2015 年 10 月 8 日。

为严峻"，① 这些问题有体制方面的因素，也有法律本身方面的因素的影响。法律是政府行为规范化的重要依据，目前中国特色法律体系已经初步形成，但是由于法律本身专业性、概括性和原则性以及中国国情的需要使得法律法条"宜粗不宜细"，因此在实践中的指引和可操作性方面较弱，在很多情况下，法律方面没有明确规定，有关部门难以执法，要使法律落到实处就必须借助其他手段与方法。"标准化承担了使法律细化、可操作化、通俗化的重任，使法律的理念和规定真正落到实处。"② 在我国这样一个人治色彩浓厚的国家，要实现政府行为的规范化，就只有让法律落到实处，法治化才会发挥对政府的制约作用，一旦政府超越了法律的边界，法律就会对政府的权力越界进行惩罚，政府法治化应该包括规定政府职权和职责的实体法和规定政府如何行使职权和履行职责的程序法，同样，标准化的内容也应该包含实体法与程序法的标准化。

3. 促进服务型政府由"行政本位"向"公民本位"转变

所谓公民本位，强调以社会公众为服务对象、以满足公众需求为服务导向，其实质性举措是建设有限责任政府和透明政府。有限责任政府首先要是责任政府，是指政府所负担的全部责任的范围，政府在承担各种责任过程中所具有的行政权限以及履行对应的法治运作状态，服务型政府必须有所担当，有所责任，并且这种责任明确。邓小平曾强调："必须建立严格的责任制，列宁说'借口集体领导而无人负责，是最危险的祸害'。"③ 而建立这一制度，就必须在三个方面加以明确，加以规范：一是有明确的组织与岗位职责，任何行政组织及其工作人员都必须对自己的行为负责，职权与责任必须不可分离；二是有明确的责任主体，使每一个公共服务行为都能准确无误地判明责任的归属与落实；三是有明确的反馈程序、快速的责任反应能力，如果政府提供的服务没有达到质量或效率标准，那么公民就可以按照一定程序对失职失责政府官员问责，明确追究其政治责任、行政责任、法律责任和道

---

① 吴邦国：《中国特色社会主义法律体系已经形成》，新华网，http://news. xinhuanet. com/legal/2011－03/10/c_ 121170711. htm，2011－3－10/2012－4－20，最后访问日期：2015 年 10 月 8 日。

② 黄恒学、张勇等：《政府基本公共服务标准化研究》，北京大学出版社 2011 年版，第 109 页。

③ 《邓小平文选》第 2 卷，人民出版社 1994 年版，第 151 页。

义责任。① 打造有限责任政府，要求政府实现全能政府向有限政府的转变。责任政府意味着政府不是全能型的，而是有限责任政府，政府提供的公共服务是有限服务而非无限服务。历史经验证明，政府成为全能政府必然走向无责任政府，由于政府能力有限，该由政府负责的社会事务与公共服务供给政府都没有尽到责任。而有限政府则意味着政府根据自身能力，明确政府职责边界，界定并退出市场竞争领域，把有限的资源，按照一定原则与标准，依靠法律手段、经济手段，强化政府能够发挥作用的方面，依法管理和规范社会组织，让各种非政府组织、企业组织和公民个人也成为公共服务的有效提供者，及时化解社会矛盾，维护社会公平与正义。服务型政府是透明政府，透明政府需要公共服务标准化。公共服务的对象是社会与公民，简单透明、公开的制度才能把政府的行为始终置于服务对象的监督之下，保证公民意志的实现。要实现政府透明，政府行为的公开化与透明化是典型的标准化特征。从公开与透明实践的角度看，政府行为公开化主要分为三大类：第一，政策制定及过程公开；第二，政策执行及过程公开，即政府的办事依据、办事程序、办事纪律、办事时限和办事结果等公开；第三，政府绩效监督与评估公开。从公开与透明的结果看，政府行为要接受内部与外部的全程监控，从而限制权力违规操作的空间，保证公正、公平目标的实现。公开的法律文件等都必须具有规范性、标准性的特征，即要求格式规范统一，内容准确清晰，材料方便民众索取与理解。② 通过政务公开法律化、政务公开制度化，包括用制度明确政务公开的主题；用制度明确政务公开的范围；用制度明确政务公开的内容以及政府行为范围、提供方式、办事流程，通过标准来提高政府行为的可预测性，让公民的需要与政府能力能够通过公开信息有一个可以调试的过程，可以提升公民满意度，提高政府合法性。"目前，我国各级政府所实行的公开大多是执行性事务方面，而很少涉及办事依据、办事标准的决策过程。很显然，这是政府公开行为的初级阶段，尚需要进一步深化。"③ 要完成公共服务标准化的任务还有待于进一步努力。

---

① 参见沈荣华、钟伟军《论服务型政府的责任体系》，北京大学出版社 2006 年版，第 31 页。
② 参见黄恒学、张勇等《政府基本公共服务标准化研究》，北京大学出版社 2011 年版，第 114 页。
③ 张向东：《面向知识经济的政府行为模式的特征》，《湖北广播电视大学学报》2007 年第 6 期。

三　公共服务标准化对各个阶段主题的促进作用

1. 有效促进公共服务市场化作用的发挥

（1）公共服务的监管标准保证政府履行责任。公共服务市场化的含义非常宽泛，它绝不是仅仅将公共服务推向市场那么简单。公共服务市场化要求政府退出部分公共服务领域的直接供给，即政府不再是这部分公共服务的生产者，但这并不意味政府可以推卸在这些领域应承担的责任。公共服务市场化最为核心的一点是："公共服务不管由谁来提供，不管用什么样的体制和方式来提供，最后对公共服务提供的结果负责的仍然是政府。政府必须对确定公共服务的目标负责，政府必须为公共服务买单，政府还必须对公共服务的结果进行监督和评估。公共服务市场化以后，政府把提供公共服务的职能转包了出去，非政府机构承担了提供公共服务的职能。在市场化机制下，这些机构为了追求利润最大化，可能会投机取巧，导致质量不达标，忽视公共利益。而政府已经把公共服务的职能转包出去，所以也常常推卸责任，从而导致公共服务责任难以落实到位，损害公众的利益。"① 政府公共责任缺失、公共服务质量下降以及利益驱动下的供给不公平问题，如果处理不好就将直接影响公共服务改革的有效性和政府的合法性。这样的问题在 18 世纪的英国公共服务市场化过程中出现过。"在运河建设中，以私人资金为主兴建的运河网有明显的缺点，私人从自身利益出发，没有通盘计划、没有统一的勘测，设计时各行其是，造成全国各地所修的运河宽度、深度不一，水闸、桥梁、收费标准各异，各水道联运的船只仅仅能按最狭窄、最浅的河道建造，运河未能充分利用。"② 为此，无论是在政府还是在学界均形成共识：公共服务市场化并不意味着政府责任的转移，相反，必须加强政府对私营企业的监管责任。而管制的很重要的内容就是设定公共服务的标准，强化公共责任，严格管理公共服务的质量。

（2）公共服务的合同标准保障服务质量。合同管理是公共服务市场化的基本制度安排，合同标准是其中的关键环节。政府的主要责任虽然

① 徐锦贤：《公共服务市场化之辩》，《宁夏社会科学》2008 年第 5 期。
② 许继芳、周义程：《公共服务供给三重失灵与我国公共服务供给模式创新》，《南京农业大学学报》（社会科学版）2009 年第 1 期。

不再是提供某项具体的服务和设施的生产，但在起草合约协议，确定服务供应标准、资金来源、服务质量的条款和条件，建立绩效评价标准，确定使用定价模式等方面却负有不可推卸的责任，如确定自来水和污水排放定价、确定道路通行费标准、确定垃圾处理费标准，以及建立价格监督体系和采取监督措施，建立绩效指标体系和组织考评等。美国学者E.S. 萨瓦斯认为，民营化或者说市场化要取得成功，合同必须有明确的工作说明："合同必须清楚、全面，因为它将影响竞标的数量、质量和合同承包的效果。"[①] 没有一个明确的工作标准或规定，公共服务的质量便难以监督和度量，这实际上也是导致公共服务水平低下的一个重要原因。合同外包在客观上要求政府对拟承包的服务项目明确做出服务内容、标准和责任方面的细致规定，以便监督承包者的工作。这样也就在一定程度上解决了公共服务质量难以度量的问题。[②] 通过设定公共服务标准，明确企业供给责任，可以解决服务质量下降与不公平性问题。通过进一步完善招投标制度中政府和企业的信息公布制度，建立政府与企业长期合作的守诺制（即政府在设定绩效标准时承诺不会因为平均标准的提高而单方面改变评判标准，承诺只要企业按既定标准提供公共服务便会与企业长期合作），进行公共服务标准化建设。同时根据实际调整服务标准，发挥公众力量，建立公众对企业公共服务供给行为的监督机制，强化团体卸责的责任追究机制等，就可以避免市场化出现的问题。萨瓦斯指出："把本来由政府承担的公共服务通过合同外包给民营企业，使政府成为公共服务的购买者，民营企业成为公共服务的供应者，这种承包合同的有效实施需要相关的条件：工作任务能清楚地界定已存在若干个潜在的竞争者；政府能够监测承包商的工作绩效；承包的条件和具体要求在合同文本中有明确规定并能够保证落实。"[③] 对于政府来说，必须做到："一是公共服务和公共物品的确认者；二是精明的购买者；三是对所购物品和服务的检查者和评估者；四是公平税

---

① 〔美〕E.S. 萨瓦斯：《民营化与公共部门的伙伴关系》，周志忍等译，中国人民大学出版社2002年版，第215页。

② 参见孙选中《服务型政府及其服务行政机制研究》，中国政法大学出版社2009年版，第228页。

③ 〔美〕E.S. 萨瓦斯：《民营化与公私部门的伙伴关系》，周志忍等译，中国人民大学出版社2002年版，第78页。

赋的有效征收者；五是谨慎的支出者。"① 这对于政府部门的管理技能、管理水平和市场化水平提出了很高要求。这些条件在我国许多地方和部门尚不完全具备。公共服务市场化改革，无论是公共服务项目的合理定价，还是公正的招标以及周详的合同制定和对合同履行的严格监控，都需要一个公开、公平、公正的政府，需要完善的市场经济体制和成熟有效的经济管理技术。德国的市场化实践也证实了这一点："原因主要不在于竞争迫使供应商以更高的质量进行生产。这是更为间接的效应：质量提高来源于在签订合同的过程中对质量标准有了明确界定和具体衡量标准。市场竞争导致人们更多地反思质量问题，促使人们制定质量指标，并衡量和控制这些指标。然而，这并不必然意味着，在私人供应商卷入服务供应之后，就不存在质量下降的问题。"②

（3）公共服务项目标准有助于市场细分。公共服务市场化需要先进的科学技术支持。公共服务产品的项目细分、共用性度量、价格收费等问题的解决，都有赖于先进科学的技术支持来设定科学合理的标准。③ 在服务型政府视角下，提供公共服务是政府的主要职能，但如何提供公共服务却是我们面临的一大难题。因此，要根据公共服务的性质做好市场化的制度设计，清晰界定公共服务的供给性质和供给形式。对于"异质性"的公共服务，如国防、外交、政策、环境等应直接由公共部门提供和生产，而对于"同质性"的公共物品，如市政基础设施、后勤服务、供应系统等则可交由民营部门和非政府部门来承担，这一点在学术界有一定的共识。④ 要对公共服务本身进行进一步的细分。公共服务是一种公益物品，其消费具有不可排他、边际成本为零的特征，这是正确的。但是，这一见解对于公共服务的改革实践来说是不够的。公共服务市场化改革，不能以如此简单的判断为基础。应该说，有些公共服务具有纯粹公益物品的特性，但是绝大多数公共服务，只

---

① 〔美〕E.S. 萨瓦斯：《民营化与公私部门的伙伴关系》，周志忍等译，中国人民大学出版社 2002年版，第 73 页。

② 〔德〕克里斯托弗·理查德：《德国公共服务的市场化》，孙晓莉译，《北京行政学院学报》2003年第 1 期。

③ 参见刘厚金《我国政府转型中的公共服务》，中央编译出版社 2008 年版，第 107—108 页。

④ 参见王雍君、陈灵主编《财经热点问题研究》，经济科学出版社 2007 年版，第 57—58 页。

具有一定程度的公益物品的性质。而且每一种公共服务内部，还可以细分为各种类型的公共服务，进一步细分之后，不同类型的公共服务，实际上具有不同的特性。有些虽然是公共服务，实际上却是纯粹的私益物品，而任何一种公共服务都需要采取不同的提供方式，同时需要考虑"服务的具体性、生产者的可得性、效率和效益、服务规模收益和成本的相关性、对消费者的回应性、对欺骗行为的免疫力、经济公平、种族公平、对政府指导的回应性、政府规模"① 等指标，探索多元化的公共服务购买形式，如传统公立小学系统、传统警察系统、城市公路局等适合政府服务，合同出租，道路、桥梁建设可实行 BOT 等形式的公私合作，小学的学生凭单、给老年人和残疾人的交通凭证能够用于出租车可实施凭单制等，企业被授权经营城市拥有的高尔夫球场企业从而有效改善公共服务质量、提高公共服务效率、降低公共服务供给成本。服务型政府建设中的公共服务市场化实践，也得明确各项市场化工具的作用范围与局限，有针对性地选择合适的方法，通过标准化的规范，发挥市场化工具的优势。

2. 提高公共服务绩效评估的科学性

第一，公共服务绩效评估的价值追求必须通过指标设计来实现，指标本身就是一种标准。建立一套行之有效的评估指标体系是正确评估公共服务政府绩效的前提，指标是公共服务绩效评估的核心，绩效评估所能呈现出来的结果都是通过指标来测量的，政府工作成效、政府关注的重点、政府职能的转变等方面，都可以通过指标设置的变化来实现。英国政府的绩效管理实践体现了这种思维，不同的绩效指标体现了特定时间段内政府的服务方向与服务内容。因此，随着政府职能的转变和政府行为方式的变更，对服务考评的重点也在调整。1979—1985 年，英国绩效评估评估的重点是经济与效率，从撒切尔夫人开展雷纳评审开始，经过英国环境事务部"部长管理信息系统"的建立，到英国财政部的"财务管理新方案"，都一直关注行政活动的产出，致力于压缩部门规模，降低服务成本，提高经济和效率水平，努力提高投入产出比，力图用最少的投入获得最多的产出，因此这一阶段也被称为

---

① 〔美〕E. S. 萨瓦斯：《民营化与公共部门的伙伴关系》，周志忍等译，中国人民大学出版社 2002年版，第 93—101 页。

"效率优位"时期。第二阶段从 1986 年开始，作为"质量优位"时期，政府关注的焦点逐渐转向效益和"顾客满意"，公共服务的质量被提到重要位置，并且引入了服务标准的内容，1988 年英国政府启动"下一步行动方案"，到 1991 年开展公民宪章运动无不在追求政府提供公共服务的质量与责任。① 英国的公民宪章运动也造成了很大的影响，还有法国的"公共服务宪章"，比利时的"公共服务宪章"，美国克林顿政府的戈尔报告等。1989 年英国政府绩效示标总数已经达到 2327 个，此后基本上稳定在这一水平。这种标准一方面要打破私人部门绩效评估框定的瓶颈，根据政府部门管理与服务的本质设定体现和维护政府部门公共服务公共性的标准；另一方面要确立服务于当代政府部门运行模式所追求的价值目标的绩效评估标准，以确保绩效评估标准体系科学与完善。

第二，公共服务绩效评估的整个过程也就是公共服务标准化的过程。公共服务绩效评估的核心是绩效，绩效是活动对象的行为和结果表现，是所有对象追求的终极目标，因而在各类研究中都受到广泛的关注。绩效就是标准，公共服务绩效也就是公共服务标准，英国的"公民宪章"实践的第一步是确定承诺范围，公布服务内容、标准、程序和违约责任等；更关键的第二步是建立完善的践诺机制，保证承诺能够得到落实，因此要加强对外部监督机制、内部管理机制和内部保障的一系列制度安排；第三步是完善践诺机制和加强对服务承诺制的组织领导，并建立健全外部监督机制。在这个机制之中公共服务标准化是相当关键的环节，从确定标准，到践行，再到监督，最后改进，这是一个完整的公共服务绩效管理的过程。第一步就是公共服务标准化的过程，公共服务标准化是公共服务绩效评估的起点，并在持续继续标准化，这样形成一个持续改进公共服务的过程。

3. 保障公共服务均等化的实现

（1）标准是实现公共服务均等化的基础。基本公共服务均等化的主要特征是服务标准和服务规格划一，即政府根据经济社会发展状况对所有社会成员提供同一标准和统一规格的公共服务。任何一种公共服务，要实现均等，都必须建立在某种供给标准或衡量标准上。从一定意义上讲，基本公共

---

① 参见刘星《服务型政府：理论反思与制度创新》，中国政法大学出版社 2006 年版，第 276 页。

服务均等化就是基本公共服务的标准化，公共服务标准化是实现公共服务均等化的具体途径。有学者认为："在实践中，公共服务均等化是通过具体的均等化标准来加以实现的。"[①]

公共服务均等化最容易、最应该实现的是均质指标。义务教育、教育医疗等设施标准、城乡居民养老保险、最低生活保障、最低工资、老年福利等，至少在一定地区范围内是相同相等的。公共服务均等化一方面要致力于消除城乡间、区域间、群体间基本公共服务供给水平方面的差距，实现横向供给的平等；另一方面要致力于消除城乡、区域、群体内部纵向供求间的差距，实现供求的均衡，实现公共服务均等化所追求的公平价值。公共服务均等化是建立在财政能力均等化基础之上的，从国际经验来看，最重要的是全社会要对均等化的标准形成共识。这些共识包括：均等化体系必须是简洁的，虽然考虑全部均等化之含义的确复杂多样，但各个国家多选择其中之一予以实施；均等化必须集中在单一目标上；均等化的产出必须基于有条件的转移支付和公众评价；均等化标准必须基于财政能力均等化；均等化的标准必须建立在政治共识基础之上；有合理的制度化安排。[②] 实现公共服务均等化的基本思路是："在合理设定均等化标准的基础上，客观测定各地区的实际公共需求与政府服务能力，通过对比其差额来科学设计财政体制安排和转移支付方案，最终实现基本公共服务均等化。"[③] 在这些思路的引导下，西方国家往往设定均等化的公共服务。例如，加拿大设计均等化体系主要包括三个方面的内容："居民福祉机会平等；通过经济发展减少机会差别；所有加拿大居民享有适量合理的基本公共服务。"[④] 以此为目标，加拿大在专门管理机构的操作下，按照均等化转移支付的公式计算各省财政收入能力，然后在此基础上，设立均等化标准，衡量各省的财政收入能力和均等化总额，以此作为转移支付的标准。德国早在 20 世纪 50 年代就建立的"财政集中、

---

① 王玮：《基本公共服务均等化的基本逻辑》，《当代经济科学》2008 年第 11 期。

② 丁元竹：《基本公共服务均等化说易行难——国际视角下的均等化"得与失"》，《中国社会保障》2011 年第 6 期。

③ 王秀霞：《中国基本公共服务均等化研究——兼以济南为例》，山东大学硕士学位论文，2009，第 20—23 页。

④ 张玉亮：《国外政府公共服务均等化实践及其对我国的启示》，《当代经济管理》2010 年第 10 期。

共享分税"的分税制模式以及日本所采取的均等化的"地方交付税"制度，都有公共服务标准化的内容设计。

（2）标准贯穿于公共服务均等化整个过程。在国外，均等化往往还通过法律的形式加以确认，如澳大利亚就是通过三部《公共服务法》，确立了教育、失业、看病、养老等公共服务体系。丹麦通过《促进经济稳定和增长法》和《联邦财政均衡法》对财政均衡进行了规定。德国先后制定了包括《基本法》《财政预算法》《财政平衡法》等在内的一整套财政法律规范。在这些法律之外，还制定更为详尽的基本公共服务类型、服务标准、政府责任、供给模式、准入标准、公众参与机制与具体方式、监督与服务绩效评估机制等可操作的法律细则或条例。这一过程事实上就是公共服务标准化的过程。

（3）标准落实在公共服务均等化的结果评估。没有标准的均等化评估是没有意义的。如前所述，指标是公共服务绩效评估的关键与核心，公共服务标准化意味着公共服务内容与标准的统一。对公共服务均等化的制度环境（法律环境、财政支出与转移制度安排、评估制度）、公共服务数量、质量、水平的明确规定，使得公共服务均等化的整个过程都具备可操作性，其实施的效果旨在为全体公民提供基本生存与发展的必需条件，维护社会的公平正义，也意味着可以实现均等化的这一目标与公平的价值追求。近年来，我国已经采取了一系列措施，包括实施九年义务教育、扩大基本养老和医疗保险以及失业保险范围、解决贫困人口问题等，制定了政府公共服务的最低标准，并取得了显著成效。同时，还根据经济社会发展及公民对公共服务的新要求，适时调整相关的标准。特别是最近几年来，随着服务型政府建设的深入，开始在促进城乡一体化建设方面展开了很多实践，如成都、重庆的统筹城乡发展综合改革配套区，开始把加快农村基本公共服务建设作为重点，采取更加有力的倾斜和优惠政策，努力提高基本公共服务水平。[①] 其实质就是以公共服务标准化来促进城乡公共服务均等化，满足人民的日益增长的公共服务需求，提高人民的满意度，促进服务型政府深入建设，构建社会系统良性运作机制，缩小地方与群体公共服务差距。

---

① 唐铁汉：《建设服务型政府与基本公共服务均等化》，《国家行政学院学报》2008 年第 2 期。

第三节　从规范化到公共服务标准化

规范化与标准化既相互联系又相互区别，公共服务标准化是规范化建设发展的必然和升华。

一　公共服务视角下的规范化建设

我国公共服务领域中的规范化建设是标准化理念在我国的一个初级阶段的应用，规范化建设是标准化在我国现阶段的一种初级尝试。

1. 规范化的内涵分析

一般意义上对于规范化的理解主要是从政府行政行为的合法合理性、稳定性、制度化等方面对其进行考量的。诚然，政府行政行为的规范化是地方政府开展规范化建设追求的目标，但是规范化建设的内涵又远远超出了政府行为规范化的范畴。规范化建设是在我国公共服务创新的大背景下产生的，在我国政府的公共服务领域有着其特定的内涵。

（1）必须将规范化建设与法律意义上的规范化概念相区分。法律意义上的规范是指属于法律范畴的或者其他带有强制执行力的一系列规范性文件，即强制性规范。强制性规范是执行力最高的规范，其适用范围也最广，如国家法律。法律意义上所指的规范化是使个体的行为符合强制性规范的要求。我国公共服务领域中的规范化建设所依据之规范既包括强制性规范，又包括普通规范和倡导性规范，而且以后者为主导，主要体现政府行政行为的一种价值追求和取向。在实践中，我国政府的规范化建设强调在公共服务过程中的程序化、过程化、制度化，旨在提高服务效率和质量。

（2）需要明确规范化建设与全面质量管理的关系。全面质量管理自20世纪60年代被提出之后已经在企业和政府部门得到了很好的运用。作为一种有效的管理模式、管理方法和管理工具，全面质量管理是一种由顾客的需要和期望驱动的管理哲学，是一种以质量为中心，以全员参与为基础，追求工作流程的持续改进，以顾客满意为目标的管理模式和管理方法。政府全面质量管理，就是将全面质量管理的基本理念、工作原则、运筹方式运用于行政管理之中以达到政府部门工作的全面、优质、高效，从而为公众提供高质量的公共产品和公共服务。① 我国公共服务领域的规范化建设，就是政府部门制定严格的工作标准和程序，使政府的每一项活动都有章可循、有规可依，尽量消除行政活动过程中的随意性和人为性。可见，全面质量管理可以看做规范化建设实践的理论参考和依据，政府活动的规范化符合政府全面质量管理所注重的程序化过程控制，全面质量管理的管理理念和方法是政府规范化建设的可选工具和手段。

（3）必须将规范化建设与精细化管理相区分。精细化管理自 20 世纪 50 年代产生以来，通过标准化与信息化手段相结合，已经延伸到了城市管理、公共服务等领域。精细化管理是一种理念，一种精益求精的文化。它是社会分工发展，以及服务质量提升对现代管理的必然要求，是在规范化管理的基础上将其引向深入的基本思想和管理模式，是一种以最大限度地减少管理所占用的资源和降低管理成本为主要目标的管理方式，其灵魂是科学与效率。② 可见，规范化和精细化在目的上是一致的，只是规范化建设和精细化管理处于管理变革的不同阶段。规范化建设是落实精细化理念、实现精细化管理的重要手段，精细化是规范化建设所追求的目标和良性运作结果。

综上所述，基于公共服务的研究视角，本书所指的"规范化建设"是一个特指概念，它不同于法律意义上的"规范化"概念，而主要是从实践的概念加以界定，指各级地方政府在提供公共服务的过程中为了规范政府行政行为、提高公共服务水平和效率而开展的一系列实践探索的总和，它是对我国公共服务领域中地方政府实践的一种综合性表述，在具体表现形式上，有制度建设、机制完善、加强人员管理、统一外部环境等。

2. 规范化建设的发展

规范化建设是随着我国政府行政体制改革的不断深化，并且伴随着服务型政府理念的提出而兴起的。在服务型政府建立之初，规范化很好地契合了服务型政府的理念，对于改善公共服务的质量、提高公共服务的效率具有很大的作用。规范化建设主要是各地政府基于自己的实际需要而开展的，总体上来讲呈现分散性、自发性特点。所以，其整个发展过程并没有一个明确的

---

① 陈建：《中国政府全面质量系统的构建》，《行政论坛》2010 年第 2 期。

② 李晓林：《从公共服务标准化实践看精细化管理趋势——以北京市公共服务标准化建设实践为例》，《中国标准化》2012 年第 3 期。

阶段划分。

从时间进程说，规范化建设最早在成都市兴起。成都市从 2000 年的行政审批制度改革着手，到 2001 年的投资体制改革和机构改革跟进，再到 2002 年在市工商局、公安局、市政公用局开始进行规范化服务型政府试点工作，最后从 2003 年 10 月起在市级机关和各区（县）全面推行。[①] 成都市虽然是第一个开始规范化建设的地方，但是其整个规范化建设过程是比较系统、连续的，而且由市级政府推动，实行起来阻力也较小，加上还有相关的理论指导，成都市的规范化建设成就还是比较显著的。但是需要说明的是，在成都市规范化建设的后期，规范化服务型政府建设已经远远超出了规范化的范畴，而可看成公共服务标准化建设在我国政府部门的早期实践。所以，严格来讲，成都市规范化服务型政府建设虽然以规范化建设起步，但实际上是对我国公共服务标准化建设的一个初探。随后，全国很多其他地方政府特别是基层政府也根据自身需要在公共服务领域开展了规范化建设。

从实施范围看，成都市最开始也主要是在工商局、公安局、市政公用局部门进行试点，后来才全面展开。[②] 就全国来讲，规范化建设的领域扩散也经历了一个从点到面的过程，总体来说主要集中在社区管理、公安局、工商局、财政局、基层司法所、行政执法、劳动保障所和税务局等部门，如，广东湛江市、安徽池州市和河南商城市开展的乡镇财政所规范化建设、山东荣成市教育局规范化建设、江苏公安执法规范化建设、北京怀柔区社区服务规范化建设、广西开展的司法所规范化建设等。

3. 规范化建设的内容

对于不同的政府部门或机构，在不同的时机，为了不同的目的，规范化建设的内容可能差异很大。从各地规范化建设的一般内容来看，我国公共服务领域政府规范化建设主要表现在如下几个方面。

（1）组织建设和基础设施完善。规范化建设初始，大部分地方政府都会先设立一个专门的规范化建设领导小组来专门指导相关工作的开展，虽然名

---

① 李玉银、陈鹏、王东强：《关于规范化服务型政府建设的思考——以成都市规范化服务型政府建设为例》，《广西民族学院学报》（哲学社会科学版）2006 年第 6 期。

② 刘继平：《公共服务：成都市市政公用局开展规范化服务型政府建设的实践和思考》，《政策研究》2008 年第 3 期。

字可能不完全一样，但是组织性质基本相同；另一个层面是公共基础设施的完善，包括服务单位的外观形象建设，办公、生活用房面积、规格的统一，办公信息化设备的统一配备等。这主要是一种硬件的规范。例如，广东省湛江市在基层财政所规范化建设过程中，要求各个乡镇财政所办公面积不能低于350平方米，合理划出服务大厅，按照体现公共服务和政务公开的原则，合理配备办公用房和现代办公设备，设立满足财政所基本职能需要的办公室、档案室、会议室、接待室、便民服务室等功能区域，设立规范的信息公示栏和宣传栏。①内蒙古在开展执法规范化建设的过程中，加大硬件设备的投入和保障，在各执法单位的重点部位安装监控装置，一线民警执法记录仪配备率达100%。②

（2）职能分析和科学设岗。业务职能分析是规范化建设的基础，也是很多基层地方政府规范化建设的重要内容。通过职能业务分析，可以发现相关关联的岗位、机构甚至部门之间职能中的空缺、交叉、重叠甚至矛盾之处，以及时做出调整，以便完整、准确、切实地履行好职能，做到既不越位，也不缺位和错位。通过以职责定岗位，以岗位定人员，实现人员和职位的科学化配置，强化队伍建设，以增强公共服务人员的服务意识、责任意识、效率意识。杭州市萧山区在规范化建设过程中重点抓"六个规范"，其中之一便是规范队伍设置。③安徽省池州市不断改进和规范乡镇财政管理，首先是明确乡镇财政职能。2009年出台《市乡镇财政预算管理暂行办法》，进一步重申乡镇财政在乡镇级财政预算中的职责，乡镇财政预算编制、预算执行和财政监督职能得到加强。④

（3）业务流程优化和重组。流程缩减和优化是规范化建设中最基本也最凸显的内容。其直接目标是建立管理工作规范，实现业务管理从隐性到显

---

① 湛江市财政局：《广东湛江大力加强财政所规范化建设》，中华会计网校，http://www.chinaacc.com/new/184_900_201111/04lu546728055.shtml，最后访问日期：2015年10月8日。

② 内蒙古自治区公安厅：《六个环节推进执法规范化建设》，中国警察网，http://www.cpd.com.cn/epaper/rmgab/2013-04-09/01b-4.html，最后访问日期：2015年10月8日。

③ 朱长海：《关于加强综治基层队伍规范化建设的实践与思考》，《萧山日报》2009年11月1日，第3版。

④ 安徽省财政厅：《池州市注重"四个提升"深入推进乡镇财政标准化建设》，安徽省财政厅网站，http://www.ahcz.gov.cn/portal/czdt/sxcz/1277012956722930.htm，最后访问日期：2015年10月8日。

性、从经验状态到规范化描述的转变，基本价值追求是实现业务每一环节的有效衔接，以实现整个业务流程的最高效率，并降低各方成本。业务流程的优化，首先必须将具体的工作分解成若干的业务流程，明确各个流程阶段和节点上的职责和任务；其次是对重点工作环节的内容、方式方法、职责和质量标准（如完成任务的时间进度要求）等进行分析和优化；最后是系统的整体性研究，主要是通过所有业务工作规范的对接，检查有关机构、岗位在业务承担及职责方面是否有缺口和重叠、交叉和相互矛盾之处，在共同参与完成的任务中各方的任务分工、职责权限是否明确、协调，是否实现了系统整体优化。[①] 在实际操作中，简化行政程序，特别是对于行政审批事项进行流程优化和重组，去掉不必要的请示汇报、沟通和反复审核等，明确规定整个业务流程的持续时间以及每一个流程节点的办理时限、办理方式等都是比较通行的做法。目前在很多地区已经实施的"一站式"服务、"一表式"服务和"窗口式"服务都是业务流程优化和重组的实践结果。成都市在规范化建设之初就提出要建立高效的政务服务流程，一方面，按照创新行政管理体制的要求，整合部门内部职能，理顺部门内部分工，提高政府的服务功能，起草制定国家公务员职位职责说明指导意见；另一方面，起草制定部门规范化服务细则和办事流程导引图、职位职责说明。

（4）建立健全管理和业务制度。制度的建立和完善是规范化建设得以长效实施的保证。地方政府在规范化建设实践中比较重视如下几个方面的制度设计和完善。一是内部管理制度的完善，例如很多基层财政所加强系统内部的层级监督，推行行政法治责任制，强化工作人员守则；健全并严格执行学习与会议制度、考勤及值班制度、档案管理制度、票据管理制度等。二是强化业务管理制度，包括首问负责制、限时办结制、岗位责任制和责任追究制、服务承诺制等。三是更加重视绩效考评与监督制度，合理设置内部人员考核指标和标准；将考核结果与员工年度绩效、奖金挂钩；在条件允许的情况下进一步整合现有考核体系，强调吸纳专家学者、行政相对人参与评议。例如，湛江市在开展农村财务管理规范化建设的过程中健全两套制度规程，

---

① 李习彬：《规范化管理——管理系统运行设计方法论》，中国经济出版社 2006 年版，第 20 页。

落实三项管理政策。① 安徽省池州市在基层财政所规范化建设中制定了财政所工作职责、财政所财政财务工作制度、财政资金管理制度、预算管理制度、计算机操作管理制度、档案管理制度、学习制度、信访工作制度、防火防盗制度、廉政建设制度、文明办公制度等，认真落实首问负责制、服务承诺制、限时办结制等，增强为民服务意识。②

二 我国规范化建设的成就与问题

1. 规范化建设的成就

依照传统观的管理理念和思维模式，规范化必然会降低系统对环境变化反应的灵活性。然而，事实并非完全如此，规范化是应对系统复杂性，提高系统对快速变化的环境做出灵活反应的有效途径。公共服务规范化建设的实施，对于提高公共服务效率、改善公共服务质量、增强政府的公信力都有显著作用。

（1）规范化建设提高了政府公共服务水平，改善了政府管理绩效。学者高小平指出，服务型政府应该是以人为本的、体现科学发展观的、比较超前的制度设计和实践选择，是一种创新的思路。③ 规范化建设可以是我国地方政府在服务型政府理念下做出的自发创新，通过规范化活动建立起来的一整套较完整的公共服务规范体系，即对公共服务机构履行职能的各项业务工作开展的程序、方式方法、工作标准做出量化和明确的规定，有利于建立科学合理的工作流程和秩序，有利于保证管理的效果并提高服务的效率和效益。例如，成都市推行规范化服务型政府建设以来，行政效率进一步提高，市政务服务中心运行半年来，共办理行政审批项目和其他手续7万多件，在法定期限内办结率达100%，其中，当场办结件占受理量的54.8%；非政府投资非国家限制类建设项目从立项到开工，平均由过去的251个工作日缩短

---

① 《广东湛江市大力推进农村财务管理规范化建设》，内蒙古财政信息网，http://www.nmgcz.gov.cn/nqnsii.ASP？id=22348，最后访问日期：2015年10月8日。

② 安徽省财政厅：《池州市注重"四个提升"深入推进乡镇财政标准化建设》，安徽省财政厅网站，http://www.ahcz.gov.cn/portal/czdt/sxcz/1277012956722930.htm，最后访问日期：2015年10月8日。

③ 高小平：《规范化服务型政府的定位与思考》，《中国行政管理》2004年第11期。

到 68 个工作日。① 同时，通过规范化建设，高层管理人员特别是领导者从烦琐的事务性工作中解脱出来，集中精力于全局性的、非常规性甚至是突发事件的决策和处理，而一般的管理人员则可以依据工作规范独立自主地开展工作，有利于调动其积极性、主动性，从而提升政府整体管理绩效。

（2）规范化建设促进了制度完善和政策落实。规范化建设的宗旨之一就是减少政府行政的随意性。公共服务工作规范的研究制定，将使有关法律和制度在业务流程和工序的具体环节得以体现，甚至在一些环节还可以将明确的法律法规和内部制度规定通过电子化的工序设计和流程设计实现自动化地强制执行，从而有利于各种制度的落实。规范化要求管理规范，明确每一个岗位承担的具体工作并具体化到如何做，因而为岗位管理知识能力要求、人才选拔和招聘、岗位培训、绩效考核、编制科学化等处于下位的人事管理制度的建设提供了客观的科学依据。

从地方政府规范化建设实践来看，不论是业务的制度规范，还是内部管理的制度规范，相比以前在数量上和质量上都有很大的提升。广东湛江市按照"职责明确、制度健全、操作规范、运转高效"的目标，健全内部管理制度，全面推行首问负责制、限时办结制、岗位责任制和责任追究制等制度。2009 年，广东湛江市又推行了服务质量现场评议制，由前来办事的人员对窗口工作人员的服务效率、质量、态度进行现场评价，不断完善制度设计，提高服务质量。② 内蒙古通过开展执法规范化建设，全区各级公安机关制定了《治安管理处罚裁量标准》和《涉案财物管理实施办法》等规范性文件 600 余份。③

（3）规范化建设提高了公众满意度，提升了政府形象。公众是政府公共服务的直接承受者，公众的满意度是衡量政府行政能力的重要指标，体现了政府工作的权威性、民主程度、服务程度和法治建设程度。作为政府理念

①　李玉银、陈鹏、王东强：《关于规范化服务型政府建设的思考》，《广西民族学院学报》（哲学社会科学版）2006 年第 6 期。

②　湛江市财政局：《广东湛江大力加强财政所规范化建设》，中华会计网校，http：//www.chinaacc.com/new/184_ 900_ 201111/04lu546728055. shtml，最后访问日期：2015 年 10 月 8 日。

③　内蒙古自治区公安厅：《六个环节推进执法规范化建设》，中国警察网，http：//www.cpd.com.cn/epaper/rmgab/2013 - 04 - 09/01b - 4. html，最后访问日期：2015 年 10 月 8 日。

和制度的载体，政府行为是建设政府公信力的关键环节，而政府的行为最终要通过政府公务人员的具体行为措施和结果来体现，并直接面对公众的检验。政府的服务程序和方式方法会使公众对服务质量和效率形成感受，政府服务程序简捷、效率快捷无疑会使政府在社会公众面前树立一个良好形象。江苏南通市工商局开发区分局通过在基层服务规范化上下功夫，近年来，共办理企业设立登记近 1 万家，变更登记 8000 余家，接待各类办事人员 2 万多人次，从未发生一起群众投诉举报事件，登记准确率达 100%；通过建立和完善各种制度，加强人员培训，提升工作人员业务素质，进一步提升了窗口服务质量，群众满意率达 100%。[①]

2. 规范化建设的问题

规范化建设的目的正是实现"以人管人"到"以规则约束人"，从"要我做"到"我要做"，从"可以这样做"到"必须这样做"的转变，逐步建立起科学、规范、高效的长效机制。虽然我国一些基层地方政府通过规范化建设提高了服务效率和工作满意度，但是不可忽视的是，规范化建设在实践中也暴露出了诸多问题，包括认识片面、执行力不足、内部规范分散不系统、长效机制不健全、规范化建设持续改进和创新不足等。

（1）认识片面、执行力不足。规范化建设作为公共服务的手段创新，面临被消化和接受的过程。在实践中，很多地方都存在对规范化认识不到位，执行力不足的问题。成都市规范化建设在全国走在前列，但是在其实施中也显示出执行层认识有待提高的问题。究其原因，一是认识不到位；二是执行乏力；三是规范化服务型政府触动了一些人和一些部门的利益，有较大的抵触情绪；四是一些区（市）县财力保障不足。[②]从各地如火如荼的规范化建设实践中可以看出，一些基层领导干部和相关人员对规范化建设的内涵还认识不清，一些人片面地认为规范化建设就是比资金投入，哪个单位装修得好，家具和办公用品式样统一，就认为哪个单位的规范化水平提高了；也有的人片面地认为规范化建设就是定制度，制度定得越多，规范化就搞得越好；还有的认为规范化服务型政府建设就是建一个政

---

① 邹运来：《工商所规范化建设的探索与实践》，《中国工商管理研究》2010 年第 2 期。

② 成都行政学院课题组：《成都市规范化服务型政府建设存在的主要问题与对策思考》，《成都行政学院学报》2006 年第 4 期。

务服务中心，认为这是上级领导为了捞取政绩的临时作秀工程。对于经济实力不足和财政状况不佳的区（市）县，在全面推进规范化服务型政府建设中常常捉襟见肘。这些原因使得部分地方政府的规范化建设只是体现在口头上，有的虽然建成了硬件设施，但管理没有跟上，提供的服务质量并不高。

（2）内部规范分散不系统。规范化建设中虽然建立健全了大部分制度，但是大部分的规范都是经验性的、内部的，只能适用于特定的部门和人群。很多制度缺乏整体性、系统性，建立的规章制度常常是彼此孤立或分散的，缺乏内在的关联性，只是"头疼医头、脚疼医脚"，不能相互结合，整体推进。以派出所规范化建设为例，公安派出所在日常管理中应该具备哪些制度，窗口服务应达到什么标准，对派出所民警应该怎样科学考核，警务工作的标准化程序是怎样的，对此各个地方并没有一个统一的标准和要求，形成了分局与分局之间的标准不一致、派出所与派出所之间的要求各不相同的局面，从而很难在全局形成一个统一的、系统的、长效的规范管理体系，不能实现规范化建设的整体推进。武汉市工商行政管理局黄陂分局在规范化建设中就存在基层工商所的机构设置不统一，在与机关各职能的衔接上存在缝隙，工商所内部岗位设置和职责划分重叠交叉，一人多岗的现象突出；制度建设不健全不协调，存在漏洞和缺陷。[①]

（3）长效机制有待完善。从目前各个地方的规范化建设实践来看，对于规范化建设的工作分工和时间进程有相关规定，但是对于各项规定如何具体落到实处并取得实效缺乏长远、系统的安排。以成都市为例，市委和市政府已经建立了责任落实机制和监督检查机制，有效地推进了规范化服务型政府建设，但是长效机制并没有完善。一是责任落实的长效保障制度不完善。二是监督检查机制不完善。规范化实践建设的主要动力是自上而下的政策推动，政府主管部门负责人的重视对规范化建设的效果起着重要作用。在政府把规范化服务型政府建设作为主要工作之一的情况下，政府的主要领导能够经常深入各部门督导规范化服务型政府建设工作，发挥最有效的督导作用。但是，这也会引起另一个担心，即当政府的工作重心发

---

① 周祥彪、彭国生：《浅议基层工商所规范化建设》，《武汉学刊》2011 年第 1 期。

生转移，规范化服务型政府建设不再是其主要工作时或者如果下届领导的认识发生变化，注意力不再集中在规范化服务型政府建设上时，这种督导还能发挥有效作用吗？这些问题必然会影响规范化的长效性和持续性。三是激励机制存在缺陷。[①] 此外，规范化服务型政府建设对公务员的素质和能力提出了更高的要求，要求公务员不仅具有为人民服务的价值取向和能够为人民服好务的本领，也要具备在各种压力和挫折之中保持积极有为的心理素质。目前，这种人力的能力与素质差距也是制约规范化建设长效发展的重要因素。

（4）规范化建设持续改进和创新不足。政府行为的规范化在宏观层次上应表现为政策在空间上的一致性和时间上的稳定性与可预测性。[②] 但是，规范是依据对事物的规律性认识制定或形成的，因而在其适用的时空范围内，在相当大的程度上代表了当时人们的认识水平，这就是规范理性说。[③] 规范理性说自身已蕴涵着规范理性的局限性即有限理性，它受制于规范形成或制定时主体的认知水平。所以，作为约束政府行为的各项规范不应该是一成不变，而是应该随着政府公共服务外在环境的变化不断改革创新，满足公众的需求。

从实践来看，在规范化建设比较成熟的地方，政策的改进和创新做得相对较好。例如，成都市行政机关对 2000 年 1 月 1 日至 2008 年 5 月 1 日期间，市各级政府及其工作部门制定的规范性文件进行了全面清理，全市共清理文件 343052 件，其中规范性文件 22956 件。其中，市政府对 2000 年 1 月 1 日至 2008 年 5 月 1 日期间以市政府及市政府办公厅名义制定的规范性文件进行了全面清理，废止的规范性文件为 237 件，失效的规范性文件为 801 件，继续有效的规范性文件为 669 件。但是，对很多地方政府而言，所谓的规范化就是在规范化之初订立一系列制度或规定，然后试图一劳永逸。所以，规范化内容的持续改进和创新不足。

---

① 成都行政学院课题组：《成都市规范化服务型政府建设存在的主要问题与对策思考》，《成都行政学院学报》2006 年第 4 期。

② 周志忍：《政府行为规范化与公共政策》，《国家行政学院学报》2001 年第 4 期。

③ 李习彬、李亚：《政府管理创新与系统思维》，北京大学出版社 2002 年版，第 93—94 页。

三 规范化与标准化的内在联系

规范化和标准化都是政府提供公共服务的工具和手段创新，只不过处在不同的发展阶段，二者并不能截然分开，而是存在密切的联系。

1. 规范化和标准化目的相同

开展服务标准化正是为了形成服务业发展的制度环境；确保服务质量，提高服务水平；保护消费者的合法权益，实现服务业的内涵式发展，提高我国服务业的综合竞争力。[①] 公共服务标准化是我国服务标准化的分支，二者的目的基本是一致的。在加快建设服务型政府的背景下，如何实现规范化管理、提高政府公共服务质量是各级政府需要应对的关键问题之一。规范化和标准化，正是各级政府进行服务型政府建设的技术和手段创新。规范化和标准化都旨在获得一种最优质的公共服务秩序，在这种良好的秩序基础上形成更加高效和优质的公共服务，追求政府行政效率的提高，以最大限度地满足公众的需求。

2. 规范化和标准化内容相似

服务标准不同于制定工业产品标准，它涉及公共道德、民族习惯以及各国的法律等多种因素。为了给各国标准化工作提供指南，国际标准化组织消费者政策委员会（ISO/COPOLCO）开发了 ISO/IEC76 号指南即《服务标准制定：考虑消费者需求的建议》，给出了制定服务标准时通常应考虑的要素及其规范主题。参考国际标准化委员会的建议，我国对服务标准化内容和范围的界定处在不断深化中，标准核心内容包括服务提供组织、职员、顾客、合同、支付、交付、服务结果、服务环境、设备、补救措施和沟通等方面。[②] 公共服务标准化的内容与服务标准化既有共性，也有其特殊性，在内容上强调对政府职责关系、工作方式、工作方法、工作时效、工作流程等制度进行重点建设。规范化建设作为标准化的前期尝试，在地方政府的公共服务实践中其内容主要表现在环境建设、设备统一、明确职能、加强人员管理、完善制度建设等方面。可以看出，两者都是对公共服务主体之前的关

---

① 柳成洋：《服务标准化导论》，中国标准出版社 2009 年版，第 47—49 页。
② 国家标准化技术委员会：《服务标准化工作指南 第 1 部分：总则》。

系、具体行政行为的方式、公共服务流程、资金支持、运行机制等进行规范，在内容和对象上存在诸多相似之处。

3. 规范化和标准化理论基础一致

规范化和标准化的理念都源自科学管理，是对科学管理理念的实践过程。科学管理将管理看做一门建立在明确的法规、条文和原则之上的科学。泰勒强调科学管理是将已有的知识和经验搜集起来形成规律和守则，寻求一种最为高效的工作方式和流程，通过实践这些明确的、整齐划一的规则来提高劳动效率。全面质量管理、标杆管理等管理理念都是规范化和标准化运用的理论基础。规范化和标准化是随着我国服务型政府建设的兴起而发展的，政府行政规范化和公共服务标准化正是泰勒科学管理理论在公共服务领域的运用。政府服务的流程再造和优化是公共服务领域中规范化建设的重要内容，也是公共服务标准化的具体表现形式和实现载体。

4. 规范化是标准化的初级阶段，标准化是规范化的最终目的和结果

政府行政行为的规范化、公共服务的标准化处于社会管理和公共服务的不同阶段。规范化是标准化的基础，没有规范化就没有标准化。譬如，在规范化理念影响下所逐渐形成的统一的岗位设置、统一的职责要求、统一的工作评价体系以及广大员工的规范化意识等，在客观上为标准化的实施提供了物质基础和依托条件。标准化是被提升了的规范化，是规范化的最高境界。规范化关注过程的"能"和"不能"，标准化不仅关注过程的"能"和"不能"，也关注结果的"是"与"非"。所以，标准化是更加系统、全面、精细和可量化的规范化。

四　从规范化到公共服务标准化

规范化和标准化都是西方标准化管理理念在我国现实环境中的具体运用。虽然二者之间存在着诸多联系，但是，二者处于不同的发展阶段，规范化是比较低级的，标准化是规范化的升华和高级阶段。因此，在将规范化和标准化运用到公共服务的实践中，二者呈现出来的特点也并不相同。

1. 公共服务标准化提供了更为宽泛的适用范围

标准按照层级和有效范围，可以划分为国际标准、区域标准、国家标准、行业标准、地方标准和企业标准。我国目前实施的是国家标准、行业标

准、地方标准和企业标准四级管理体系。① 我国相关标准管理办法规定，对于需要在全国范围内适用的技术要求，应当制定国家标准；对于没有国家标准而又需要在全国某个行业范围内有统一的技术要求，则要制定行业标准；对于没有国家标准和行业标准而又需要在省、自治区、直辖市范围内统一有关要求的则由省级标准化行政主管部门制定发布；企业标准是对企业范围内需要协调、统一的技术要求、管理要求和工作要求所制定的标准。② 其中国家标准适用范围最广，企业标准适用范围最小。公共服务标准化是政府在为公众提供公共服务和公共产品的实践中，对于重复性的行为、技术和产品制定具体的操作和管理标准，并通过各级标准化行政主管部门批准和颁布，进而在实践中实施和推广，以求不断满足公众的公共需求，取得最佳社会效益的活动过程。可见，公共服务标准化是被广泛认同或被行政管理高层认可的，一般在全部区域内适用。规范化建设是基层地方政府开展的实践探索，它没有层级划分，所形成的制度等也多是经验性的、内部的，只能在基层政府一定范围内适用。

2. 公共服务标准化更有利于执行力到位

我国的标准按性质划分为强制性标准和推荐性标准。③ 保障人体健康，人身财产安全和法律、行政法规规定强制执行的标准是强制性标准。④ 强制性标准具有法律属性，一旦颁布就具有强制的执行力。推荐性标准不具有法律约束力，但是一旦被强制性标准所引用或者纳入指令性文件，则在相关文件指定的范围内具有了约束力。⑤ 除了强制性标准和推荐性标准以外，我国还有一类标准形式，即国家标准化指导性技术文件，代号为 GB/Z，它主要是为处于发展过程中的标准化工作提供指南或信息。从广义的规范概念来看，可以将其分为强制性规范、普通规范和倡导性规范。⑥ 强制性规范是必须严格强制执行的，它是执行力最高的规范，适用范围也最广，例如国家法

---

① 柳成洋：《服务标准化导论》，中国标准出版社 2009 年版，第 34 页。
② 引自我国《国家标准管理办法》《行业标准管理办法》《地方标准管理办法》《企业标准管理办法》。
③ 柳成洋：《服务标准化导论》，中国标准出版社 2009 年版，第 34 页。
④ 引自《中华人民共和国标准化法》。
⑤ 柳成洋：《服务标准化导论》，中国标准出版社 2009 年版，第 36 页。
⑥ 李习彬、李亚：《政府管理创新与系统思维》，北京大学出版社 2002 年版，第 223 页。

律；普通规范是指在特定环境中由特定人群需要遵循的规范；倡导性规范又称为鼓励性规范，它没有强制执行力。需要说明的是，因为本书所指的"规范化"概念是一个特指概念，它是对我国基层政府公共服务创新实践的总称，因此在规范化建设过程中所形成的内部制度、流程优化等只是普通规范和倡导性规范，在实际过程中因为人员认识不足以及资金缺乏等导致执行乏力。从组织机构看，我国标准化工作指南明确规定应设立相应的标准化工作机构、明确标准化机构及其各部门、各岗位在标准化工作中的职责。[①] 我国现有的标准化管理机构包括国家服务业标准化主管部门、服务业标准化行业主管部门、服务业标准化地方主管部门和各级层面的标准化技术委员会。而从我国地方政府现有的规范化建设实践来看，没有专门的机构来单独管理规范化工作，通常由倡导进行规范化建设的一个或者多个政府部门、相关领导人组成规范化建设领导小组，来组织和指导规范化建设。

3. 公共服务标准化更为强调专业化

标准化与规范化相比，是一项具有较高的专业化要求的工作。这种专业要求表现在如下方面：一是标准的制定具有专门的程序。我国在借鉴世界贸易组织、国际标准化组织、ISO 和国际电工委员会关于标准制定阶段划分规定的基础上，结合《国家标准管理办法》对国家标准的计划、编制、审批发布和复审等程序的具体要求，确立了我国国家标准制定程序的九个阶段。[②] 二是服务标准编写具有专门的规范。标准编写的原则、方法、规范性要素（包括标准名称、要求、术语和定义、符号代号和缩略语、规范性引用文件和范围）、资料性要素的编写（包括引言、前言、参考文献、索引、目次、封面）都有专业的规范和写作格式。[③] 三是对于标准化工作人员的专业要求。在标准编制过程中，标准起草工作组不论由几位人员组成，都应具备以下条件：熟悉技术内容；有一定的标准化知识；有检索文献的能力；编写文件的能力较强，书写有较强的逻辑性；有一定的组织管理能力；能充分表述自己的观点，也善于思考别人的意见；责任心较强等。[④] 总之，编制一

---

① 《服务业组织标准化工作指南》（GB/T 24421.1－2009），第 31 页。
② 《国家标准制定程序的阶段划分及代码》（GB/T 16733－1997）。
③ 《服务业组织标准化工作指南 第 3 部分：标准编写》。
④ 柳成洋：《服务标准化导论》，中国标准出版社 2009 年版，第 110 页。

项合格的标准，从人员构成、前期准备到标准的制定都要求专业性。而规范化建设往往伴随着对其他地方政府的一些好的公共服务做法的引进和借鉴，其所依据之"规范"的编写，并没有特殊的编写要求和格式，它可能表现为部门内部的规章制度、上级政府发出的一条通知或者是其他倡导某种行为的文书。

4. 公共服务标准化更加精准、具有可操作性

公共服务不同于一般的服务或者产品的一个非常重要的原因是公共服务的投入、产出以及服务过程本身的优劣难以量化和评价，这也是政府绩效评估中的一个长期难题。与规范化相比，公共服务的标准化更有利于打破这个局面。总结我国地方政府的规范化建设实践，虽然也有一些关于工作量、工作时限等方面比较细化和可量化的规定，但是大多还是表现为宏观上的建规章、立制度，较为粗略笼统。而公共服务的标准化却更为精准，是更加精细化的管理，相关文件的表述力求精确和具体。同时，它所针对的对象也往往更加具体和微观，对于公共服务标准化结果的评价也更加客观和可量化，更具现实性和可操作性。以杭州上城区的公共服务标准化为例，作为首批政府行政管理和公共服务标准化试点城区之一，杭州上城区共建立了300余个职能标准化项目、800余项法律法规及政策依据。[①] 标准化通过对具体职能的量化界定，可以使相关公共服务的提供者和接受者明确服务的内容、时限、质量等，既有助于民众对公共服务提供者的行为进行监督，也有利于更好地对其行为进行考核。

5. 公共服务标准化更加易于复制和扩散

公共服务领域的规范化建设，一般都表现为某一政府机构或者单一部门对其他地方政府在公共服务过程中的一些比较好的做法的学习、借鉴、吸收和模仿。这种规范性工作往往不具有系统性，主要是多种管理方式和服务手段结合本地实际情况的一个综合运用，因此通常是一种内部的、经验性的总结，不能在更大范围内进行复制和扩散。而公共服务标准化恰好是公共服务创新成果传播扩散的有效途径。因为标准的科学性已经被广泛认同，创新成果一旦被转化为标准就会被潜在的使用者接受；标准的权威性和执行力是无

---

① 《上城区高分通过国家标准化验收》，《杭州日报》2011 年 10 月 8 日。

声的命令，凡是采用了标准化的产品和服务，会被优先采用。[①] 标准化的这些特性使得标准化策略一旦成功，就会使得其创新成果得以极广泛、迅速地扩散。例如，杭州上城区公共服务标准化建设中共出台社区服务、养老、教育、住房等方面的近 70 项区级地方标准规范，其中有近 40 项已作为省、市地方标准颁布实施，特别是《居家养老服务与管理规范》即将成为国家标准，在全国范围内推行。可见，公共服务标准化比带有浓重描述性色彩的"规范化"易于学习和复制，更有助于实现公共服务创新的区域扩散。

6. 公共服务标准化更为强调质量改进和持续创新

标准化是一个动态的过程，除了制定和实施标准，其更重要的内容是对标准进行修改和完善，也就是间接地对标准化对象进行完善。标准化十分重视服务质量控制，并制定了专门的服务质量控制规范标准条款。[②] 质量管理体系是标准化理念在我国公共服务领域的运用，它强调政府对于公众要求的反映和实现的过程，政府和公众之间始终存在信息的交流和互动，要求政府随着外在环境的变化和公众需求的提高不断调试自己的行为以适应公众的需要。标准化的这种特质使得它在公共服务领域的运用具有可持续性发展的可能，也能够更有效地得到推广。同时，标准的实施过程就是普及化过程，在这个过程中会形成新经验和技术，随着标准的修订，这些经验和创新成果被纳入标准。这样，标准的"制定—实施—修订"过程，恰是经验和技术的"创新—普及—再创新"过程。[③] 相比之下，规范化建设缺乏这样的灵活性和创新，规范化强调设立各种规章、制度，用来约束和限制政府行政人员的行为，试图用固化的模式来改变政府行政人员行为的随意性和主观性，它并不着眼于规范本身的持续性改进。

7. 公共服务标准化与绩效管理更紧密对接

"不能评估就无法管理"，评估不仅代表一种以获得信息和评价为目的专门活动，而且也指通过这一过程获得的结果。[④] 服务标准实施及评价是服

---

① 柳成洋：《服务标准化导论》，中国标准出版社 2009 年版，第 53 页。
② 全国服务标准化技术委员会．《服务业组织标准化工作指南》（GB/T24421-2009），第 72 页。
③ 柳成洋：《服务标准化导论》，中国标准出版社 2009 年版，第 51 页。
④ 转引自王登华、卓越《公共服务标准化导论——以南京市江宁区财政局实践探索为个案》，中国财政经济出版社 2011 年版，第 198 页。

务标准化过程中的关键一环，与规范化相比，标准化更重视标准的绩效评价。我国服务业标准化工作指南对标准实施、标准实施评价以及标准体系评价都进行了详细的规定。① 可见，标准化不同于规范化的一点就是公共服务标准化更重视对结果的绩效评估。同时，标准化本身所具有的可量化性和可操作性也为其绩效的考评提供了基础。从各地区的实践来看，标准化建设工作已经成为绩效管理非常重要的依据，而绩效评估也成为保障和推进标准化建设的重要力量。杭州市上城区区委书记孙红英指出："政府管理和公共服务标准化体系探索，目的就是通过对政府具体职能的标准化，弥补现行法律法规与实际执行中的'缝隙'，使政府工作具体事项有标准可循，可操作、可检查、可评价，保证各项职能统一、规范、明确履行。"胡税根教授也指出，标准化是绩效评估的基础，有助于形成科学的绩效评估体系。② 标准化在科学的定量信息搜集上具有优势，这使其同绩效管理的关系更为紧密，也使得二者方法和技术互相交融，成为不可分割的整体。

综上所述，在我国公共服务领域中，规范化是标准化理念在我国公共服务领域的初级运用，和标准化既互相区别又互相联系。也正因为规范化和标准化之间的彼此联系与区别，才为规范化到标准化的发展和升华提供了必要和可能。本书认为，公共服务领域中的标准化是规范化的未来，从规范化走向标准化是必然趋势。

规范化建设作为政府管理和公共服务领域的一种创新实践，不可否认它在提高政府公共服务效率、增加公民的公共服务满意度以及加快促进服务型政府建设等方面起到了一定的作用。但是，规范化还是未能从根本上改变政府管理和公共服务的弹性化、模糊化特点，而且规范化的推进带有很浓的人为性、主观性，这些原因都使得规范化不可能突破其自身的局限而在大范围内推广，获得可持续性的发展。随着公众的公共服务诉求的不断提高，缺乏明晰标准的行政管理和公共服务方式将难以很好地满足公众的需要。公共需求的全面快速增长同公共服务不到位、公共产品短缺的社会矛盾，要求政府通过可测量和可比较的方法提供公共服务，实现管理与服务的标准化。同

---

① 《服务业组织标准化工作指南　第4部分：标准实施及评价》（GB/T 24421.4 - 2009）。

② 《杭州上城区构建政府管理和公共服务标准化体系》，新华网，http://news.xinhuanet.com/politics/2011 - 11/28/c_ 122345597. htm，最后访问日期：2015 年 10 月 8 日。

时，需要强调的是，尽管本书认为公共服务领域中的规范化建设必然走向公共服务的标准化，但是规范化并不是公共服务实现标准化的必然阶段。从我国公共服务标准化建设的实践来看，很多地方政府直接开展公共服务标准化探索，总结了很多具有创新性的做法，在应用标准化推动政府管理和公共服务方面取得了一定的成绩。

第 三 章

比较分析：公共服务标准化的结构与功能

与第二章纵向发展进程分析相呼应，本章侧重从横向比较的角度，对公共服务标准化的结构进行类型划分，对公共服务标准化与 ISO9000 政府质量管理进行功能上的比较分析。

第一节　公共服务标准化分类标准

对公共服务标准化的类型进行分析，有利于更好地了解什么是公共服务标准化，从更深层次理解公共服务标准化的内涵，有助于我们更深入地研究公共服务标准化。公共服务所涉及的范围十分广泛，内容丰富，表现形式也多种多样，根据不同的标准和依据可以对公共服务标准化进行不同的类别划分，可以从不同的角度来考察各种标准化形式，从而总结梳理出不同类型特征。公共服务标准化分类的方法多种多样，我们主要介绍以下几种分类方法。

一　多视角的公共服务标准化分类

公共服务标准化的类别划分与公共服务分类紧密联系，我们可以通过不同的公共服务类型来理解公共服务标准化的分类。

首先，公共服务内涵丰富，可以分别从广义与狭义两个层面来理解。狭义的公共服务不包括国家所从事的经济调节、市场监管、社会管理等一些职能活动，即凡属政府的行政管理行为，维护市场秩序和社会秩序的监管行为，以及影响宏观经济和社会整体的可操作性行为，都不属于狭义公共服务。[①] 与此相应，公共服务标准化可以分为广义上的公共服务标准化与狭义上的公共服务标准化两个方面。同时，还可以从公共服务享有者的角度来理解公共服务广义与狭义的划分。狭义上的公共服务是指能满足公民生活、生存与发展的某种直接需求，能使公民受益或享受的公共服务，至于宏观经济稳定、市场秩序和社会秩序等则是公民活动的间接需求，这些方面的公共服务属于广义公共服务的范畴。因此，从公共服务受众的角度可以把公共服务标准化划分为直接公共服务标准化与间接公共服务标准化。

其次，从所提供公共服务的形态上看，可以把公共服务分为硬件形态与软件形态，与此对应，公共服务标准化也可分为在硬件和软件这两个方面的实现。

二　实现过程：公共服务标准化的阶段分类

首先，完整的公共服务的实现是由各个环节组成的相互联系、互相承接的系统，它涵盖了从前期关于服务职责的规定，到服务职责履行过程，再到服务职责履行结果的一般过程。与此类似，标准化也包括了制定、实施、评估标准的全过程。因此，公共服务标准化也是由这些活动共同完成的。根据实现过程来分，可以把公共服务标准化分为公共服务职责规定标准化、公共服务流程标准化以及公共服务结果标准化三个方面。

1. 公共服务职责规定标准化

以政府为首的公共服务提供主体对于自己"应该干什么"有清晰的认识，即对政府在公共服务中承担的任务和责任要有具体、明确的规定。具体而言，公共服务标准化是指对公共服务提供主体、所提供公共服务的内容、服务应达到的水平、享受服务的对象等方面都具有指导性的规范，可以说是将公共服务的内容纳入了规范化轨道，以形成对提供主体的约束。

2. 公共服务流程标准化

对以政府为首的公共服务提供主体"应该怎么干"有明确的规定，要求其为公众提供服务的程序要有一套完整的规定，一般针对操作层面而言，

---

① 《公共服务》，百度百科，http://baike.baidu.com/view/1013267.htm，最后访问日期：2015 年 10 月 8 日。

是对公共服务的工作方法、程序、行为操作进行的统一规定。主要的做法是以服务目标为中心，将目标分解，对服务职责进行梳理与细化，减少不必要的程序，保留关键步骤，而且对程序运行的时间有明确规定，以保证服务流程的标准化。近年来，在我国广泛推行的政府流程改造、行政审批制改革等举措都属于服务流程标准化的内容。

3. 公共服务结果标准化

对以政府为首的公共服务提供主体所提供的公共服务需要达到的标准或水平有明确统一的规定，一般针对公共服务实现情况而言，是对政府在一定时期的公共服务水平、服务数量和质量提出的明确标准，同时，服务结果标准化还指对于公共服务质量和水平要有可量化、衡量的尺度，以便把衡量公共服务实现情况作为考核政府工作的重要内容。近年来，无论在我国理论界还是实践中提出的基本公共服务标准化都属于我们所说的公共服务结果标准化。

三　元素特征：公共服务标准化的内容分类

按照公共服务标准化的内容分类可以把公共服务标准化分为公共服务产品标准化、公共服务行为标准化和公共服务技术标准化。

1. 公共服务产品标准化

公共服务产品标准化是指公共服务提供主体将一组输入转化为输出的相互关联或相互作用的活动的结果加以标准化，标准化的客体是公共服务主体在一系列过程之后的结果。根据产品形态，又可以将其分为硬件与软件这两种形态，因此公共服务产品标准化又可分为公共服务硬件标准化与公共服务软件标准化。公共服务硬件标准化指类似于市政设施、城市公共信息等有形公共服务产品的标准化，公共服务软件标准化指政府政务公开所要求的政务信息等无形公共服务产品的标准化。

2. 公共服务行为标准化

公共服务行为标准化主要针对公共服务提供的操作层面，具体而言，是对以政府为首的公共服务提供主体提供公共服务的行为做出明确规定，是对政府等公务人员在行政执法、处理行政事务、办理行政审批事项、接待来访群众等直接面对社会提供公共服务时必须遵守的办事程序、办事规则、行为纪律等方面建立的统一标准。例如，近年来在南京、广州等地实行的《国家行政机关及其公务员公共服务行为规范试行规定》就属于公共服务行为标准化的内容，对于政府工作人员"应当鼓励的行为、应当履行的行为、不得有的行为"都有明确具体的规定。当前各地政府广泛推行的限时办结制、一次性告知制等方面的服务制度，都可以说是公共服务行为标准化在某一方面问题制度化的规定。

具体而言，根据公共服务行为所作用客体的不同，可以把公共服务行为分为内部行为与外部行为。内部行为指公共服务主体在提供公共服务行为过程中所做出的只对组织内部产生效力的行为，如上级公共服务主体对下级公共服务主体所下达的命令等。外部行为指公共服务主体在提供公共服务行为过程中对社会、公民或其他组织所做出的行为，如行政审批、行政许可等。

根据公共服务行为所起作用的不同又可以把它分为职责性行为与辅助性行为。职责性行为指的是对公共服务提供起主要作用的行为，辅助性行为指公共服务主体在履行公共服务职责过程中所实施的对达到目标有协助作用的行为。当然，职责性行为与辅助性行为不是绝对的，相同的公共服务行为在某一公共服务行为中是职责性行为，而在另一行为中有可能是辅助性行为。

3. 公共服务技术标准化

以政府为首的公共服务提供主体所提供的关于信息技术方面服务的标准化工作，涉及信息采集、表示、处理、安全、传输、交换、管理、组织、存储和检索的系统和工具的规定、设计、研制等多个方面。在公共服务变革中，信息技术起到很大的推动作用。其一是通过计算机网络、综合数据库和多媒体等内联网（Intranet）和互联网等技术手段，将分散于各部门的信息资源连接和汇集起来，实现信息的及时传递与共享，并支持并行工作方式。其二是通过信息网络，组织能同时连续地对各部门串行、并行的各项业务活动进行协调，及时对各项业务活动进行评价和修改（如工作流管理），从而避免传统组织要到最后阶段才对各项活动成果进行综合、评价的弊端，节省了成本与时间。公共服务技术标准化普遍地表现在当前各地政府所推行的政务信息公开、公共信息标志标准化等公共服务过程中。电子政务标准化建设就是公共服务技术标准化的一个重要组成部分。2002 年 5 月，《国家电子政务标准化指南》（第一版）正式出版发行，标志着我国电子政务标准化工作已经正式启动。在地方上，由山东省信息办牵头，山东省标准化院承担编制完成了山东省电子政务标准体系，以满足互联互通、业务协同和信息共享的需要。该标准体系共制定了《标准体系表》《数据交换》《数据元目录》《电子政务运维服务管理规范》《山东省行政区划代码》《电子政务外网网络接入规范》等18项标准，对政务信息化建设中的关键技术标准、关键环节进行了规范，为信息共享和业务协同提供了重要依据。[①]

四　实现范围：公共服务标准化的环境分类

根据公共服务标准化实现的范围可以把公共服务标准化分为节点公共服务标准化与领域公共服务标准化。

1. 节点公共服务标准化

节点公共服务标准化一般指以公共服务大环境中的某一小点的标准化为切入点，通常所选择的节点对整个公共服务大环境具有代表性或决定性意义，以期推行到公共服务的其他方面，实现全范围公共服务标准化。

2. 领域公共服务标准化

相对于节点公共服务标准化而言，领域公共服务标准化范围更为广泛，它指将公共服务按某一标准进行分类划分后，对应的各部分的标准化工作。例如，根据内容和形式可以把公共服务标准化划分为基础公共服务、经济公共服务、社会服务、公共安全服务等不同领域公共服务的标准化。

第二节　公共服务标准化的类型与特征

公共服务标准化所涵盖的范围广泛，内容丰富，单向度的划分标准难以将其穷尽，更难以形成科学、有效的分类方式，因此，我们试图通过公共服务提供主体、公共服务内容、公共服务实现过程、公共服务层次等多个向度细分公共服务标准化的类型，把公共服务标准化分为服务窗口公共服务标准化、市政设施公共服务标准化、城市公共信息公共服务标准化、公共企业公

---

① 杨少军：《宣贯电子政务标准体系 优化电子政务发展环境》，山东省经济和信息化委员会网，http://www.echinagov.com/gov/zxzx/2010/4/28/100729_4.shtml，最后访问日期：2015年10月8日。

共服务标准化、基本公共服务标准化、专题公共服务标准化等多种类型，以进一步认识当前公共服务标准化的实现情况。

一　综合性服务窗口公共服务标准化

1. 综合性服务窗口公共服务标准化定义

就当前各地综合性服务窗口的发展状况而言，各地对其称谓并不一致，主要有行政服务中心、政务服务中心、行政审批服务中心、政务大厅、便民服务中心、办证中心、一站式服务中心、政府超市等。作为各地政府自发性行政改革产物的综合性服务窗口，尽管在称谓上各不相同，但各自的职能范围具有一定的相似性，大都是由最初的承担单一审批职能的服务中心到后来的集中式的审批服务中心再到目前的类似于"政务超市"的综合性服务窗口，其职能范围逐渐由单一行政审批扩大为更加多样化的服务，在实现政务公开的同时节约了行政成本，提高了行政效率，因此，我们把这类机构统称为综合性服务窗口。

综合性服务窗口是集信息与咨询、审批与收费、管理与协调、投诉与监督于一体的综合性行政服务机构。在我国，综合性行政服务机构大都产生于21世纪初。据有关统计资料，全国已有不同层级的综合行政服务机构3300多家，几乎覆盖了全国所有县市。我国综合性行政服务机构的产生，顺应了建设服务型政府的现实要求，这种"一站式办公、一条龙服务、并联式审批、阳光下作业、规范化管理"的运行模式是政府公共服务方式和服务程序的一种新的探索。

综合性服务窗口公共服务标准化以目前我国各地推行的行政服务中心服务标准化建设为代表，是指在传统的服务运行模式的基础上，将标准化管理理念引入行政服务领域，建立起行政服务标准体系，以实现服务质量目标化、服务方法规范化、服务过程程序化为主要目标，从而保证在服务窗口建设、服务窗口环境、服务内容、服务模式、服务程序、服务岗位各个方面都实现标准化。可以说，综合性服务窗口公共服务标准化是我国当前实现公共服务标准化这一历史使命最为重要的载体，能有效地推进我国公共服务走上标准化的运行轨道。

2. 综合性窗口公共服务标准化实践案例

从动因上，分析综合性服务窗口的设立可以分为两类：一类是出于改善招商引资环境，提高公共服务效率和水平而设立的，这是地方行政服务中心最早成立的一类，带有明显的自发性。1999 年，浙江金华市首开先河，将46 个部门的审批事项集中到新成立的行政办事大厅统一办理，以办理投资审批为主要内容。另一类是 2004 年以来，出于贯彻落实《行政许可法》的需要，在借鉴和学习的基础上设立的。在这一时期，随着审批制度改革的深化和审批事项的减少，各地行政服务中心审批功能逐渐弱化，更多面向群众的各类行政收费、中介服务等事项都被纳入中心，行政服务中心正成为普遍的公共服务提供模式。但是在授权不完整或不充分的情况下，特别是没有明确界定综合性服务窗口与政府之间，行政服务中心与窗口部门、监察部门之间权力和责任边界的情况下，这类综合性服务窗口在管理中就会出现与相关部门之间职责不清、相互推诿、协调成本高、联动机制不畅等一系列问题。同时，由于缺乏明确的功能定位和责权区分，相应的问责机制也很难建立，服务窗口的各项功能实际上也很难落实，这种状况在很大程度上制约了窗口服务职能的进一步发挥。各地政府在公共服务实践中以进一步提高行政效率为重要目标，不断提高服务质量，规范服务程序，将公共服务纳入了规范化的轨道，逐步走上服务窗口公共服务标准化之路。

从 2009 年起，北京市质监局以窗口建设为切入点，引入全面质量管理的方法，在全系统开展了行政许可事项标准化工作。通过制定《行政许可窗口工作标准》《行政许可窗口服务规范》《行政许可控制程序》和《工作标准》（163 项），完善窗口受理办结的"一单式"申报、"一站式"服务工作机制，减少审批环节，简化办事手续，规范办事程序，缩短审批时间，切实提高工作效率，促进行政审批标准化和规范化建设。

近年来，福建省龙岩市一直以行政服务标准化为目标，着力实行行政审批制度改革，转变政府职能。2002 年以来，龙岩市以行政服务中心为平台推行重大的行政审批改革，如 2002 年的告知承诺制、2003 年的一审一核制、2004 年的网络审批制、2005 年的网上招投标、2006 年开始的部门内部相对集中审批职能改革、2007 年的市—县（市、区）—乡镇三级行政服务体系建设。在几年来积极探索的基础上，2008 年，龙岩行政服务中心经过与质监部门深入交流意见，从建立行政服务中心标准体系入手，把标准化引入行政管理服务领域。在经历了宣传启动、考察调研、建立体系、制定标准、细化修改、征求意见、优化完善等几个阶段工作之后，初步建立起了包含 3 大层次结构、1200 余项标准的行政服务标准体系。

标准化改革有利于龙岩市建立起行政服务中心协调下的多个部门联合实行一条龙服务，使以往诸多部门之间交叉、重复、扯不清的审批问题得到了妥善解决，服务标准化有力地提高了行政效率。目前，龙岩市平均每项审批事项实际办理时间为 4.58 天，比对外承诺时限缩短了 4.05 天，比法定时限缩短了 16.25 天。同时，服务标准化对于服务内容有明确规定，有利于减少不必要的审批程序，标准化清单之外的项目不用审批，有效地精简了行政程序。有数据证明，自标准体系试运行以来，累计受理审批事项 74333 件，承诺件提前办结率达 97.98%，比实施前提高了 5.6 个百分点；窗口有权办理事项比率达 87.1%，比实施前提高了 6.7 个百分点；累计代办和跟踪服务各类投资项 78 项，总投资额为 97.6 亿元，投资项目平均办理时限比实施前提高了 2.2 个工作日；企业群众对服务中心窗口的满意率达 99.3%，比实施前提高了 1.3 个百分点。

龙岩市以实践经验为基础起草的福建省地方标准《行政服务中心标准体系及其编制规则》于 2009 年通过省标准专家组审定。专家一致认为，标准体系填补了福建省行政服务领域服务标准的空白，在国内处于领先地位；对巩固福建省行政审批制度改革成果，规范行政审批运作，提高行政审批效率，推动政府职能转变以及行政管理体制的改革具有重要意义。同时，这一标准被国家标准化管理委员会慧眼相中，龙岩行政服务中心行政服务标准化项目被列入全国公共服务行业的唯一标准化试点项目，成为综合性服务窗口公共服务标准化实践典范。

山东省九龙镇也积极探索转变传统乡镇政府政务运作方式，建立了基于规范乡镇政府政务运作的标准化管理体系——山东省地方标准《乡镇政府便民服务规范》。该标准对乡镇便民的服务要求、服务内容和服务程序进行了详细的规定，还设定了便民服务的监督考核，使乡镇公共服务实现了服务质量目标化、服务方法规范化、服务过程程序化的目标。同时，大胆创新，努力探索，在总结其乡镇便民服务中心成功运行三年实践经验的基础上，把涉及农村基层管理与服务的事项逐一梳理，与胶州市质量技术监督局合作开展研究，于 2007 年 8 月形成了《胶州市便民服务中心地方标准》，并在全市范围内发布实施。其后，该标准历经两年的省局立项、修改、调研、完善，于 2008 年 12 月在全省范围内发布实施。该标准作为规范乡镇政务运作的推荐性规则发布之后，全省的乡镇政府行政服务内容便纳入了规范化的范围，行政服务水平得到进一步的提升，行政服务效能进一步提速，有利于乡镇政府的职能由"管理型"向"服务型"转变，进一步实现乡镇政府执政为民、勤政廉洁、提高效率、优化环境、促进发展的目标。

3. 综合性窗口公共服务标准化特征分析

首先，综合性窗口实现了综合性、多样化的公共服务标准。综合性窗口公共服务标准化不同于 ISO9001 等仅仅一个方面的管理标准，是把标准化引入整个行政管理服务领域，服务的职能范围逐渐由传统的单一行政审批扩大为更加多样化的服务，形成当前类似于"政务超市"的集信息与咨询、审批与收费、管理与协调、投诉与监督于一体的综合性行政服务，在实现政务公开的同时节约了行政成本，提高了行政效率。

其次，综合性公共服务标准化有力地促进了无缝隙化，促进了各部门协作。新公共管理运动所倡导的无缝隙政府理念对于促进我国政府公共服务具有重要意义。无缝隙政府是以满足顾客无缝隙的需要为目标的一种组织变革。它以顾客为导向，以结果为导向，以竞争为导向，使政府的每一项资源投入、人员活动、公共产品或服务的提供等，都能真正而有效地满足顾客的需求，顾客能够在任何时间和任何地方得到服务，真正实现为民服务的目标。[①] 要是说无缝隙政府提供了公共机构迫切需要的东西——一种为顾客提供无缝隙产品和服务的方式，那么，综合性窗口公共服务标准化就为实现无缝隙政府提供了一种面向未来的公共机构自我改革的模式。以职能分工为基础的官僚体制具有分裂性特征，在公共服务的供给与社会需求之间存在结构性矛盾，传统行政服务中心采用的是各职能部门集中办公的形式，对于进驻中心的各职能部门工作人员缺乏整体上的调度能力，其在协同动作、整合资源方面的效率较低，而这些窗口公共服务标准化有利于建立起统一的服务规范，在管理体制上，可以在标准的协调下实现多个部门联合一条龙服务，真

---

① 〔美〕林登：《无缝隙政府：公共部门再造指南》，汪大海等译，中国人民大学出版社 2001 年版。

正解决诸多部门之间交叉、重复、扯不清的权责问题，使企业和老百姓不再重复往返于部门之间当"协调员"。

再次，公共服务法规化，凸显了依法行政特色。综合性服务窗口作为我国建设服务型政府的重要举措之一，其核心任务就是进一步规范行政行为，提升公共服务。在实际运作中，由于没有既有制度框架的束缚，其发展过程中出现偏离法制化、规范化的情况。综合性窗口公共服务标准化有助于进一步明晰窗口职能和权限，将服务的内容、程序、环境等方面用制度、规章的形式加以规范，对服务有严格的要求，不再是随机服务。而且，窗口公共服务标准化有利于从国家层面充分认识地方服务窗口作为一种政府综合服务机构的现实合理性与合法性，从国家、社会的高度按照政府管理创新的要求，全面规范综合性服务窗口本身及其所提供的服务。

最后，在推进法规化、规范化的过程中，综合性窗口公共服务标准化还可以增加社会公众的知情权、监督权，能有效地限制行政服务中的自由裁量权，通过监督来促进服务规范化，逐步改变过去行业内的各种"行规"和"潜规则"，使得无论是投资业主、办事群众，还是管理者，都按标准办事，创造出更好的环境。

二　单项性服务窗口公共服务标准化

1. 单项性服务窗口公共服务标准化内涵

与综合性服务窗口提供多样化、综合性的服务不同，单项性服务窗口所承担的公共服务职能较为单一，不同的服务窗口涉及包括人口和计划生育、教育、交通、医疗等在内的专业性较强的公共服务，它以实现某一方面服务的标准化为目标。与综合性服务窗口公共服务标准化要求实现公共服务规范化、程序化的目标相同，单项性服务窗口公共服务标准化也要求在窗口建设、窗口环境、服务模式、服务程序等各个方面都实现标准化。但是，单项性服务窗口公共服务标准化更为注重某一服务流程标准化、服务结果标准化，同时，由于服务内容的范围与综合性服务窗口相比更小，单项性服务窗口公共服务标准化有利于以更小的成本投入，更为集中、迅速地实现服务标准化。

2. 单项性服务窗口公共服务标准化实践范例

2008 年，上海市人口和计划生育委员会出台了《关于推进上海市区县和社区人口计生公共服务机构标准化建设的意见》，其区、镇两级人口和计划生育公共服务机构标准化建设是单项性服务窗口公共服务标准化试行的成功案例。近年来，吴泾镇党委、政府根据上海紫竹科学园区开发和社会各项事业发展带来生育人群结构变化、人口和计划生育工作难度加大的实际，将全镇近10万常住和流动人口纳入人口计生公共服务范围。镇政府每年拨出专项资金用于年度实事工程，广泛开展人口计生公共服务。同时，把人口与计划生育综合服务站标准化建设与市级文明镇创建工作相结合，大力支持服务站改建和软、硬件等设备的添置。吴泾镇人口与计划生育综合服务站占地面积达100平方米，以统一的服务形象展示，统一服务机构的对外标牌，统一服务环境的基本颜色，提供人口和计划生育宣传教育、政策咨询、避孕药具发放等规范化功能服务，室内配有视听室、悄悄话室、药品展示区、人口学校以及电视机、DVD、电脑等设备，使综合服务站的服务功能更加完善。同时，镇领导经常深入人口与计划生育部门了解本镇人口形势、计划生育实施与服务情况，并要求人口计生部门认真落实，严格按照标准化、规范化的要求开展综合服务站的建设工作，要求公共服务工作坚持"以人为本，优质服务"的宗旨，以"群众需求"为目标，以"群众满意"为标准，建立健全各项工作和管理制度，不断规范服务流程，着力改进服务质量，尽显服务特色。

吴泾镇人口与计划生育综合服务站先后获得"市优质服务示范站"和"文明站"称号。上海市人口计生公共服务机构标准化建设示范单位专家组对其评估后，对区、镇两级人口计生公共服务机构标准化建设工作给予了充分肯定。2008年11月13日该服务站通过上海市和闵行区人口计生委的验收，成为闵行区首家上海市人口计生公共服务机构标准化建设示范单位。

3. 单项性服务窗口公共服务标准化特征分析

第一，公共服务专业性强、具有针对性，这是单项性服务窗口公共服务标准化最明显的特征。可以说综合性服务窗口大都包括一级政府普遍要提供的公共服务，而单项性服务窗口顾名思义指的是专门提供某一公共服务项目的服务窗口，它所涉及的服务内容较为单一，且专业性较强，而且，这类服务窗口的出现大都是由当地社会环境对某一方面公共服务特殊需求所催生的，更具针对性。例如，上海市青浦区吴泾镇人口与计划生育综合服务站就是为解决由于当地紫竹科学园区开发和社会各项事业发展带来生育人群结构变化，人口和计划生育工作难度加大的实际问题而建立的。

第二，注重纵向协作机制运行顺畅。与综合性服务窗口更为重视不同职能部门之间的"联合办理机制"，重视横向协作机制建设，实现服务无缝隙相比，单项性服务窗口由于服务内容相对而言较单一，公共服务所涉及不同职能部门的范围较小，横向沟通问题较少，它在实际工作中的业务主要是在不同层级的政府之间进行沟通，因此，它更注重培育纵向的协调机制。例如，人口和计划生育公共服务机构通常为公众提供的服务就是涉及人口管理、计划生育等由本部门主管的工作，需要与其他部门横向合作的问题较少，但是，由于进驻服务机构的工作人员通常都是业务人员，而审批项目的最终权限都掌握在行政首长手中，有些审批性服务需要上、下级政府之间的协同运作，这就决定了单项性服务窗口更需要注重服务在纵向上的延伸。

第三，投入相对较少，能更为有效地在全国各地推进。由于单项性服务窗口公共服务内容单一，这类服务窗口的规模较小，所需硬件设施较少，与综合性服务窗口建设需要不同职责部门进驻，协作运行不同，单项性服务窗口通常仅涉及单个职能部门的服务，所需工作人员较少，因此这类服务窗口建设的投入相对较少。例如，吴泾镇人口与计划生育综合服务站占地面积仅100平方米，比一般综合性服务窗口规模小，前期投入12万元即能确保服务站改建的人、财、物投入方面落实到位。这类服务窗口建设规模小、投入小，不需要强大的经济支持做后盾，有利于在全国各地推进建设。

三　市政设施公共服务标准化

1. 市政设施公共服务标准化的定义

城市公共服务设施是城市形象、文化、特征的综合和浓缩，属于城市的公益配置，是现代城市中不可或缺的组成部分。可以说，一个城市的公共服务设施及标识、标牌设计和设置，是衡量一个城市文明程度的标志之一，也是衡量这一城市规划水平优劣的标志之一。城市公共服务设施中有许多是企业性质的，它们会得到很好的管理和维护，但是有些设施属于市政系统，可能得不到很好的管理维护。目前，国内许多城市的市政设施存在设置缺失、配备不合理、标识不规范等通病，急需专业统一的标准对全国城市的公共服务设施及标识从专业、技术层面进行规范，为各地方政府的城市规划与管理提供技术依据和支撑，因此，市政设施公共服务标准化已经成为公共服务标准化中重要的议题。市政设施公共服务标准化指相关部门和机构从专业、技术层面，对城市道路及其设施、桥涵及其设施、排水设施、防洪设施、道路照明设施、城市建设公用设施的设计、设置、维护规定统一的标准，对城市标识系统的设计、设置维护等公共服务设施的相关工作进行规定，从而保证各地政府城市规划科学化、合理化，管理更具规范化。

2. 我国市政设施公共服务标准化进程

国家标准化管理委员会批准筹建 98 个全国专业标准化技术委员会，其中"全国城市公共服务设施标准化技术委员会"由北京市质量技术监督局负责筹建，委员会成立后将负责全国城市公共服务设施领域，主要包括城市公共设施设计标准，城市公共设施设置标准，城市公共设施设置维护标准，城市标识系统的设计、设置、维护标准以及其他相关标准的制修订工作，以便为我国各地方政府的城市规划与管理提供依据。北京市质量技术监督局专门从事标准化研究与标准信息服务的直属技术机构——北京市技术监督标准化研究所具体承担该委员会的秘书处工作，近年来它主持或参与了多项城市公共服务公共设施相关标准的研究工作，如主编了《城市道路公共服务设施设置规范》，参与编制了《户外广告牌技术规范》《公共场所双语标识英文译法》《图像信息管理系统技术规范第 12 部分：图像采集区域标志的设计与设置》《道路交通管理设施设置规范》等多项标准。多年的工作积累，为该机构承担"全国城市公共服务设施标准化技术委员会"的工作打下良好的基础。

北京市质量技术监督局于 2009 年初在市科委设立"首都标准化发展战略及推进机制研究"这一项重点课题，中国标准化研究院标准化理论与战略研究所和基础标准化研究所、北京市质量技术监督标准化研究所、北京市科学技术评价研究所、长城企业战略研究所等单位参与课题研究。课题组相互配合、相互支持，开展理论调查研究和试点工作，坚持数据共享原则，保证调研数据科学、准确，调研结论相互协调，相互统一，共同研究首都标准化发展战略和首都标准化发展战略实施纲要，并在此基础上进行首都标准化发展战略试点，服务"人文北京、科技北京、绿色北京"的建设，推动首都经济社会又好又快发展。2009 年，江西南昌恢复公交站台标准化地名，今后公交站台命名必须使用政府地名办公室确定的规范名称，公交站台命名必须以社会效益为重，不得用以商业广告冠名。广州市在迎接亚运会过程中，充分认识公共场所服务标志标准化改造工作的重要性与紧迫性，坚持统一、规范的原则，严格按照相关标准要求，落实公共场所服务标志标准化改造工作，突出重点，注重实效，以点带面推动窗口服务场所服务标志标准化改造工作，迎接广州亚运会召开。为落实亚运城市行动公共场所服务标志标准化改造专项计划和市有关会议的工作部署，广州市经贸委、市质监局还联合举办了商贸行业公共场所服务标志标准化改造培训会。

3. 市政设施公共服务标准化特征

首先，以硬件形态的公共服务标准化为主，较易衡量考察其标准化的实现程度。由于市政设施公共服务标准化涉的内容是包括城市道路及其设施、桥涵及其设施、排水设施、防洪设施、道路照明设施、城市建设公用设施的设计、设置、维护，城市标识系统的设计、设置、维护等硬件形态的公共服务设施。与公共服务行为标准化等软件形态的公共服务相比，这些公共服务都以硬件的形态表现，能更直观地体现服务水平，其标准化实现程度更易于考量。

其次，市政设施公共服务标准化程度有赖于社会经济发展。市政设施是城市的重要组成部门，与城市经济、社会发展有着密不可分的关系，市政设施建设投资与城市 GDP、固定资产投资有适宜的比例，各专项设施之间也有适宜的比例，市政设施建设在很大程度上依赖于城市经济发展水平，这就决定了市政设施公共服务在数量上、质量上等各个方面标准都需要与城市的发展保持协调。同时，市政设施是城市生产、生活的物质基础，甚至直接参与了各行各业的物质生产过程和社会生活过程，作为城市运转的共同承载体，它不间断地提供服务，对城市经济增长具有重要的促进作用，并对城市经济的其他方面有着广泛的影响，是城市经济、社会发展各方面总需求的共同承载体和支撑系统。

最后，不与特定的人口统计方式联系起来，具有普遍性。在一定程度上可以说市政设施公共服务标准化最能符合国家标准 GB/T 3951－83 对标准化所下的定义，即"在经济、技术、科学及管理等社会实践中，对重复性事物和概念，通过制定、发布和实施标准，达到统一，以获得最佳秩序和社会效益"。它是国家为促使城市规划与管理更具规范性、科学性对公共服务设施的设计、设置、维护等方面所制定的统一标准。虽然市政设施建设与维护离不开相应的投入，与当地经济发展水平有着密切关系，但是与其他公共服务内容标准化相比，市政公共服务设施在设计、设置等方面的标准化对当地的政治、经济、社会条件依赖度较小，无论一个地区经济发展水平如何、人口数量多少、人口素质高低，城市道路、桥涵、排水、防洪、道路照明、城市建设公用设施、城市标识系统的设计、设置都可以短时间内在国家统一标准规范下实现标准化，不会与当地的人口统计方式联系。因此，与其他类型公共服务相比，市政设施公共服务标准化更易于在全国范围内统一。

四　城市公共信息公共服务标准化

1. 城市公共信息公共服务标准化内涵

公共信息是与私有信息相对应而言的，公共信息反映的对象是社会公共事务，与每一个社会成员都有直接或间接的联系，它涉及面广，既包括政府部门发布的信息，也包括社会公益性组织等第三部门提供的信息。随着现代社会的发展，提供城市公共信息服务已成为城市政府部门的一项重要职能，也是当前政府职能转变中要重点加强的领域。此外，由于政府公共部门具有权威性，能很好地保障由其提供公共信息服务的可靠性、有效性。城市公共信息公共服务标准化在更大程度上是从社会公众的视角，针对城市市政服务信息而言，它指各城市按照《中华人民共和国标准化法》等法律、法规的规定，结合本市实际，对辖区内公共信息的处理、发布，公共信息标志的制作、销售、设置及监督管理制定相应标准，实行统一管理。

2. 城市公共信息公共服务标准化实践

公共信息服务作为一种新兴服务方式，在现代经济社会发展的推动下广泛发展。城市公共信息服务水平对社会公众生活的重要性及其所代表的城市形象，使其发展为现代城市政府的一项重要职能，公共信息标志标准化在全国各地广泛推行。

许多一级政府以《中华人民共和国标准化法》《中华人民共和国标准化法实施条例》等法律、法规为依据，结合本市实际制定了地方性的公共信息标志标准化管理的相关法规，初步实现了城市公共信息公共服务标准化法制建设。例如，上海早在 2002 年就制定了《上海市公共信息图形标准标准化管理办法》，在市质量技术监督局的主管下管理辖区内公共场所信息图形标志的制定、制作、销售和设置及其相应的监督管理活动。2009 年，针对公共信息图形标志存在设计、制作不规范，不遵守颜色规则，表达意思不准确等问题，上海市质监局确定了南京路步行街、佘山旅游度假区、江湾五角场 3 个国家级公共图形标志示范区，在世博园区等 10 个重点区域开展了公共信息图形标志标准化示范试点创建活动。在组织进行公共图形标志专项检查和集中整治活动的同时，通过发放《公共信息图形标志应用指南》和相关宣传资料，大力宣传公共标志的标准化知识，并开通公共标志查询平台，各方人士都能通过这一平台便捷地查询到公共标志的标准设计样式和设置要求。另外，上海还会同江苏、浙江有关部门先后在交通、旅游、教育等 12 个领域制定发布了《公共场所英文译写规范》10 个系列地方标准。南京市政府于 2009 年颁布了《南京市公共信息标志标准化管理办法》，对需要设置公共信息标志的公共区域和公共设施，以及管理者或经营者设置的公共信息标志进行了统一规范，包括道路交通标志、地名标牌、购物符号、旅游休闲标志、医疗保健标志、民航标志、消防安全标志等，细到城市生活垃圾分类标志、动物园安全标志。对于不符合要求的，给予两年整改期限；公共信息标志损坏、脱落，未及时修复、更新的，责令限期改正，逾期不改正的给予相应罚款。厦门市政府也制定了《关于公共信息图形符号标准化工作的实施方案》，成立公共信息图形符号标准化工作协调小组，统一指导协调全市公共信息图形标准化工作，全面清理全市图形标志，对存在的问题进行整改、规范，建立图形标志标准化的长效管理机制。

五 公共企业的公共服务标准化

1. 公共企业公共服务标准化定义

公共企业是指持续存在的、以为社会提供具有公共性质的产品和服务为主要经营活动的且具有一定盈利目标、受到政府特殊管制措施制约的组织化经济实体。[①] 相对于一般企业而言，公共企业提供的公共物品与公众生活直接相关，如供水、排水、供电、供暖、电信等服务。一方面，它强调将公共利益作为企业生产、经营的出发点，具有一般以营利为目标的私营企业所没有的公共性；另一方面，公共企业是以企业为组织形式向公众大规模出售公共服务并获得盈利的特殊机构，它向公众所提供的产品和服务与国家、政府所承担的如国防、路灯类的公共物品不同，不是无偿拨付而是有偿的。各国公共企业发展实践证明，公共企业对国家发展、人民生活的提高发挥了重要作用，同时也存在由于垄断造成的效率低下、服务质量差等方面的问题，这就决定了公共企业必须接受政府和公民监督。公共服务标准化指的是政府对公共企业的存在、规划、规模等进行统一管理，对公共企业所提供的服务内容、服务质量、服务定价等方面统一制定标准并推广实施，以促使公共企业提供标准化、规范化的服务。

2. 公共企业公共服务标准化实践

与我国某些地区政府服务的某些领域内公共服务标准化推行相同，山东省青岛市长期以来在与公众生活直接相关的公共服务产业内推行公共服务标准化建设，对城市供暖、公共交通、物业管理等公共服务不断地进行标准化规范。青岛市质监局立足于公共服务产业的实际，以消费者对服务产品的要求、经营者与消费者容易产生矛盾的焦点以及开展服务标准化可能产生的效益等为中心，举办服务标准化讲座、学习班、研讨会，召开不同类型的服务标准化工作会议。在标准发布后，不断利用新闻媒体进行宣传，同时，要求企业结合实际，拿出落实标准的具体办法，并根据标准在实施过程中出现的问题及时进行修订完善，对于已制定好标准的企业，将标准深入贯彻到各个服务层面，完善标准化机制。同时，将服务企业的标准化工作与青岛市名牌战略相结合，通过开展标准化服务工作，使企业强化管理、优化服务，为城市服务名牌战略提供标准支撑。从 1999 年至今，该局先后制定发布了 30 多项地方服务标准，目前还有 10 多项服务标准正处在调研和起草阶段。

公共服务标准化的推行显著改善了相关领域的公共服务质量，如青岛热电集团把实施城市供热标准与打造"暖到家"服务品牌、实施亲情化服务

---

① 叶常林：《公共企业：含义、特征和功能》，《中国行政管理》2005 年第 10 期。

活动结合起来，制定并印发了《贯彻标准实施意见》和《供热服务质量考核细则》，对标准指标进行细化、分解，保证了标准的有效实施，2008 年底2009 年初全市供热季节用户投诉处理及时率达到 100%，综合服务满意率达到 98.5% 以上。在物业管理方面，质监局要求严格贯彻实施《物业管理服务》标准，按标准要求服务，同时对物业的服务水平根据标准进行评价。据统计，青岛市有 3 个小区被评为"国家优秀住宅小区"，13 个小区被评为"山东优秀住宅小区"，31 个小区被评为"青岛市优秀住宅小区"。标准化的推行，对公共企业服务工作进行了规范，促生了诸多如城市供热服务的"暖到家"、公共交通的"温馨巴士"、青岛港的"诚纳四海"等公共企业标准化服务品牌，创出了若干有青岛市特色的服务品牌，促进了文明城市建设和第三产业的发展。

另外，2010 年初，济南市市政公用事业局与山东大学开始着手《公共服务标准化体系建设》编制研究工作。从 2010 年 9 月开始，济南在全国率先推行市政公用标准化服务，供水、供气、供热、12319 热线等首批 4 个行业全面优化服务流程，将各项办事程序、收费标准、办结时限、服务承诺等公之于众，为群众规定了服务保障线。在电信服务上，沈阳电信开展了实现 2010 年"全业务服务标准"目标的标准化建设工作，将快捷服务（时限类）、便捷服务（功能类）和关怀服务（回馈类）等质量标准和服务规范融入各营销渠道服务全过程，在满足顾客需求的同时促进企业的发展。

3. 公共企业公共服务标准化特点分析

首先，服务标准化实现主体多元化。与上述服务窗口公共服务标准化、市政设施公共服务标准化等不同形式公共服务标准化的实现以政府为主体不同，公共企业公共服务标准化实现主体呈多元化态势。这主要是由公共企业的运作形式决定的。基于产权归属的不同，公共企业可以分为国有形式、私有形式及混合形式，也就是说，公共企业公共服务标准化实现主体包括国家、政府、私人等多元主体，这样有利于促进公共服务标准化在更大范围内实现。

其次，公共企业公共服务标准化的实现更有赖于建立起政府、社会、公众全方位监督体系。公共企业同时具备公共性与营利性的特性，它以追求实现公共利益和追求利润最大化为目标，公共企业的理想状态是公共利益与私人利益同时增长，它在运行过程中要寻求公共责任与私人责任之间的平衡。公共企业在诞生之初就作为以接受政府规范的特殊企业形式向公众提供公共服务，它的运行、管理、经营都需要有相关规章制度来规范。目前对于公共企业并无一部专门法律进行规制，仍然是将这类企业纳入公司法来规范，但是，由于公共企业具有公共性，不适合对纳入私法性质的公司法进行管理。而且，公共企业服务直接关系到公共利益的实现，为确保公共企业履行自身的公共责任，必须正确处理好公共企业盈利最大化与公共责任之间的关系。所谓公共责任在更大程度上可以说是一种监督、控制甚至是制裁行为，与其他类型公共服务标准化相比，在公共企业公共服务标准化过程中是由政府部门作为执行监督、管理的第三方制定相应标准，对公共企业所提供的公共服务所应达到的水平、公共服务流程进行统一规范，同时，对标准指标进行细化、分解，以政府公共权力确保标准的有效实施。另外，公共企业所提供的公共服务是一种对特定服务对象的义务，服务对象以有偿的形式获得，社会公众作为公共服务最直接的感知者，可以最直接地对公共企业所提供的公共服务进行监督。

最后，易促进功能性标杆管理的发展。公共企业提供公共产品和公共服务是有偿的、以营利为目的，对于利润的追求使其与其他类型的公共服务相比，对于改进效率、提供高效服务具有更强的主动性、自发性，它们对于更高"标准"值的追求能有效促进服务标准化形成良性发展机制，促进公共服务行业内功能性标杆管理的发展。功能性标杆管理是不同行业但拥有相同或相似功能、流程的企业之间，跨行业在更广阔的领域寻求"高标准"为标杆伙伴。例如，重庆南岸区同为公共服务行业的水、电、气、电信等企业联合交流如何提供优质服务，各企业展示标准化服务流程，互相借鉴，共同推进优质服务工作的提升，以满足客户需求。

六　基本公共服务标准化

1. 基本公共服务标准化定义

推进基本公共服务标准化已成为我国理论界与实践界讨论的热点问题，我国学者对基本公共服务标准化提出了相关论述。王国华与温来成认为："基本公共服务标准化，是指根据一定时期内国家经济社会发展和人民生活对公共服务的需要，结合政府的财政能力，选择教育、公共卫生、公用事业等领域若干与人民生活和经济社会发展关系十分密切的公共服务项目，就其服务数量和质量提出明确标准，在城乡统一实施，实现服务目标，以逐步缩小城乡差距，统筹城乡发展。"[1] 同时，众多学者提出"公共服务均等化"这一概念，其实质内容与基本公共服务标准化是一致的。例如，学者王桢桢与郭正林认为基本公共服务是构成公共服务均等化的主要领域。[2] 也有学者认为，公共服务均等化的实质是让每个公民在同一标准上实现机会均等。[3] 可以看出，公共服务均等化就是在基本公共服务领域实现同一标准值，即基本公共服务标准化。基本公共服务关系到公民基本权利的保障，因此，学者们提出，无论地域条件和经济状况如何，政府所提供的基本公共服务都必须能够满足公民的基本需要。公民这种基本需要的满足不因地域特点或者政府自身的意志而转移，而且要求有一个明确的、可衡量的具体标准，可以说这个具体的标准是在全国范围内保证基本公共服务水平、范围、均等化程度的基本参照系，因此，我国有学者把基本公共服务标准化作为缩小城乡公共服务差距，统筹城乡发展的一种可行性选择。

2. 基本公共服务标准化在我国的发展

实现基本公共服务标准化是我国构建社会主义和谐社会的重要导向和我国政府管理的重要目标，而如何实现基本公共服务标准化也成为理论界与实践界的热点问题。目前，我国基本公共服务标准化还停留在理论探索阶段，众多学者对这一课题进行了深入的研究分析。有学者从我国政府公共管理实践、公共服务现状、政府财政能力、居民对公共服务的需求等方面深入探讨了我国基本公共服务标准化可行性；有学者从缩小城乡、区域差距，实现社会公平正义等价值层面分析了实现基本公共服务标准化的必要性；[4] 有学者

①　王国华、温来成：《基本公共服务标准化：政府统筹城乡发展的一种可行性选择》，《体制改革》2008 年第 6 期。

②　王桢桢、郭正林：《公共服务均等化的影响因素及标准化体系建构》，《学术研究》2009 年第 6 期。

③　李沱、孟春、李晓玉：《公共服务均等化中的服务标准：各国理论与实践》，《财政研究》2008 年第 10 期。

④　孙友祥、柯文昌：《城乡基本公共服务均等化：价值、困境与路径》，《中国行政管理》2009 年第 7 期。

从各角度分析了我国实现基本公共服务标准化的影响因素与现实困境；[1] 也有众多学者探究了基本公共服务均等化的实现路径或是相关的对策与建议。

有学者明确提出了各级政府在一定时期内的基本公共服务标准，已有不少研究成果对教育、科技、文化、环境保护、基础设施等基本公共服务标准进行了研究，建立起了三级指标体系。例如，我国学者王国华与温来成综合我国城乡公共品供求状况、政府财政收支水平、农村公共物品的迫切需求，选择了义务教育、公共文化设施、公共卫生、公用事业设施、环境保护、社会保障、就业服务七大类基本公共服务进行了分析和设计，以 2005 年城乡公共服务水平为基础，根据党的十七大报告提出 2020 年实现全面建成小康社会的奋斗目标，测算了未来五年可达到的数值。[2]

3. 基本公共服务标准化特征分析

首先，以结果为导向，实现均等化的标准值。基本公共服务标准化属于公共服务结果标准化，如上文所述，公共服务结果标准化指对政府等公共服务提供主体所提供的公共服务所需要达到的标准或水平有明确统一的规定，是对政府在一定时期内所提供的公共服务的数量和质量提出的明确标准。而基本公共服务标准化是就与民众生活关系特别密切的基本公共服务领域的服务质量与数量提出的明确标准，它是对公共服务结果所要达到的水平、指标和要求提出的标准。而且，在更大程度上这里的"标准"指的是"标准值"，是以实现均等化为目标的标准值，它要求公共服务水平在不同区域、不同地区、不同层次都在某一衡量标准上实现均衡，全国统一标准。

其次，标准化的实现局限于基本公共服务领域，是低水平的服务标准。基本公共服务标准化只是在基本公共服务领域内，与公民基本权利、民生问题密切相关的教育、公共卫生、文化、环境保护、社会保障、公共基础设施等领域的公共服务内容。在公共卫生领域，上海全面实现社区卫生服务机构"标准化"建设。上海 230 余所社区卫生服务中心、近 700 家社区卫生服务站和 1700 多家郊区卫生室构成的社区卫生服务网络现已全部实现"标准

① 王桢桢、郭正林：《公共服务均等化的影响因素及标准化体系建构》，《学术研究》2009 年第 6 期。

② 王国华、温来成：《基本公共服务标准化：政府统筹城乡发展的一种可行性选择》，《体制改革》2008 年第 6 期。

化"。每个街道、乡镇设置 1 所政府设立的社区卫生服务中心，每 1 万至 2 万人口设置 1 所社区卫生服务站，每个中心村设置 1 所村卫生室。同时，这一标准要求服务所实现的"标准"是从我国的国情出发，以我国当前的经济社会发展水平为依托，无论地区发展水平如何通过努力都能够达到的水平。这种较低的公共服务标准保障了公共服务接受者基本生存和机会均等的权利。例如，宁夏每个乡（镇）建设 1 所标准化幼儿园。当然这里的"低水平"并非一成不变的，它要伴随我国社会发展与公共需求的变化而不断调整。2009 年底，教育部表示要力争用 10 年左右的时间，基本完成义务教育标准化建设，通过制定和完善义务教育学校基本办学标准，对低于办学标准的城镇薄弱学校和农村学校要加大改造力度，逐步统一城乡学校公用经费和生均教育经费标准，保证学校教学设施、仪器设备、图书资料等资源配置基本均衡，使全国义务教育整体质量大幅度提升。

最后，能有效地推进我国绩效管理体制标准化，提高公共服务能力。政府绩效管理体制的标准化就是在政府绩效管理的实践中引入标准化操作，通过建立公共服务标准来衡量和考核公共服务的实际绩效。[①] 对政府及政府工作人员实施绩效管理是提高公共服务水平的重要环节，而绩效管理中很重要的一方面是对政府为公共服务对象所提供的服务的评估，这就需要确定各政府各部门所应提供的公共服务的相应标准，制定好基本公共服务标准并将这些标准应用于政府绩效管理实践中，将其执行情况作为政府绩效考核的重要内容。所以，制定科学的标准并利用科学的标准进行绩效管理直接影响公共服务的效果与绩效考核的科学性。因此，基本公共服务标准化为我国进行政府绩效管理提供了科学、合理的标准，能有效地推进我国绩效管理体制标准化的建设。

七　专门领域公共服务标准化

1. 专门领域公共服务标准化定义

专门领域公共服务标准化是指根据一定时期内国家人民的公共服务需求与某一专业公共服务发展阶段的需要，对这一专门领域公共服务的数量与质

---

① 胡税根、徐元帅：《我国政府公共服务标准化建设研究》，《天津行政学院学报》2009 年第 6 期。

量提出明确标准，并实现这一领域公共服务程序、作业的标准化。这些专门领域大多涉及社会保险、教育等专业性较强，与公民生活息息相关的服务，这些领域服务水平和质量的改善对于提升我国政府服务绩效与公信力有重要的意义，同时，实现标准化的专门领域具有较强的程序性，客观上具备进行标准化作业并实现最佳秩序的条件。

2. 专门领域公共服务标准化实践

随着我国公共服务的发展，一些专门领域的公共服务由于自身发展特点与发展水平逐步走向了标准化。党的十六大以来，社会保障事业进入了统筹城乡的创新阶段，社会保险项目向农村和城镇非从业居民扩展，正在走向全面覆盖、综合配套、统一管理。面对数以亿计的参保对象，要通过服务工作的标准化满足他们对社会保险公共服务的需求，为其提供"统一的、可追溯的和可检验的"服务，实现"记录一生、跟踪一生、保障一生、服务一生"，并努力提高服务效率，降低管理成本。在社会保险领域推进标准化工作具有重大的意义，是建设服务型政府的客观要求。社会保险工作是公共服务的重要组成部分，要不断改善服务水平和质量，提升服务绩效和公信力，就必须实现由经验型服务向标准化服务转变。通过制定社会保险标准，开展社会保险标准化建设，还能更好地评价社会保险工作的绩效，支持科学决策，推进社会保险事业科学发展。

因此，我国新近成立的全国社会保险标准化技术委员会就负责包括养老保险、失业保险、医疗保险、工伤保险、生育保险等社会保险服务、评价、管理等领域的标准化工作，致力于研究制定社会保险标准化工作发展规划，构建一个结构合理、层次分明、重点突出、科学适用的国家社会保险标准体系。标准化体系将提高业务、服务、管理流程等运作效率作为体系标准设计的出发点，优化标准体系结构，形成以国家标准为主体，行业标准为补充，把养老保险、失业保险、医疗保险、工伤保险、生育保险等社会保险服务、评价、管理等领域的全过程纳入标准化管理轨道，实现对关键环节和关键因素的有效监控，以标准化手段提升服务能力。同时，全国社会保险标准化技术委员会还将抓紧培养社会保险标准化方面的专门人才，并抓紧启动自身的各项工作。

在地方层面，从2006年开始，陕西省质监局会同省人力资源和社会保障厅，率先在全国社保系统开展了养老保险经办服务标准化试点工作，目的是规范养老保险管理和经办服务。2010 年 2 月，陕西省质监局发布了《城镇企业职工基本养老保险登记》《城镇企业职工基本养老保险基金征缴》《城镇企业职工基本养老保险待遇社会化发放》《城镇企业职工基本养老保险行政争议受理》四项养老保险管理地方标准，首次在省、市、县（区）三级统一了经办工作的程序和要求，实现统一政策、费率、统筹项目、缴拨方式、调剂使用基金和经办机构统一垂直管理"六个统一"，使各个管理环节形成"依标准管理、按规矩办事"的有效闭环管理模式。这四项标准填补了我国养老保险领域标准的空白，不仅规范了陕西省各级养老保险经办服务，而且为实现全国养老保险关系异地转移接续奠定了技术基础。

随着近年来突发事件的增多，在突发事件应急领域也出现了标准化研究。由于村镇应急服务的需要，直接关系到受灾民众生活的饮食问题更是需要有相应的解决方案。为完善我国村镇服务业建设，国家开始关注现代村镇服务业技术集成示范，对已发生过突发事件并在事件发生过程中出现饮食困难的地区，以及没有发生过突发事件但有常设应急管理机构或民防机构的地区展开调研，以期研究村镇饮食应急公共服务标准化技术与应急炊饮设备的研发和集成，这也属于专门领域公共服务标准化的探索。

此外，为了保护弱势群体的合法权益，维护社会的公平与正义，同时解决法律援助需求量的大幅增长与杭州余杭区法律援助力量薄弱的矛盾，杭州市质监局余杭分局联合相关部门开展了"法律援助服务标准化管理试点"工作，这在全国尚属首例。"法律援助服务标准化管理试点"项目是 2009 年度杭州市级服务业标准化 10 个试点项目之一，在全国率先编制了《法律援助服务规范》，明确法律援助的申请条件，规定法律援助的接待、审批、指派、承办、质量监督、案卷归档等要求，并高标准实施，高质量深化，使法律援助案件承办过程标准化操作、明示化服务，确保了程序到位、服务到位，得到了受援人的一致好评。2010 年 9 月 20 日，该项目顺利通过了市质监局组织杭州市法律援助中心、杭州市标准化研究院等单位的专家对其进行的评估验收。

3. 专门领域公共服务标准化特征分析

首先，以需求为导向，用外力促进标准化进程，是专门领域公共服务标准化的重要特征。如果说基本公共服务标准化是关系到民众基本权利的服务领域的标准化，那么专门领域公共服务标准化则可以说是在某一专门范围内，某一节点公共服务的标准化。只有当某一专业领域的公共服务对国家发展、人民生活有极其重要的意义，并且这一领域的公共服务水平发展到较为成熟的阶段，具有实现统一管理的物质条件的时候，才会催生这一专门领域范围内公共服务的标准化。因此，专门领域公共服务标准化更重要的是服务需求促成。例如，我国社会保险标准化就是由社会保障事业进入统筹阶段，社会保障项目由农村向城市扩展，数以亿计的参保对象对社会保险公共服务的需求所推进的。

其次，专业技术性较强，具备标准化实现的技术条件，这也是专门领域公共服务实现标准化的一个重要原因。一般来说，这类公共服务流程较为清晰，程序性较强，标准化作业能有效地提高业务、服务、流程等运作效率，大力降低管理成本，从而促进领域内对标准化的追求，形成实现服务标准化的动力机制。

第三节　公共服务标准化与 ISO9000 政府质量管理

本节分析公共服务标准化与 ISO9000 政府质量管理的异同，说明公共服务标准化对 ISO9000 政府质量管理的比较优势。在分析方法上，按照文本分析的一般方法，遵循特点分析、问题分析和发展路径分析的基本框架，重心落在公共服务标准化对 ISO9000 政府质量管理的积极促进作用上面。

一　ISO9000 质量管理体系

1. ISO9000 族的产生与发展

国际标准化组织（ISO）是目前世界上最大最权威的国际标准化专门机构。为了促进国际合作和工业标准的统一，国际标准化组织于 1947 年 2 月 23 日正式成立，总部设在瑞士的日内瓦，其宗旨是"在世界上促进标准化及其相关活动的发展，以便于商品和服务的国际交换，在智力、科学、技术和经济领域开展合作"。①

ISO9000 族标准是世界质量管理发展到最新阶段的必然产物。在世界经济发展中，质量管理已经历了四个阶段：检验质量管理（1920—1940 年）、统计质量管理（SQM）（1940—1960 年）、全面质量管理（TQM）（1960 年至今）和标准质量管理（1986 年至今）。世界各国质量管理的成功经验，使ISO9000 族标准的制定和发展步入了另一个发展阶段。1959 年美国国防部发布了世界上最早的质量保证标准 MIL - Q - 9858A《质量大纲要求》。

随着国际经济、贸易交流日益频繁，信息技术迅猛发展，经济全球化步伐加快，国际社会普遍要求建立一个世界统一的"质量管理和质量保证标准"。国际标准化组织于 1979 年成立了质量管理和质量保证技术委员会（ISO/TC176），专门负责制定质量管理和质量保证方面的国际标准。1986年，ISO/TC176 在英国标准 BS5750 的基础上制定并发布了 ISO8402《质量管理和质量保证——术语》。1987 年，国际标准化组织又相继颁布了 5 个相关标准，分别为 ISO9000《质量管理和质量保证标准——选择和使用指南》、ISO9001《质量体系——设计、开发、生产、安装和服务的质量保证模式》、ISO9002《质量体系——生产和安装的质量保证模式》、ISO9003《质量体系——最终检验和试验的质量保障模式》和 ISO9004《质量管理和质量体系要素——指南》，这些标准统称为 1987 年版的 ISO9000 系列标准，以后又发展成为 ISO9000 族标准。

（1）ISO9000 族标准的 1987 年版。ISO/TC176 最早制定的一个标准是ISO8402：1986，名为《质量管理和质量保证术语》，于 1986 年 6 月 15 日正式发布。1987 年 3 月，ISO/TC176 又正式发布了 ISO9000：1987、ISO9001：1987、ISO9002：1987、ISO9003：1987、ISO9004：1987 共 5 个国际标准与ISO8402，1986 年起统称为"ISO9000 系列标准"。1987 年版的 ISO9000 标准推出之后，没有得到广泛推行，影响不是很大。

（2）ISO9000 族标准的 1994 年版。国际标准化组织经过七年研讨、论证，在广泛听取各国多方面意见后，于 1994 年形成了 ISO9000 族标准的1994 年版。这套标准推出以后，得到了世界上的普遍关注，将其作为质量

---

① 　徐高清、林磊、陈群：《管理的系统方法——方法确立》，中国计量出版社 2006 年版，第 2 页。

管理标准的企业越来越多，国际商贸交流逐渐把 ISO9000 标准的系列认证作为共同语言和市场的通行证之一。但是随着使用范围的扩大，国际标准化组织发现这套标准的适用范围太小，不太适合服务业。于是，ISO9000 标准的又一次修订在 1994 年版发布后不久就开始了。

（3）ISO9000 族标准的 2000 年版。ISO9000 族标准的 1994 年版主要是针对硬件产品生产制造企业制定的标准，强调了"符合性"，忽视了对企业业绩的提升，缺少对客户满意信息的监控，没有考虑 ISO9000 族标准与 ISO14000 标准（环境管理体系）及其他管理体系的相容性，在实际应用中给企业实施综合管理带来了困难。ISO/TC176 技术委员会在起草、制定 ISO9000 族标准 2000 年版时，充分调查、搜集了各方面的意见，并针对 1994 年版的不足，对 2000 年版 ISO9000 族标准的格式、内容和文字等方面都进行了调整。

（4）ISO9000 族标准的 2008 年版。2000 年版 ISO9000 族标准发布后，一直在不断完善。2008 年版 ISO9000 族标准建立了两类质量管理模式：一是以 ISO9001 为代表的质量管理体系要求标准，其特点是对质量管理体系具体活动提出专业性或通用的要求，"思路仍是以最少的一致要求提供质量保证，其评价手段是符合性评价"。[①] 二是以 ISO9004 标准以及各类卓越绩效评价为代表的指南标准，其特点是运用质量管理原则，为提升组织的可持续性和整体绩效提供有效的途径，其评价手段是成熟度量度，其典型作用是使已按照标准要求建立管理体系的组织，在标准的指导下，不断推进组织整体持续发展。其"可持续性"被定义为一个组织保持或发展其长期绩效的能力或活动。

2. 2008 年版 ISO9000 族标准

从 2002 年至今，国际标准化组织一直致力于完善 2008 年版的 ISO9000 质量管理体系，为世界标准化工作做贡献。

（1）2008 年版 ISO9000 族标准的构成。根据 ISO/TC176 发布的内容，ISO9000 族标准 2008 年版文件由以下四个部分构成（见表 3 - 1）。

----

① 汪修慈：《从 2009 年版 ISO 9001 及 ISO 9004 标准草案看质量管理体系标准的制订思路》，《中国质量认证》2007 年第 4 期。

表 3 – 1 　 ISO9000 族标准 2008 年版文件

类别	标准号	标准名称
第一部分： 核心标准	ISO9000:2005	质量管理体系——基础和术语
	ISO9001:2008	质量管理体系要求
	ISO9004:2009	可持续性管理——质量管理方法
	ISO19011:2002	质量和（或）环境管理体系审核指南
第二部分： 其他标准	ISO10002:2004	质量管理体系顾客满意——组织投诉处理指南
	ISO10005:2005	质量管理——质量计划指南
	ISO10006:2003	质量管理体系——项目质量管理指南
	ISO10007:2003	测量管理体系——技术状态管理指南
	ISO10012:2003	测量管理体系——测量过程和测量设备的要求
	ISO10014:2006	质量管理——实现财务与经济效益的指南
	ISO10015:1999	质量管理——培训指南
	ISO10019:2001	质量管理体系咨询师选择和使用指南
	ISO9003:2004	软件工程 ISO19001 – 2000 在计算机软件中的应用指南
第三部分： 技术报告	ISO/TR10013:2001	质量管理体系文件指南
	ISO/TR10017:2003	ISO9001:2000 的统计技术指南
第四部分： 小册子	—	质量管理原则
	—	ISO9000:2000 族标准选择和使用
	—	小型企业应用 ISO9000 标准的说明和应用指南

（2）ISO9000 族标准的管理原则。2008 年版的 ISO9000 族标准仍保留了 2000 年版的八项质量管理原则，它们分别是以顾客为中心、领导作用、全员参与、过程方法、管理的系统方法、持续改进、基于事实的决策方法和互利的供方关系。这八项质量管理原则用高度概括的语言总结了质量管理经验最基本、最通用的一般规律，是 ISO9000 族标准的核心内容。

（3）2008 年版 ISO9000 族标准的重点内容。ISO9000 质量管理体系以顾客的需求为关注焦点，要求组织提供始终满足顾客需求的产品，提升顾客及相关方对组织的信任，为组织提供持续改进组织绩效的框架。质量管理采取的方法包括："以顾客及相关方的期望和需求为出发点、制定质量方针和质量目标的要求，过程的方法，最高管理者的作用，体系文件化的表达方式，体系的评价方法，统计技术在组织效益及效率的提高及决策中的作用，持续改进，员工在组织中的作用，互利的供方关系。"[1] 同时，2008 年版标准提出组织要建立一个持续改进的质量管理体系，为实现组织愿景提供一套严谨系统的运行程序和逻辑步骤，以提高产品的可靠性和过程运行能力，满足顾客期望和需求，为组织持续的改进奠定基础。

（4）2008 年版 ISO9000 族标准的主要特点。ISO9000 族标准适用于所有产品类别、不同规模和各种类型的组织，对标准的应用做出了更灵活的规定，即在某些情况下某些要求允许删减；将监控顾客满意或不满意的信息作为评价质量管理体系业绩的一种手段；强调最高管理者的作用；突出"持续改进"的思想；采用"过程方法"的模式结构，逻辑性强，相关性好；减少了过多的文件化要求，扩大了组织自行决定文件化程度的自由度；重视结果，强调有效性要求；质量管理八项原则在标准中得到充分体现；明确要求质量管理体系以顾客为关注焦点，并考虑了所有相关方的利益和需求；ISO9001 与 ISO9004 标准是协调一致的标准，可以相互补充，有利于组织业绩的持续改进；提高了与环境管理体系标准和其他管理体系标准的相容性；术语准确，语言精练。

二 ISO9000 族四个核心标准对接政府质量管理的制度准备

1. ISO9000：2005《质量管理体系——基础和术语》标准对接政府质量管理的制度准备

ISO9000：2005 对质量管理体系基础的描述没有变化，但由于考虑到 ISO9000 族标准增加了新的文件，新标准扩展和增加了一些新的术语和注释。ISO9000：2005 共有 84 条术语，新增了能力（人员）、审核计划、审核范围、合同这四条术语，并对部分术语增加了相应的注释。

新版本中对术语"能力"做了区分，分别特指组织、体系或过程的"能力"（capability）（3.1.5）和人员的"能力"（competence）（3.1.6），更明确了 ISO9000 质量管理体系执行过程中需要注意的制度性能力和个人能力，使地

---

[1] 孙晋：《基于 ISO9001 标准的公共部门质量管理体系研究——以宝山区为例》，上海交通大学硕士学位论文，2008。

方政府在运用 ISO9000：2005 标准时，能更好地对症下药，提高执行效率。

合同是适应私有制商品经济的客观要求而出现的，是商品交换在法律上的表现形式。在现代组织管理制度中，组织之间的各种往来主要通过合同来维系，顾客、供方和相关方之间的关系如何，往往以合同的形式出现。新版本加入术语"合同"，使 ISO9000 管理体系中有关组织的各个术语之间有了联系，各个术语可以通过"合同"成为一个整体。术语"合同"的加入有利于促进新时代背景下的地方政府使用合同外包等方式来提供公共服务，也可使政府与其他组织的合作通过"合同"表现得更加灵活。

推行 ISO9000 质量管理体系，在很多时候是通过审核来检验组织的各种能力，从而全面提升组织的管理水准并与国际接轨。新版本加入术语"审核计划"，可使审核的各项活动和安排更加有条不紊，更有计划性，可较好地预防审核工作虎头蛇尾，确保审核工作的进行。"审核范围"通常包括对受审核组织的实际位置、组织单元、活动和过程，明确了审核的内容和界限。"审核计划"和"审核范围"的加入可使地方政府在运用 ISO9000：2005 标准时，更有针对性地进行审核，可节省一定的人力、物力和财力。

2. ISO9001：2008《质量管理体系——要求》标准对接政府质量管理的制度准备

相对于 ISO9001：2000 版标准，ISO9001：2008 标准涉及 40 多处变更（具体对照表见附录二）。变更后的标准内容更为明确，更符合目前组织管理的现状，进一步考虑了标准的灵活性和操作指导性等方面的问题。在认证时，使用修订后的 ISO9001 不会改变双方（认证机构及获证方）的结果。ISO9001：2008 标准运用到地方政府的优势体现在：

在"引言"中，对满足法律法规要求的范围做了明确的限定，让地方政府知道应使用哪些法律法规；在"1 范围"的注释中，规定了"产品"也包括采购产品和产品实现过程的中间产品，由于政府提供的"产品"在很多时候随着服务的结束而结束，因此新标准对"产品"的定义更符合地方政府提供服务的特点。

在"4.1 总要求"中，进一步明确了对外包过程的控制要求；在"4.2.1 文件要求总则注 1"中，进一步明确了对程序文件编写数量要求的灵活性；在"4.2.3 文件控制"中，限定了所需控制的外来文件的范围。由于政府部门与企业的性质有很大的差异，新标准对文件的要求更加灵活，同时对"外包"和"文件范围"的规定更加明确，使政府部门更容易导入相应标准。

在"5.5.2 管理者代表"中，明确管理者代表应是组织的内部人员，这样有利于防止部分地方政府为了贯彻标准而请外面的认证机构人员全权代理，明确组织内部必须有相关工作人员掌握 ISO9000 质量管理方法。

在"6.2.2 能力、培训和意识 b"和"6.2.2 能力、培训和意识 c"中，明确的是对从事影响产品符合要求的人员所必要的能力的直接要求，而不是对所采取措施有效性的间接要求。在"6.3 基础设施 c"中，表明信息系统在基础设施方面的重要性；在"6.4 工作环境"中，表明质量管理要求与社会责任要求对工作环境的侧重不同。资源管理部分的修订对地方政府工作人员能力的要求更加明确，与时俱进，强调信息系统的重要性。

在"7.2.1 与产品有关的要求的确定"中，增加相应的注释，有助于明确交付后活动的控制对象；在"7.3.1 设计和开发策划"中，表明了对实施设计和开发评审、验证和确认活动要求的灵活性。在"7.3.3 设计和开发输出"中，表明设计输出不应忽视产品防护的细节；在"7.5.3 标识和可追溯性"中，进一步明确了对监视和测量状态标识的要求；在"7.5.4 顾客财产"中，表明个人信息也属于顾客财产；在"7.6 监视和测量装置的控制"中，对使用计算机软件的情况给出了说明。产品实现部分的修订让地方政府更明确服务对象，增加了各服务提供环节中的灵活性，重视服务的反馈和对个人信息的维护，希望工作人员能利用计算机等先进的信息工具更好地为公民服务。

在"8.2.1 顾客满意"中，对监视顾客感受方面给出了进一步的说明。在"8.2.3 过程的监视和测量"中，对识别和控制所需监视和测量的过程做了说明。在"8.2.4 产品的监视和测量"中，强调向顾客交付产品和服务时应特别慎重，应得到有关授权人员的批准，适用时得到顾客的批准，并记录符合接受准则的证据或以其他方式在策划安排中予以规定。[①] 测量、分析和改进部分的修订要求地方政府更加重视公民满意度和服务质量，地方政府需

---

① 田武：《2008 版 ISO/DIS9001 标准介绍及应用对策建议》，《中国标准化》2008 年第 3 期。

要充分尊重服务对象的意愿，这有利于我国地方政府从"管理型"向"服务型"转变。

3. ISO9004：2009《组织持续成功的管理——一种质量管理方法》标准对接政府质量管理的制度准备

ISO9004：2009 标准已经完全地重新编写并且与 ISO9004：2000 没什么关联。ISO9004：2009 标准采纳了各国卓越绩效模式的思路和内容，为地方政府在复杂的、要求更高的和不断变化的环境中获得持续成功提供管理指南，以使地方政府获得持续成功。新标准关注的焦点是以一个组织的所有者的角度来看如何保持组织业务的可持续性。相比于 ISO9001 标准，ISO9004 标准关注质量管理的范围更宽；通过系统和持续改进组织的绩效，满足所有相关方的需求和期望。

ISO9004：2009 标准的目的是帮助已是 ISO9001 标准使用者的组织通过实施一个更广泛深入的质量管理体系以获取持续利益。ISO9004：2009 标准运用到地方政府中，可为地方政府创建质量管理体系提供指南，通过提供产品，为公民创造价值，为所有的利益相关方创造价值，平衡所有的观点，为政府部门朝持续成功发展提供管理指南，并允许地方政府在既有的质量管理体系基础上建立持续改进模式。ISO9004：2009 标准继续使用"八大质量管理原则"，但也会考虑道德/社会因素、组织的使命和愿景、适应性/敏捷性、知识管理、与其他管理体系的融合，使地方政府在导入质量体系时，能将目标、行动与结果联系起来。

4. ISO19011：2002《质量和（或）环境管理体系审核指南》标准对接政府质量管理的制度准备

ISO19011 标准是将环境管理体系审核和质量管理休系审核相结合的审核指导性标准，让地方政府更加重视环境管理，为地方政府实施审核原则、审核方案管理、审核环境管理体系和质量管理体系提供了指南，也对质量和环境管理体系审核员的能力提供了指南。它不仅是对 ISO9001、ISO9001 和 ISO9004 等核心标准的补充，也是 ISO14000 系列标准的重要组成部分。[①] 同时，ISO19011 标准还为制定更多的管理体系通用方法、标准提供了有效的

---

① 刘卓慧：《荷兰专家谈 ISO19011 标准》，《中国质量认证》2003 年第 6 期。

借鉴。

2008 年版 ISO9000 质量管理体系四个核心标准的修订在一定程度上简化了 ISO9000 质量管理体系，为各种组织导入 ISO9000 族标准提供了便利。

三　ISO/IWA4：2005 标准对接政府质量管理的制度准备

国家质量监督检验检疫总局和国家标准化管理委员会除了与时俱进，及时修订 ISO9000 质量管理体系外，为顺应全球部分政府部门建立质量体系所掀起的热潮，指导地方政府建立质量管理体系，以进一步增强地方政府改善公共服务质量、保持公众对政府机构信任的能力，根据国际标准化组织于2005 年制定的 ISO/IWA4：2005《质量管理体系地方政府应用 ISO9001：2000 指南》，于 2008 年发布了 ISO9034 - 2008 指导性技术文件，为地方政府导入 ISO9000 质量管理体系提供了技术上的支持和指导。

为了使地方政府能够满足地方社会的需求和期望，而帮助其指挥和控制其自身活动，ISO/IWA4：2005《质量管理体系——地方政府应用 ISO9001：2000 指南》以 ISO9001：2000 为基础，将 ISO9001 中的技术语言"转化"为地方政府人员更为熟悉的语言，以帮助、鼓励和推进 ISO9001 质量管理方法在地方政府中的运用。本节将分析 ISO/IWA4：2005《质量管理体系——地方政府应用 ISO9001：2000 指南》，以找出它与 ISO9001：2000 相比，有哪些地方更适合运用到地方政府。

1. ISO/IWA4：2005 的制定为地方政府提供了统一的质量管理方法

ISO/IWA4：2005 标准包括地方政府的术语和定义，地方政府的质量管理体系、管理职责、组织结构，以及达到质量目标所必需的策划、过程、资源和文件，以及对所提供的产品和服务的持续改进。该标准的附录包括了地方政府应该努力提供的服务和相关过程的一些示例，以及评价其有效性和成熟度的方法。它为地方政府提供了一个使地方公众信任其需求和期望能被充分理解，并有能力在稳定的基础上及时地予以满足的有效工具。

ISO/IWA4：2005 标准不要求地方政府进行质量管理体系认证，因为通过内部质量审核，及对来自人民群众、社会各界和上级政府的意见或评价的收集与分析，完全可以证实地方政府的质量管理体系是否符合要求，使地方政府不必再为了认证而认证。ISO9000：2000《质量管理体系——基础和术语》指出，成功地领导和运作一个组织，需要采用一种系统和透明的方式进行管理。"一个值得信任的、成功的地方政府的质量管理体系应当覆盖影响其满足公众，以及区域或中央政府等其他相关方需求的能力的所有活动和过程。"[①] 为了赢得公众的信任，地方政府的执政状况与透明度是至关重要的。

制定 ISO/IWA4：2005 标准的目的是为全国的地方政府提供一个统一的质量管理方法。为了实现建设一个值得信任、负责和透明的地方政府的目标，ISO/IWA4：2005 标准认为，地方政府不应当把符合 ISO9001：2000 标准作为自己的最终目标，应该在一旦达到了能为地方社会提供持续合格服务的水平，就把着眼点放在业绩合格之外，同时考虑利用 ISO9004：2000 和（或）其他优秀模式来提高其整体效率，为地方政府提出了持续发展的要求。

2. 地方政府导入 ISO9000 质量管理体系的前期准备

（1）术语和定义的转换。ISO/IWA4：2005 仍采用了 ISO9000：2000 中给出的术语和定义，但增加了关于地方政府的术语和定义，将"产品"改为"服务"，将"供方"改为"中央政府""上级政府""辖区"等政府版术语，对最高管理者、顾客（公民）、地方政府规范、地方政府、地方政府过程（管理、核心、运作、支持）、服务、地方政府质量管理体系、透明度等术语做了专门的解释和注释，减少了政府引用 ISO9000 族标准术语的困难。由于地方政府所在的不同地理位置和地区的文化、习俗和公众的差异，指南中所给出的术语和定义的使用含义也有所不同。该标准不要求地方政府采用 ISO9000：2000 标准中规定的术语来建立其各自的质量管理体系，给地方政府更大的灵活性。

（2）文件准备。ISO/IWA4：2005 标准对质量管理体系的通用要求是地方政府应清晰界定其质量管理体系的覆盖范围，使地方政府能以更高的透明度，高效地实现其可信的业绩。ISO/IWA4：2005 标准指出，地方政府在策划质量管理体系所需的文件时，除了应考虑到指导性文件中包含的地方政府

---

① 中国国家质量监督检验检疫总局、中国国家标准化管理委员会，GB/Z19034－2008/ISO/IWA4：2005《质量管理体系——地方政府应用 GB/T19001—2000 指南》，2008。

通常使用的和所要求的术语和定义、各级政策、适用的法律、规章和标准、人员的能力、所提供的项目、产品和服务等方面，还要结合当地政府的资源、已有的标准化文件等内容。ISO/IWA4：2005 标准更强调地方政府在导入 ISO 质量管理体系时，充分结合自身情况，防止资源浪费。

质量手册是质量管理体系中最高层的重要文件。手册应包括 ISO9001：2000 标准所要求的形成文件的程序、透明度证明文件和（或）其他文件，提供了地方政府所建立和运行的质量管理体系满足 ISO9001：2000 要求的方法。

文件需要及时更新，并随时确保使用者易于获取，因此，该指导性文件认为地方政府应建立一个形成文件的程序，这有利于确定、管理和控制地方政府的文件制度。

地方政府的记录提供了其开展活动的相关信息，能够证实其活动的透明度，并向公众提供其充分履行职责和义务的情况。ISO/IWA4：2005 不仅强调地方政府应重视记录的保留时间和记录的可用性，而且提供了部分地方政府可保留的记录示例，如地方总产值，地方发展与规划，完成的记录清单，地方政府活动影响的评价，文件的丢失、损坏或不当使用，意见或抱怨等。

3. 地方政府导入 ISO9000 质量管理体系过程方法

ISO/IWA4：2005 为地方政府导入 ISO9000 质量管理体系提供了过程方法。该过程方法要求地方政府能够认识到为公众提供高质量的服务所需的不同种类的过程，包括管理、运作和支持过程，以及地方政府提供服务所必需的核心过程。每个过程都应予以识别顾客、输入、输出、过程和结果控制、与其他地方政府过程的相互作用等内容。

ISO/IWA4：2005 注重整体性特点，认为地方政府的所有过程，包括管理、核心、操作和支持过程应组成一个唯一、完整的质量管理体系。该标准为地方政府导入 ISO9000 质量管理体系提出了通用性的指导性原则，可以为各种类型、不同规模和提供各种服务的地方政府部门所用，使用者可根据需要来自由应用其条款。该标准以管理职责、资源管理、服务实施、测量分析和改建这四个环节为主要过程，输入公众要求，以公众满意为管理体系持续改进的动力，形成了以过程为基础的地方政府质量管理体系模式。

（1）管理职责。ISO/IWA4：2005 的管理职责包含管理承诺，质量方针，策划质量管理体系策划，职能、职责和权限管理评审等内容，明确了地方政府的管理职责。

一是管理承诺。ISO/IWA4：2005 为地方政府实现管理承诺提出了可借鉴的行动和方式：①确立一致的目标，并建立起适用于所提供服务的标准和法规体系；②制定质量方针；③确保质量方针和公众的要求相一致；④定期评审质量管理体系；⑤确保有充足的资源。

二是以公众为关注焦点。这要求地方政府的最高管理者识别公众当前和（在可能的情况下）未来的需求和期望，并在其法律权限和可获得资源的框架内，来实现这些目标而使公众满意。ISO/IWA4：2005 对公众需求和期望更加重视，认为应定期评审并进行必要的更新，以确保公众满意。

三是质量方针。质量方针的制度应针对满足公众的需求和期望并形成文件。ISO/IWA4：2005 认为，地方政府的最高管理者应利用质量方针来指导其决策过程，并定期对其进行评审，以确保质量方针持续有效和其被理解的程度。

四是质量管理体系策划。策划是对质量方针和质量目标的具体化。ISO/IWA4：2005 提出，地方政府的最高管理者在制定质量管理体系策划时，除了应考虑到为实现其质量目标所需要的活动和可获得的资源，还应考虑到战略发展规划中的内容，ISO/IWA4：2005 更加注重体系的完整性。

五是职能、职责和权限。ISO/IWA4：2005 为地方政府的职能、职责和权限的划分提出了明确要求，认为与质量管理体系及过程有关人员的职能、职责和权限应明确划分，可在岗位规范和（或）程序文件中规定职责和权限，必要时可绘制一个组织结构图，明确部门的层次和相互联系的路线，这样有利于权责分明。同时，地方政府需要指定一名管理者代表负责质量管理体系的整体协调。管理者代表既需要得到其他人员的支持，以确保整个地方政府质量管理体系的有效实施，又需要充分的、可独立行使的权力，来确保质量方针、质量目标和质量管理体系不受地方政府其他活动的干扰。ISO/IWA4：2005 标准更重视不同层次和部门之间的有效沟通，借此推动质量管理体系改进。

六是管理评审。ISO/IWA4：2005 标准提出地方政府应定期对业绩进行评审的体系包括：加强制度建设和改进政府工作的过程、经济可持续发展过程、环境可持续发展过程和社会综合发展过程,[1] 还具体提出了评价质量管理体系有效性需要考虑的输入信息,除 ISO9001 标准的相应要求外,[2] 还包括政府工作人员需要注意的各种信息,如来自公众和地方政府人员的投诉和建议;不同地方政府实施的管理体系与本标准的管理体系或其他管理模式的比较研究;体系实施和运行的费用预算;对预先确定的有关质量管理体系措施实施进展的监视;中央或上级政府方针的变更;中央或上级政府对本级地方政府资源提供的变化;法律法规的变更;地方人口统计结果的变化;地方政府活动的统计和趋势分析结果;关键供方和(或)合作者的业绩。地方政府还应正确对待评审结果。

(2)资源管理。ISO/IWA4:2005 的资源管理包含资源提供、人力资源、基础设施和工作环境等内容,让地方政府明白自己的资源状况和今后提升的空间。

一是资源提供。ISO/IWA4:2005 提出了地方政府资源提供的各个步骤,包括:①设定输入信息,以确定所需要的资源;②制定短期、中期和长期的资源规划;③为监视、验证和评价工作提供充分的资源;④为在地方政府内部以及地方政府与公众之间开展有效的沟通提供资源;⑤为持续改进业绩和质量管理体系提供资源。这样才能确保具有包括人员、基础设施、设备和工作环境等在内的必要资源,以实现地方政府服务和过程。

二是人力资源。人力资源是最重要的资源。ISO/IWA4:2005 标准更重视建立工作人员管理制度,规定任用人员的法定权力、道德和价值观、职责和活动有关方面的能力、意识和培训的相关要求,让公众确信地方政府任用的是有能力的人员来提供服务。同时,通过比较岗位要求与当前人员的能力水平,确定培训或其他必要的系统措施,开展思想意识教育,并定期考核。

三是基础设施。ISO/IWA4:2005 认为,基础设施不仅包括公共基础设

---

① 中国国家质量监督检验检疫总局、中国国家标准化管理委员会:GB/Z19034—2008/ISO/IWA4:2005《质量管理体系——地方政府应用 GB/T19001—2000 指南》,2008。

② ISO9001 标准评价质量管理体系有效性的相应要求:(1)审核结果;(2)顾客反馈;(3)过程的业绩和产品的符合性;(4)预防和纠正措施的状况;(5)以往管理评审的跟踪措施;(6)可能影响质量管理体系的变更;(7)改进的建议。

施如供水设施、垃圾收集和处理设施、学校、公共照明、体育运动场馆、公墓等，还包括支持地方政府质量管理体系过程的必要资源，如政府的办公室、计算机网络、办公家具、软件和车辆等，但是它不包含在最终服务里面。ISO/IWA4：2005 标准更强调地方政府应策划对基础设施的提供和维护，以符合公众、过程和所提供服务的要求。

四是工作环境。在管理体系实施过程中，应注意基础设施和工作环境的区别，在地方政府的施政过程中，工作环境因素还包括，由政府的工作人员或公众所使用的设备与设施的人类工效因素（范围、空间的功能分布、办公家具和工作设备的充足与否、残疾人通道、标识和视觉感受等）和环境因素（充足的光线、工作场所的供暖/制冷和通风设备等）。其他相关因素还有社会心理因素，如拖延时间的工作会议或不良的内部人际关系，这些都会影响到工作环境并间接影响到公众的满意程度。ISO/IWA4：2005 标准认为，地方政府应建立反馈机制，用于收集来自政府内部工作人员和公众的信息、建议和意见，以根据相关要求改善工作环境。

（3）服务实现。ISO/IWA4：2005 的服务实现包含服务实现的策划、与公众有关的过程、设计和开发、采购、服务提供、监视和测量装置的控制等内容，提出了地方政府的服务实现过程中需要注意的各种问题。

一是服务实现的策划。地方政府应策划和开发提供各种服务所需的资源。ISO/IWA4：2005 更关注可能影响地方社会的潜在的紧急情况和事故，以及如何应对，认为在必要时，地方政府应该做好与上级和中央政府之间的相互影响和沟通的准备。地方政府可以通过调查和分析公众的需求策划和开发提供各种服务所需的过程，建立一个"对服务的验证、确认、监视、检验、试行、示范和推广的目标性指标，以及对以往服务的结果和记录的分析"[①] 的综合系统。

二是与公众有关的过程。该指导性文件将"产品"改为"服务"，将"顾客"改为"公众"，更符合地方政府的实际。ISO/IWA4：2005 认为，地方政府应提供的一系列有形和无形的服务，其所提供的所有服务，应根据其

---

① 中国国家质量监督检验检疫总局、中国国家标准化管理委员会：GB/Z19034—2008/ISO/IWA4：2005《质量管理体系——地方政府应用 GB/T19001—2000 指南》，2008。

范围和性质，具有清晰、具体和统一的规范。① ISO/IWA4：2005 标准强调地方政府应在承诺提供某项服务之前，确保理解并能够满足公众的要求，更重视与公众沟通，提出可以利用新闻单位、电话服务、网络、电子邮件、群众服务台、投诉和建议信箱、大众传媒手段等来实现。

三是设计和开发。设计和开发是一个将公众的需求与期望和（或）法律法规要求转化为所提供服务的特性的过程。ISO/IWA4：2005 为地方政府提供了设计与开发的步骤，并明确了服务验收标准可包括的内容：①由未参与设计和开发的一位或多位该专业的专家对内容的批准；②由设计的服务中所应用的技术领域的专家的批准；③在与即将提供服务相类似的环境中的应用试验。在进行相应的验证和确认后，地方政府应确保策划、设计和开发的服务的特性满足使用者的需求，若在评估后发现设计内容不妥，可做出相应的更改。

四是采购。采购是近年来地方政府最容易滋生贪污腐败的环节，ISO/IWA4：2005 标准强调，地方政府应遵照产品和（或）服务采购的相关法律法规条款实施采购过程，公开邀请供方广泛参与，提供必要的采购信息，对供方的资格进行严格审核，检查供方提供的必要的证实文件，如操作手册、保证书和维修手册等，这对贪污腐败有一定的预防作用。

五是服务提供。地方政府应策划并在受控方式下进行服务提供，具备适宜的应对紧急情况和突发事件的能力，定期评审、演练和确认，并在必要时，特别是在突发事件或紧急情况发生之后，改进其对紧急情况的准备和响应预案。为确定提供的产品和服务是否合格，地方政府需要对其服务提供过程进行确认。标识和可追溯性应在服务实现和提供过程期间按步骤进行，确保认真负责、公开透明、公众满意并符合法律法规要求。ISO/IWA4：2005 标准强调，地方政府所掌管的所有资产属于地方政府所管辖的公众的共同财产，地方政府必须为公众保护好属于未来人们的财产。产品防护应用于地方政府提供的货物的搬运、储存、包装、运输、维护和交付。公众期望地方政

① 地方政府应提供的服务包括：①安全和卫生设施；②地方政府人员的职业的、诚实和礼貌的行为；③可接受的等待和（或）答复时间；④对服务提供人员的适当的酬金；⑤为公众提供充足的服务时间；⑥对过程、程序和记录的清晰、透明和一致的报道；⑦对紧急情况和（或）危机的反应；⑧公众可获得的清晰、准确的信息和（或）说明。

府采取措施避免货物的损坏，从而避免资源浪费。

六是监视和测量装置的控制。ISO/IWA4：2005 要求地方政府明确哪些监视和测量装置需要检定或校准，及其精确度、误差和检定或校准的频率。对监视和测量装置的控制，应由公正（在控制中无利益冲突）的人员来承担。

（4）测量、分析和改进。ISO/IWA4：2005 的测量、分析和改进包含监视与测量、不合格服务的控制、数据分析、改进等内容，使地方政府能通过监视和测量活动，证实其所提供的货物和服务始终满足公众的需求，以及质量管理体系符合所有相关要求，以达到根据公众的意愿持续改进的效果。

一是监视与测量。ISO/IWA4：2005 标准认为，地方政府应为监视和测量其质量管理体系过程、分析结果和实施改进确定适宜的方法。在适当时，监视和测量活动应涉及整个服务提供范围，以及地方政府的所有服务提供过程。监视和测量也应涉及质量管理体系过程，包括地方政府应优先考虑建立的方针和目标。地方政府可通过对公众的直接调查、召开专题会议、群众热线记录、第三方民意测验等方式监督和评价公众对其要求已被满足的感受。

二是不合格服务的控制。当提供的物品或服务不合格时，就意味着来自公众、法律法规或是地方政府自身规定的内部要求没有得到满足。ISO/IWA4：2005 认为，地方政府编制形成文件的程序应明确规定：适宜的检验不合格服务的制度、识别不合格服务的方法、防止对不合格的非预期使用或对提供不合格服务的控制、避免不合格服务再次发生的适宜措施。当不合格服务直接涉及公众时，ISO/IWA4：2005 认为地方政府应提供：突发事件处理预案、维护公众利益的各种后续措施、适当灵活的策略、卜一个财政年度制订的改进计划和实施方案。①

三是数据分析。地方政府应确定和收集与质量管理体系业绩、过程和所提供的物品与服务有关的数据。在可能的情况下，ISO/IWA4：2005 认为，地方政府应使用数字和图表的（但不限于这些）方法，如过程概念图、过

---

① 中国国家质量监督检验检疫总局、中国国家标准化管理委员会：GB/Z19034—2008/ISO/IWA4：2005《质量管理体系——地方政府应用 GB/T19001—2000 指南》，2008。

程流程图、柱状图、关联图、统计控制图、帕累托图、因果图、失效模式与影响分析（FMEA）等来分析所收集到的信息和数据。数据分析的结论、业绩评价、公众满意程度分析和趋势分析，可帮助控制属于质量管理体系组成部分的过程更加高效。

四是改进。为了保持地方政府的先进性，地方政府应持续改进其质量管理体系的有效性。持续改进过程应考虑任何来自公众的抱怨、质量管理体系审核的结果及其审核准则。它还应考虑所能获得的必要的资源，以使改进收到实效。ISO/IWA4：2005 认为，地方政府应编制形成文件的程序，来控制纠正措施，分析相关的不合格因素，以识别主要原因。纠正措施应形成文件，进行记录并适当沟通，以确保其有效实施。地方政府应对与尚未发生的潜在不合格有关的原因和风险进行识别和分析，这样才能确保所提供服务的连续性、有效性和效率。

4. 地方政府质量管理过程和自我评价模型

该指导性文件的附录 A 提供了典型的地方政府质量管理过程，包括管理、支持和运作过程，为地方政府运用 ISO9000 质量管理体系提供了可借鉴的蓝本。同时，附录 B 提供了"地方政府自我评价模型"，提出从政府制度发展、经济可持续发展、社会全面发展和环境可持续发展这四个方面对政府绩效进行考核。与当前各种政府绩效考核指标体系相比，"地方政府自我评价模型"是一套系统、综合、实用的绩效考核指标体系，能够较全面地衡量地方政府部门的绩效。[①] 该评价模型可操作性强，在使用过程中较容易实现标准的转换，对地方政府导入 ISO9000 质量管理体系有一定的指导意义。地方政府可以参照该评价模型制定相应的标准，实现政府职能转变、绩效管理理念和方法的更新。

ISO/IWA4：2005 对达到质量目标所必需的策划、过程、资源和文件，以及所提供的产品和服务的持续改进的过程方法做了较全面的介绍，为地方政府提供了一个满足地方社会的需求和期望、指挥和控制其自身活动的有效工具。

---

① 李绥州：《导入 ISO9001：2000 背景下地方政府绩效考核指标体系述评》，《中国行政管理》2008 年第 3 期。

四　政府部门应用 ISO9000 质量管理进程聚焦

ISO9000 质量管理在导入政府部门的过程中，体现了政府创新工具的运用，形成了展示一般规律的若干特点。

1. 重视政府质量管理：国内外政府的共同实践

近 30 年来，世界范围内的政府改革、政府再造运动始终是围绕着提供公共服务这个基本导向的。在这个过程中，政府服务质量逐渐成为一个焦点愈加受到关注。只有持续改进政府服务质量，才能不断提供公众满意的产品或服务。提升政府服务质量，不仅仅是服务的意识问题、态度问题，更多的是服务的方法问题、技术问题，需要切实可行的管理工具。通过持续改进不断提高组织整体质量水平的 ISO900 族标准迎合了提升政府服务质量的这种要求。从 20 世纪 90 年代开始，这一先进的质量管理模式得到许多改革中的政府部门青睐，成为提高政府管理水平、规范政府行为的有效手段。

英国政府将 ISO9000 质量管理体系推荐为政府部门"提高公共服务质量并达到最佳"可采用的四种质量管理项目之一，国防部、财政部、国税局等许多中央政府机构以及众多地方政府和专业机关都采用了 ISO9000 质量管理体系。加拿大政府早在 1994 年就制定了《公共部门组织实施 ISO9000 质量管理体系指南》（CGSB 184.1）并作为专门标准，为包括政府部门在内的公共组织应用 ISO9000 质量管理体系提供指导，使 ISO9000 质量管理体系成为众多公共部门提高绩效、增进公众满意的有效工具。20 世纪 90 年代中期，美国有接近一半的政府部门引入了 ISO9000 质量管理体系标准。[①] 亚洲的新加坡、马来西亚也是较早在政府部门推广 ISO9000 质量管理体系的国家。新加坡在政府部门内推广 ISO9000 质量管理体系，社会发展部、国防部、教育部、国家发展部、总理办公室等 7 个机构的 26 个部门取得了 ISO9000 认证。马来西亚政府从 1996 年开始启动 ISO9000 质量管理体系计划，政府总理亲自领导实施计划，由作为内阁成员单位的行政现代化管理规划局（MAMPU）负责具体实施。部门领导分头挂帅，大部分的政府部门都

---

① 乌兰、常译文：《国内服务型政府研究综述》，《大众商务》2010 年第 109 期。

建立和运行了基于 ISO9000 标准的管理体系。① 一份较为早期的国际标准化组织统计资料显示，至 2000 年 12 月 31 日，在全球 158 个国家，已至少有 2086 个公共行政管理项目通过认证。②

在我国，随着服务型政府建设的深入发展，公共服务质量越来越受到人们的关注。借鉴国外政府的成功经验，借鉴企业化的管理工具，导入 ISO9000 质量管理体系成为提高政府部门服务质量的重要抓手，越来越多的政府机构应用 ISO9000 质量管理体系取得了成效。截至 2009 年底，我国已有 2000 多个政府部门通过 ISO9000 质量管理体系认证。③ 根据中国合格评定国家认可委员会的统计，截至 2008 年 12 月 31 日，全国获得认可的认证机构共颁发现行有效的认证证书 485166 份，其中质量管理体系认证证书 179400 份，而公共行政管理类的有 1622 份。

2. 理解服务特性：在过程中追求质量管理

如何衡量服务质量？服务标准特别是公共服务标准与产品标准、技术标准是有区别的。服务质量可以通过"结果"加以衡量，同时，"过程"是衡量服务质量的一个非常重要的因素。许多服务项目强调的是服务主体与服务对象的互动与接触，有些服务项目，纯粹的服务结果是不易衡量的，服务的评价贯穿于整个服务过程。ISO9000 质量管理体系的一个基本原理就是过程管理的思想，政府导入 ISO9000 质量管理体系的一个重要功能就是感受和学习过程管理，通过过程管理实现优化，达成质量提升。过程管理可以通过不断细化来实现优化，导入 ISO9000 质量管理体系，政府机关通过内部深入分析，寻求过程因素，合理细分节点，保证控制状态；按照程序化原则，通过目标导向作用，促使政府管理体系运行的整体优化。过程管理还可以通过重新设计来实现优化，政府部门导入 ISO9000 质量管理体系，普遍进行了流程再造，从服务出发，按照便民原则，重新设计办事程序，科学规范各个环节、岗位明确、职责清晰、有章可循、有规可依，确保每一项工作都满足

---

① 赵雪娇：《关于我国政府部门引入 ISO9000 质量管理体系的探讨》，《当代经济》2008 年第 10 期。

② The ISO Survey of ISO9000 and ISO14001 Certificates—Tenth Cycle，Geneva：ISO，2001. 6.

③ 中国国家认证认可监督管理委员会：《我国 2000 多政府部门通过 ISO9000 质量认证》，新华网，http：//news. xinhuanet com/fortune/2009 – 11/28/content_ 12556847，最后访问日期：2015 年 10 月 8 日。

"5W1H"，即做什么、由谁做、何时做、何地做、为什么做、如何做，提高了行政效能。

不仅如此，过程管理还可以渗透在政府管理的方方面面。在组织关系上，运用 ISO9000 质量管理体系方法的思想，把组织管理体系看做由相互关联、相互作用的过程网络，明确岗位职责权限，注意政府内各部门、各项工作间的相互关系，建立科学、严密的岗位衔接和协同体系，形成有效的权力分解和制衡机制，理顺关系，规范管理，协调有效，提升质量。在人力资源方面，运用 ISO9000 质量管理体系"全员参与"的思想，把组织目标的实现与参与过程联系起来，参与的过程也就是学习的过程，在学习中不断提升自己。通过学习标准，行政人员深入理解岗位职责，细致研究工作的科学性和规范性，不断提升业务素质。只有在学习中不断创造价值，通过学习、消化、理解标准文本，在此基础上，行政人员才能制定出符合实际的文件体系和具体的实施细则。

3. 由点及面：由外而内、由单一到整体

我国政府部门在应用推广 ISO9000 质量管理体系的过程中，呈现出由点及面、不断推进的态势，说明现代化理念的导入取决于政治、经济、文化等诸多环境因素的综合效应。国家质量技术监督局是我国负责推广应用 ISO9000 标准的行政主管部门，在中央层面，国家出入境检验检疫局和质量技术监督局合二为一。因此，这两个部门最先接触 ISO9000 标准，最先受到国外现代化管理工具的洗礼，因而也是最先尝试建立 ISO9000 质量管理体系的行政部门。深圳市质量技术监督局在国内率先引入 ISO9000 认证。2009年 8 月，河南检验检疫局获得了中国质量认证中心（CQC）颁发的 ISO9000 质量管理体系认证证书，成为河南省首家获得 ISO9000 认证证书的政府机关。江苏检验检疫系统在所有所属机构通过 ISO9000 认证的基础上，开始实施以整个系统为单位的质量管理体系认证模式。正是由于他们的创新努力，其经验迅速在同行业中传播。目前，我国政府部门导入 ISO9000 质量管理体系在推进方式上有三个具体的特点：其一是执法部门、条管部门响应最快。浙江省地税系统也是国内应用 ISO9000 质量管理体系较早的部门，此外，公安局、工商局、环保局、海关等部门也形成建立 ISO9000 质量管理体系的行业氛围。其二是一级政府整体性的推进初具规模。从 2001 年开始，浙江绍兴市政府办公室开始导入 ISO 质量管理体系，并获得第三届中国地方政府创新奖。从 2003 年开始，广东江门市在全市市直机关导入公共部门 ISO 质量管理体系。北京市海淀区、大连市和成都市金牛区政府等都是较早整体通过质量管理体系认证的政府部门。其三是地区特色较为明显。以地区来划分，实施 ISO9000 质量管理体系的行政部门主要集中于发达地区、大中城市。江苏、广东、浙江、山东等省的政府部门在推行 ISO9000 标准方面走在全国前列。

五　政府部门导入 ISO9000 质量管理体系的发展瓶颈

2009 年，《我国 2000 多政府部门通过 ISO9000 质量认证》被中国质量新闻网评为十大质检新闻之一。[①] 但是，最新统计显示，目前我国公共部门通过质量管理体系认证且证书仍然有效的，仅占三分之一，其余三分之二因各种原因证书被暂停、撤销或注销。这种"轰轰烈烈"开场、"悄无声息"落幕的现象，表明我国政府部门在引入 ISO9000 族标准后的实际运行是存在不少问题的。不可否认，各地在 ISO9000 贯彻标准过程中取得了积极的成效，但是，各类相关文献反映出来较多的是通过了"多少项认证"，或者是"工作效率得到显著提高"等之类的笼统话语。还有一些价值论证，明显说服力不强，证据不够充分。比如，ISO9000 质量管理体系提高了政府决策的科学化与民主化，减轻政府决策失误带来的巨大的负面效应等。相比而言，广东省江门市在贯彻标准过程中有较为翔实的经验体会和操作经验，得到较为一致的认可。即便如此，一份对江门市直机关工作人员的问卷调查分析显示："在政府工作人员中，45.33% 的人认为 ISO 文件与行政工作实际不相吻合；约 55% 的人不了解 ISO 体系，认为该体系对本人工作无意义；只有 26.92% 的人参与了 ISO 文件的制定，参与的积极性并不高。53.85% 的工作人员认为导入 ISO 体系后，工作效率无明显变化。"[②]

政府部门导入 ISO9000 质量管理体系，本身是一个创新的积极尝试，出现了众多问题，原因在哪里？学界对此进行了讨论，有些观点很有见地，但

---

① 中国国家认证认可监督管理委员会：《我国 2000 多政府部门通过 ISO9000 质量认证》，新华网，http://news.Xinhuanet.com/fortune/2009 - 11/28/content_ 12556847，最后访问日期：2015 年 10 月 8 日。
② 李军、邓乔国、桑晓明：《江门市直机关 ISO 体系运行效果分析》，《五邑大学学报》（社会科学版）2010 年第 2 期。

是也有些看法，摆出了现象。例如，有人认为，高额的 ISO9000 认证费用、持续的年审费用使行政成本增加，直接影响了贯彻标准的效果。类似这样的问题似乎还可以进一步深入研究。笔者以为，ISO9000 质量管理体系的认证过程缺乏公共管理专业技术人才的介入，是一个较为直接、较为重要的原因。

1. 缺乏公共管理专业技术人才介入 ISO9000 质量管理体系的认证过程

根据我国入世议定书的承诺，政府的标准管理部门不能直接投资创办咨询服务机构，已有的必须剥离。因此，政府 ISO 认证和外审工作一般由专业咨询公司来担当。已有的研究对这项工作有不少看法，认为目前的咨询服务处于起步和发展阶段，各种咨询比较混乱，一部分认证机构为了追求效益，忽略认证原则，不负责任，不仅出现 ISO9000 认证和咨询的"一条龙"现象，甚至降低标准、盲目认证，直接影响 ISO9000 贯彻标准的效果。笔者认为，上述现象固然存在，但是真正的原因是 ISO9000 质量管理体系的认证过程缺乏公共管理专业技术人才介入。

目前，学界的研究普遍认为，已有的地方政府 ISO9000 质量管理体系认证在目标性质、生产过程上没有对政府部门和企业进行严格区分。其实，单纯从理论上并不难鉴别：技术产品、物质产品与服务产品的形态特征是不同的，后者并不全是可以计量的有形物质实体，诸如服务态度、工作效率等多以无形产品表现出来。企业管理和政府管理有更多的不同，企业管理主要是以营利为目的生产产品或提供服务，政府管理为社会提供非营利性、非排他性的服务，提高人们的生活质量，具有公共性。其实，ISO9000 质量管理体系本身也开始强调，要以公民为关注焦点。例如，ISO/IWA4：2005 标准在其导言中明确指出："今天的社会面临的最大的挑战之一是发展和维持公民对政府及其机构的信心的需要。在这方面，地方政府要发挥重要作用，以高质量、低成本、高效益和连续的公共服务，通过利用或与国家和地区政策的互动以一种连续和相容的方式，帮助提升地方层次的可持续的经济繁荣和社会公正。"① 关键问题是，这样一种关注公共服务质量，满足公众的期望与需求程度的理念，如何真正落实到政府部门应用 ISO9000 质量管理体系的过

---

① 中国国家质量监督检验检疫总局、中国国家标准化管理委员会：GB/Z19034—2008/ISO/IWA4：2005《质量管理体系——地方政府应用 GB/T19001—2000 指南》，2008。

程中，成为一种可以操作的设计体系文件，成为一种具体的 ISO9000 标准。

如上所述，目前的贯标工作大都由专业咨询公司承担，咨询人员大都按照以往企业贯标的要求配备，知识结构、工作惯性决定了他们不可能在短期内真正理解公共管理、吃透公共精神。公共管理是一个完整的学科体系，由行政管理、公共政策、社会保障等若干个二级学科构成，有其特定的知识内涵和专业建构，至少需要若干年的专业训练才能成为一个专业人才。从现象上看，他们也试图去做这样一种转换和跨越，但还是有明显的简单替代的痕迹。以往的 ISO9000 质量管理体系强调顾客导向，认为服务的对象是顾客，但政府是公共服务的提供主体，为公民提供公共服务。政府面对的服务对象包括上级机关、下级机关、内部各部门、外部一切与本部门发生业务往来的单位和个人，公共服务的影响远远超出了 ISO9000 质量管理体系规定的顾客，公民与顾客的关系绝对不是一个简单的术语转换就可以了结的问题。例如，ISO9000 过程管理的管理体系是基于戴明循环思想而设计的，根据 ISO＼IWA4：2005的精神，"产品"也指政府提供的服务。它的经典表述方式是 PDCA 循环，即"策划（Plan，根据顾客的要求和组织的方针，为提供结果建立必要的目标和过程）、实施（Do，实施过程）、检查（Check，根据方针、目标和产品要求，对过程和产品进行监视和测量，并报告结果）和行动（Action，采取措施，以持续改进过程业绩）"。[①] 如果在此模型中，只是简单地将"顾客"改成"公民"，将"产品"改为"服务"，就可以依此认为，政府与企业提供服务的循环过程转换完毕，那真是太简单化了。甚至，一些咨询公司在政府应用 ISO9000 质量管理体系的服务过程中尚未完成术语转换的初级阶段，不知道如何有效地导入"制度创建""经济可持续发展""社会综合发展""环境可持续发展""服务社区"等公共管理适用的术语概念，相反，倒是频频出现"设备维护""采购""供方""设计与开发"之类企业更常用的概念。

2. 缺乏公共管理专业技术方法进行简化处理的功力

按照创新的评估框架，ISO9000 质量管理体系作为一个创新工具导入政府部门，直接面临一个可执行性问题。执行力有诸多评估指标，其中，处理

---

① 李绶州：《我国地方政府导入 ISO 质量管理体系的技术分析》，《岭南学刊》2008 年第 2 期。

好既要细致但又不能太过烦琐的关系是至关重要的。文本不够深入细致，覆盖面不够，运行过程中缺乏依据，难以操作，但太过细致，增加操作成本，同样影响执行力。

从实践部门的反映看，普遍认为 ISO9000 质量管理文件体系过于复杂，是导入过程中的硬伤。众多部门后期的运作不力，直接与此相关。

政府贯标的基本流程是以文件规范行政程序，力图用文件规范每一项工作，用文件形成一套新的工作模式，构成文件化的质量管理体系。文件规范贯穿于整个服务过程，有文可据、有据可查，以科学管理取代经验管理。政府部门按照 ISO9000 的要求编写质量手册、程序文件、工作规范文件、记录文件。质量手册从整体上、宏观上规范整个质量管理体系，内容包括管理体系的范围、管理体系过程之间的相互作用的表述、为质量体系编制的程序和引用等。文件是指导和规范整个组织运作的规章与标准，包括职责权限、岗位目标、管理职责、工作内容和工作程序等行政管理的全部要素、全部活动和全部过程都以文件形式进行规定，形成规范的、可操作的和可检查测量的程序性文件。

但是，文件规范的边界在哪里？文件规范是否越细致越好？具体地说，一个基层部门乃至一个科室文件规范要编写多少字数作为一个底线？要投入多少精力才算不影响正常工作？制定出来的内容丰富的文件规范在具体落实过程中，一旦出现新的问题，如何才能及时回应？只有解答清楚上述问题，才能使完善的文件规范在实际工作中真正发挥效用，避免"两张皮"现象。如果说，此前的原因分析主要说的是导入过程的转化问题，这里主要涉及的就是简化问题。其实，简化问题同样也是和缺乏公共管理专业技术人才介入直接相关的。ISO/IWA4：2005 标准已经指出："每个地方政府的质量管理体系的细节是不同的。重要的不是详细描述实施质量管理体系的方法，而是确实要得到持续有效的结果。为了使质量管理体系能够正常地发挥作用，应当将体系建立得尽可能简单。"[①] 2008 版 ISO9000 族标准也说明，该标准适用于所有产品类别、不同规模和各种类型的组织，但对标准的应用做了更灵

---

① 中国国家质量监督检验检疫总局、中国国家标准化管理委员会：GB/Z19034—2008/ISO/IWA4：2005《质量管理体系——地方政府应用 GB/T19001—2000 指南》，2008。

活的规定，即在某些情况下某些要求允许删减；减少了过多的文件化要求，扩大了组织自行决定文件化程度的自由度。但是，某些人员不懂公共管理专业知识和分析方法，在内容与形式、本质与现象、必然与偶然、主要与次要之间望而却步，面对浩繁的质量体系，还是无从下手。

六　优化路径选择：从 ISO9000 走向公共服务标准化

1. 公共服务标准化为持续改进提供操作平台

ISO9000 质量管理体系历经五版，持续改进一直是体系的一个中心词。从 2000 版到 2008 版，一直保留八项质量管理原则作为质量管理最基本、最通用的一般规律，作为 ISO9000 族标准的核心内容。其中，持续改进也一直名列其中，作为一项重要原则。2000 版就提出要加强质量保证方法和管理体系的结合，以提供持续改进的纠正措施。2008 版直接提出可持续性质量管理体系，关注为组织可持续性管理提供指南。其中，ISO9004：2009《可持续性管理——质量管理方法》不仅标准名称改变，还特别显示出为组织可持续性管理提供指南，关注将八项质量管理原则应用于整个组织长期可持续的成功。2008 版提出要采用持续改进的质量管理方法，为组织提供持续改进组织绩效的框架，为实现组织愿景提供了一套严谨系统的运行程序和逻辑步骤，以提高产品的可靠性和过程运行能力，满足顾客期望和需求，为组织持续改进奠定了基础。

持续改进不仅意味着具体的方法、技术、名词的优化，更重要的是在总体思路和整体结构上可以进行创新。持续改进为 ISO9000 质量管理体系从标准、服务标准走向公共服务标准预留了很大的发展空间。在实践中，一些咨询服务公司也看到了这一点。在他们看来，质量管理体系是可以持续改进的。政府在导入 ISO 工作的过程中，在公共管理行为如服务方法、服务流程、服务成本、服务标准、公民满意度等各方面应当持续改进，而不是停留在某个水平和层次上。地方政府导入 ISO9000 质量管理体系属于工具理性层面的解决方案。如果应用得当，它能够在一定程度上促进公共管理效率和公共服务质量的提高，促进政府管理的科学化和标准化，转变政府公务员的观念和意识。[①]

---

① 广东创势质量技术咨询服务有限公司：《学校党政机关 ISO9000 实践》，广东人民出版社 2005 年版。

　　我们需要真正理解 ISO9000 质量管理体系。ISO9000 质量管理体系是可以持续改进并且需要持续改进的。但是，如何才能做到持续改进？应用过程如何才能嵌入公共服务标准？实际上，持续改进需要有一个操作平台。近年来世界范围内特别是国内正在兴起的公共服务标准化正好是一个接口。政府部门在应用 ISO9000 质量管理体系的过程中导入公共服务标准化不仅是一种理论设计，而且实实在在是一项具体实践。政府管理与企业管理既相互联系又相互区别，政府在改革创新的过程中，引入工商管理的理念、方法和技术，提升了政府管理效率，但是，政府的公共责任、公平正义等公共精神如何体现，这是一个理论问题，也是一个实践难题。从标准化到服务标准化，再到公共服务标准化，这是一个发展，也是一个突破。公共服务标准化是指政府在为公众提供公共服务和公共产品的实践中，主要是对重复性的行为制定具体的操作和管理标准，并通过各级标准化行政主管部门批准和颁布，进而在实践中实施和推广，以求不断满足公众的公共需求，取得最佳社会效益的活动过程。公共服务标准化建设过程实际上就是通过透明阳光政府的建设过程，通过理清政府各个层次的部门、岗位权力责任，梳理公共服务流程，建立各种规范化的标准依据，实现政府行为的标准化操作。

　　从 2007 年开始，公共服务标准化建设已成为标准化管理、服务标准化管理的一个亮点。在宏观层面，我国已开始尝试性地建立公共服务标准化机制。从 2009 年开始，国家标准化管理委员会相继成立了一些公共服务标准化的管理委员会，如全国城市公共服务设施标准化技术委员会、全国社会保险标准化技术委员会等。国家标准化管理委员会联合国家发展和改革委员会、教育部等 27 个部门、历时一年多制定的《社会管理和公共服务标准化工作"十二五"行动纲要》已经发布实施。该行动纲要密切配合《国家基本公共服务体系"十二五"规划》目标，充分吸纳了各行业、各部门的标准化需求，有针对性地提出了今后几年在社会管理和公共服务领域标准化工作的指导思想、工作目标、重点任务和保障措施，为有关部门和单位研究发展战略、制定标准和开展相关标准化工作提供依据。

　　在微观层面，公共服务标准化已有基础试点。2009 年，国家标准化管理委员会在各地方上报课题的基础上，审查确定了 2009 年度国家级服务业标准化试点课题计划 131 项，包含一类课题 91 项、二类课题 40 项，其中有相当一部分明确就是公共服务标准化的内容。例如，南京江宁区属于第一类标准化试点课题，并被确定为全国唯一一家区级机关公共服务标准化示范区。龙岩行政服务中心行政服务标准化课题等多个行政服务中心的课题被列入年度全国公共服务行业标准化试点课题。从发展趋势来看，公共服务标准化建设势头非常迅猛，各地政府进行公共服务标准化建设的积极性空前高涨。在 2007 年国标委《关于推进服务标准化试点工作的意见》方案中，综合性的公共服务项目并没有纳入试点工作的重点内容，但是，在实际报批的 144 个国家级试点项目中，公共服务标准化所占比例大大高于酒店服务、餐饮服务、商贸服务等领域。在所有近 20 个领域中，公共服务标准化的试点数量排名第三。可以坚信，在下一轮试点工作中，公共服务标准化一定会纳入重点领域，公共服务标准化建设一定会成为服务标准化管理的一个强势亮点。

2. 公共服务标准化重在形成灵活设计的模板

从 ISO9000 版本的变迁来看，公共服务的元素在不断增多。但是，总体上说，即使发展到 2008 版，ISO9000 质量管理体系中关于公共服务的规定也只是框架性的。上述 ISO9000 质量管理体系一以贯之的八项质量管理原则（以顾客为中心、领导作用、全员参与、过程方法、管理的系统方法、持续改进、基于事实的决策方法和互利的供方关系），也只是一个原则性的规定。

国际标准化组织于 2005 年制定 ISO/IWA4：2005《质量管理体系——地方政府应用 ISO9001：2000 指南》，目的是使地方政府能够更好地满足社会的需求和期望，提升政府服务质量，为地方政府提供一个统一的质量管理方法，实现建设一个值得信任、负责和透明的地方政府的目标。从框架来看，该标准包括地方政府的术语和定义、地方政府的质量管理体系、管理职责、组织结构，以及达到质量目标所必需的策划、过程、资源和文件，以及对所提供的产品和服务的持续改进。该标准的附录包括了地方政府应该努力提供的服务和相关过程的一些示例，以及评价其有效性和成熟度的方法。但是，从具体内容分析，这个标准也只是以 ISO9001：2000 为基础，将 ISO9001 质量管理体系中的技术语言"转化"为地方政府人员更为熟悉的语言，以帮助、鼓励和推进 ISO9001 质量管理体系在地方政府中的运用。也就是说，这个标准的功用主要还是在技术格式层面。

ISO/IWA4：2005 标准认为，地方政府不应当把符合 ISO9001：2000 标准作为自己的最终目标，应该以为社会提供持续合格服务的水平为基准，以业绩合格为底线，以持续发展为方向，综合考虑利用 ISO9004：2000 和（或）其他优秀模式来提高整体效率。为此，ISO/IWA4：2005 标准不要求地方政府进行质量管理体系认证。他们主张，通过内部质量审核，及对来自人民群众、社会各界和上级政府的意见或评价的收集与分析，就完全可以证实地方政府的质量管理体系是否符合要求。也就是说，地方政府不必完全按照 ISO9001 质量管理体系的格式，不必拘泥于现有的质量体系模板，不必为了认证而认证。例如，企业就某一项产品仅仅引用一项标准即可，但是，政府管理非常复杂，公共服务牵涉面广，一项工作可能涉及多个部门，可能需要多种方式进行协调，可能需要援引多个标准。因此，在应用 ISO9000 质量管理体系，对政府管理、公共服务的具体职能进行梳理细分的过程中，需要从政府部门的实际工作出发，可以较为灵活地进行自我设计、自我发挥，在标准制定、规范内容方面，可以有个性化的操作空间，以增强其实践性和可操作性。

可以这么说，应该把 ISO9000 看成一个通用框架的指南，要把 ISO9000 质量管理体系的八项质量管理原则等一些理念性的东西通过具体的文本支撑体现出来，需要在具体的政府部门、岗位、流程、活动等标准中体现出来。要把 2008 版中的一些比较能体现政府管理特点的东西，诸如能力、合同等充分加以注意和重视，不能期望毕其功于一役。

在 ISO9000 的基础上，进行二次开发的过程，相当于政府绩效评估在一级、二级指标的基础上，进行二级指标设计。在这个过程中，要参考有关公共企业服务标准化、有关服务对象服务标准化、有关主体服务标准化的模板分析的内容，确立以绩效为导向，实现职能管理、目标管理、绩效管理的发展战略；重在创新提升，体现借鉴企业经验与体现公共精神相结合；积极进行实践探索，尝试架构通用框架与选择试点相结合。

在 ISO9000 的基础上的二次开发，要以公平、民主、透明、回应性作为价值导向，覆盖行政审批（一站式办事流程）、政府信息公开、公务员管理、政府技术性服务等政府职能，体现充满活力、创新、公众参与度高、价值感知和质量感知度高、辐射性、时效性、办事便捷、服务承诺兑现性的高质量公共服务特征。要保证满足互动性、多中心治理、交互性（服务对象、服务自身的特质不同）、相对人满意度高、相对人需求满足度高、相对人需求的多元化供给（基本的公共服务、高质量的公共服务）的公共服务结果要求。例如，在公共服务绩效改进与结果运用方面，公共服务绩效评估结果出来后就需要将评估结果运用到实际中去，以改进实际情况提高服务质量。"绩效考评系统的整体效用在很大程度上取决于其结果的可获得性和可理解性，即预期听众是否能够快速、容易和准确地理解和掌握绩效报告。"① 公共服务评估结果的公开、反馈与应用是一个绩效管理周期的重点和下一个周期的起点，对于公共服务的双方来说，都希望通过评估结果的如实反馈，以改进自身下一个绩效周期的工作来提供优质高效的公共服务。

在ISO9000的基础上的二次开发，要认真梳理职能，构建完整的标准化体系，遵循从内到外、自下而上的顺序，确立充分考虑公众需求、符合"基本标准"、基于工作、全面完整、多元主体共同完成、易于衡量评估的设计原则，建构通用型、多层级的公共服务标准化模板，配套公共服务标准化使用说明。通过规范的模板设定，运用文字、表格、图形等方式，完整描述和明确定位，建立一套较为完整的公共服务标准化建设理论体系，建构一套通用型的公共服务标准。通过标准化建设和规范的模板设定，与电子政务相衔接，为开发公共服务标准化管理系统软件预留空间。例如，在公共服务文化标准方面，作为与公共服务、公共管理活动相关的文化，包含公共服务提供时所渗透出的态度、信仰、感情和价值观，以及人们所遵循的服务方式和服务习惯。积极向上的公共服务文化有助于推进政府部门提供高质量的服务，增强组织的凝聚力，更加迅速有效地为公众提供服务。其具体要素可以包括：①沟通文化，即定期开展交流会、恳谈会、团队拓展训练等。②学习与发展环境，即举办业务培训、建立传帮带机制等。③创新文化，即具有创新意识、创新活动、创新品牌。④志愿文化，即与志愿组织和志愿群体建立日常沟通机制。

---

① 〔美〕西奥多·H. 波伊斯特：《公共与非营利组织绩效考评：方法与应用》，肖鸣政等译，中国人民大学出版社2005年版，第138页。

第 四 章
公共服务标准化创新可执行性评估体系的构建与验证

可执行性在政府创新体系中起承上启下的作用,构建评估体系可以作为验证政府创新可执行性的有效机制。公共服务标准化是政府管理创新的积极实践。本章将公共服务标准化作为创新验证的分析对象,选择创新接受阶段和实施阶段作为分析路径。在构建三级指标体系的基础上,本章通过对 L 市 J 区 C 局的典型案例验证,认为公共服务标准化作为一种政府创新总体上具有较强的可执行性,但依然有继续改进的空间。

第一节 理论阐释与分析思路

本节在阐释可执行性对政府创新体系起重要作用的基础上,提出构建三级指标体系作为分析框架、选择较为典型的案例作为验证的分析思路。

一 可执行性在政府创新体系中的作用

1. 可执行性的内涵与作用

政府创新是一个完整的过程,一般而言,包括可生成性、可执行性、可持续性和可扩散性等环节。国外学者坎特(R. M. Kanter)把创新过程分解为四项主要工作,大概讲的就是这个意思。"第一,创新驱动者的创意产生和激化活动;第二,创造联盟和获取必要权利使得创意转变成为现实;第三,将创意转变成一个模型;第四,模型的传播,及扩散。"① 政府创新的可执行性是指在现有资源和环境下将创新思维或创新方案转化为现实的可能性，在政府创新体系中具有重要作用。

政府创新是以问题为导向的活动，不仅生成机制如此，问题的解决也离不开实践过程，离不开解决方案的执行，创新活动必须能够将创意转变为现实。发现问题的创新方案要通过执行来影响客观世界，真正解决问题。"发明与发现只是创新链中不同的组成环节，创新链还包括发现、发明的成果转化为应用，没有成果的转化和应用，产生不了价值，就不能称之为创新。"②创新思维和创新方案要符合客观事物的发展规律，获得实现创意的各种资源，转化为实践活动，在解决问题的过程中创造实际价值。创新活动并不是一蹴而就的，其中包含了风险和不确定性。一般而言，创新方案与实际的客观环境会有偏差，由于我们无法事先对创新执行的一切风险进行评估，而创新的执行又通常没有直接的经验可利用，因此，这种偏差不可能完全通过有限理性加以修正。只有通过创新的执行活动，才能够不断发现问题和不足，提出具有针对性的改进措施，积累经验和教训，不断改进创新方案，修正创新过程，完善创新活动。与一般的创新活动相比，政府创新需求可能来自自身的发展，更可能来自公众的期盼，也就是说，政府的创新活动处于更为复杂广阔的政治、经济和社会环境中，具有更大的不确定性。这就要求政府创新活动必须在执行中不断改进和完善，以适应不断增长的公众需求和瞬息万变的客观环境。

2. 可执行性与政府创新各环节的关系

政府创新可执行性是在可生成性之后的一个环节，也是衡量创新思维、创新方案是否真正是创新的评价机制。评价不仅是对创新知识正确性的评价，更主要的是"对创新本身的是非判断，即是不是创新"。在执行的实践过程中，衡量创新一般可以通过新颖和价值两个维度。新颖是形式上的认定，强调前瞻性、唯一性。对于政府创新来说，价值不仅体现在有经济效益，更注重社会效益。通过创新执行的接受认可和支持，帮助我们对创新方案是否正确作出判断；通过创新的执行活动，我们才能够评价这项创新是否

---

① 金吾伦：《创新的哲学探索》，东方出版中心 2010 年版，第 55 页。
② 金吾伦：《创新的哲学探索》，东方出版中心 2010 年版，第 12 页。

对经济和社会发展产生了积极的效益，检验这项创新是否可以满足政府管理和公众的需求。

可执行性是政府创新可持续性和可扩散性的基础。创新的可持续性和可扩散性说明了创新活动在多大程度上创造了价值，创造了多少价值，而创新的可执行性则直接说明创意能否转变为现实，即其能否创造价值，没有可执行性的创意就不可能创造价值。在政府创新的整体活动中，可执行性是政府持续创新的内在动力。政府创新是为了解决问题而产生的实践活动，实践拓展了人们认识客观事物的深入和广度，并发展出新的需求。通过政府创新的执行过程，我们不仅解决已有的问题，还不断拓展对已有问题的认识、发现新的问题、提出新的需求，从而进一步促进创新活动，解决新问题、满足新需求。正是在这种执行与需求的不断作用下，政府创新活动才具有"永动"的特点，成为持久的"执行"活动，成为政府提升管理能力和水平的核心竞争力。

二　分析工具与分析对象选择

我们需要构建一整套完整的检测机制，对政府创新可执行性进行验证，并且选择一个较为典型的案例作为验证的分析对象。

评估以反映机制和了解机制为特征，通过反映对象的工作状态来体现管理的工具作用。通过评估的过程，对政府创新可执行性的诸多影响因素进行分析，综合考虑执行的程度和力度，按照评估学的格式规范，形成三级评估的完整体系。

评估的功能不仅在于构建指标体系，在数据处理过程中，评估可以对体系进行验证，发现问题、修止问题；评估可以引导评估客体，不断优化改进，在沟通、反馈中达到改进的目的。

公共服务标准化的创新实践对于推进服务型政府建设有重要意义，可以规范政府管理行为、帮助解决公共服务的供需矛盾。同时，公共服务标准化需要获得理论上的支撑，寻求与创新理论、公共部门战略管理理论和政府治理工具理论等的逻辑联系，认真分析政府部门导入 ISO9000 质量管理体系的发展瓶颈，说明公共服务标准化对于政府 ISO9000 质量管理体系的比较优势。作为一种创新实践，公共服务标准化还必须接受完整和严格的理论验证，其中，可执行性就是一个非常重要的环节。公共服务标准化与一般意义上的标准化、服务标准化既有联系又有区别，在运用过程中，必须结合政府自身特点，详细论证标准化在公共服务领域的可执行性。标准化建设是一个系统工程，需要投入大量的资源，必须充分考虑可执行性，切实体现标准化的意义价值，以实现标准化建设目标，避免因盲目建设而造成资源浪费。

因此，本章选择构建评估体系作为检验政府创新可执行性的分析工具，选择公共服务标准化作为政府创新实践的分析对象。

第二节　公共服务标准化创新可执行性 评估指标体系构建

政府创新可执行性评估从通用框架设计开始，将评估理念逐级表象化。政府创新的可执行性突出表现为实践过程，实践的主观能动性包含了认识世界和改造世界两项基本活动，分析创新的执行活动也可以依此分为两个阶段，认识阶段表现为对创新的接受，改造阶段表现为对创新的实施。通过对这两个阶段影响因素的解析，可以形成政府创新可执行性的评估模型。

一　政府创新可执行性接受阶段的影响因素

1. 创新接受的价值与挑战

在整个政府创新执行过程中，接受属于启动性机制。"从创意到执行并不是一个连续的过程，其间有一关键环节为接受阶段。在通常情况下，组织在接受创新想法前会经过一个相对独立的过程，包括选择、说服、证明和同意等环节。"[1] 启动性的接受阶段非常重要。"在这一阶段创新主体会对创新形成赞成或不赞成的态度，在这之后才会决定是否尝试这项创新，态度与行为是趋向一致的，只有对创新想法产生肯定性的评价，创新主体才会积极地采纳它。"[2] 但是，要做好启动性的接受也相当困难，开拓性的创新工作具

---

[1]　Herbert A. Shepard, "Innovation – Resisting and Innovation – Producing Organizations," *The Journal of Business*, Vol. 40, No. 4, (Oct., 1967), pp. 470 – 477.

[2]　〔美〕埃弗雷特·罗杰斯：《创新的扩散》，辛欣译，中央编译出版社 2002 年版，第 151—152页。

有较大的不确定性和风险，而人们的行为总是倾向于规避风险，原有行为方式和思维方式的惯性使然，创新方案常常会遇到"创新恐惧症"，受到各方面的排斥、压力和抵制。"创新"在一定程度上是对现有行为方式的突破甚至"破坏"，这使得政府部门对创新方案的接受更加谨慎。创新执行需要人力、物力和财力投入，势必会打破现有的资源分配格局，需要协调和处理多部门的关系，甚至需要在各部门进行权力的重新分配，利益冲突会对创新方案产生较大阻力。

2. 创新接受阶段的评估指标思路

创新具有新颖性的特征，是一项推陈出新的活动，但是，创新也需要"路径依赖"，离不开知识积累。任何创新活动都必然建立在现有的知识和实践基础上，理论探索和相似的实践结果是创新思想能否被接受的影响因素。"新技术的产生依赖于更早期技术的状况"，一个重大的技术创新可以为后续的一大批创新提供一个框架。[①]

要做好创新的说服和证明工作，离不开宣传手段。如前所述，政府创新执行会遇到各种各样的阻力，有效的宣传能够有效地化解阻力，帮助创新执行主体理解创新活动的突破性行为，统一思想，促使创新执行主体对创新产生赞成的态度，进而主动、积极、充分地参与执行创新方案。有效的宣传还需要积极寻求联系，在新、旧之间找到连接点，善于发挥骨干的作用，利用榜样的力量增强宣传效果。

在创新的接受阶段，创新实施主体会对创新方案进行评估，搜集各类信息来衡量创新的成本和收益，而许多人都是从"他们亲近的同伴处"得到对创新的看法。如果与自身相近的组织与人员认可某种创新想法，那么创新实施主体就更有可能获得对创新的肯定性评价。

在公共服务标准化这个具体的案例中，必须针对系统性、持续性、专业化程度高和程序严格等特点，有足够的思想和心理准备。导入过程将是一个在公共服务的方方面面产生影响，获得认同与接受的难度甚大的过程。公共服务标准化创新执行要有充分的理论准备，全面展示公共服务标准化的价值和执行意义，积极开展各种形式的标准化宣传工作，形成标准

[①]　金吾伦：《创新的哲学探索》，东方出版中心 2010 年版，第 47—48 页。

化建设的积极氛围，打消顾虑，帮助形成肯定积极的评价，形成接受标准化的理念。

二　政府创新可执行性实施阶段的影响因素

创新的实施是创新主体将创新客体转变为现实的过程，按照这种思路，可执行性可分解为创新的实施客体和实施主体两个主要影响因素。

1. 实施客体的指标设计思路

创新的实施客体是指创新活动的实施对象，即创新方案。在整个政府创新过程中，创新方案的产生是创新的第一步，我们讲的创新可生成性环节就是这个内容。但是，这个环节对创新方案的关注主要在于能否推陈出新，是否具有新颖价值。在可执行环节，对创新方案的二度要求是能够实施。可实施性包含以下三个要素。

（1）目标要素。创新方案必须有一个明确的目标，以保证实施主体采取统一行动。美国学者普雷斯曼和韦达夫斯基认为，政策执行是"在目标的确立与适应于取得这些目标的行动之间的一种相互作用过程"。[1] 实施是将目标转化为现实的过程，是针对目标的一系列行动。树立正确的目标能够形成凝聚力和向心力，为统一的行动指明方向。同时，该目标也是衡量实施活动的根本标准，保证在行动出现偏差的时候能够及时发现并得到纠正。公共服务标准化建设首先必须建立确立一个清晰、明确和合理的战略性目标，形成宏观的、长期的、稳定的和全面的发展目标。要善于将战略性目标分解到具体执行过程，体现在具体标准文件文本内容中，形成相互协调、相互联系的目标体系。

（2）操作要素。创新方案的内容应该符合客观事物的发展规律，具有科学的理论基础，易于操作，成本较低，具有转化为实际行动的可能性。在公共服务标准化的执行过程中，标准化文件生成、使用、修改和完善的过程必须具有可操作性，在撰写标准文件过程中应该满足科学性、明确性、协调性、稳定性、反馈性和节约性的要求。

（3）价值要素。政府创新活动源于需求、回应需求。创新方案的内在

---

① 朴贞子、金炯烈、李洪霞编《政策执行论》，中国社会科学出版社 2010 年版，第 2 页。

价值应该符合创新活动利益相关者的需求。公共服务标准化创新实践的价值要回应政府发展需求、执行者需求和公众需求。政府发展需求为公共服务标准化创新实践提供了发展空间，GB/Z19034－2008《质量管理体系地方政府应用GB/T19001－2000指南》的引言中明确指出，这一指南的目的是实现建设一个值得信任、负责和透明的地方政府的目标，着眼点除了业绩合格之外，更重要的是提高其整体效率；执行者需求为公共服务标准化创新实践提供执行动力。一项政策得以贯彻到什么程度，取决于执行者对执行各项政策的"兴趣"。一方面，执行主体对自身利益的追求可能使政策偏离目标；另一方面，若执行者无利可图则可能导致政策执行中断或失败。[①] 同理，执行者对公共服务标准化的执行的"兴趣"取决于需求同标准化的价值追求的一致程度，将对标准化执行过程产生双向影响；公众需求相一致为公共服务标准化创新实践提供执行的根本推动力。公共服务标准化能够回应公众需求，会在社会上产生认同感和正面的舆论氛围，形成推进公共服务标准化创新实践的长效机制。

2. 实施主体的指标设计思路

创新的实施主体是指参与创新实施的组织及其工作人员，内容包括组织设置、组织资源和组织文化三个方面。

（1）组织设置。政府的创新活动需要由承担创新实施活动的不同个人按照一定结构形成"创新组织"，按照组织结构和组织章程有序地开展实施活动。在具体的公共服务标准化项目建设中，"设立相应的标准化机构并提供必要的工作条件是组织有效地开展标准化工作的物质保障"。[②] 组织执行标准体系时，"应建立最高领导者为首的组织机构，各部门负责人均应作为成员，共同组织和领导执行工作"。[③] 根据政府工作的实际需求和现实情况，应该设立以最高行政领导为核心、各部门主要领导共同参与的标准化执行组织，可以以"领导小组"等形式存在。同时，该组织还可吸收质量技术监

[①] 朴贞子、金炯烈、李洪霞编《政策执行论》，中国社会科学出版社2010年版，第323—324页。

[②] 全国服务标准化技术委员会：《服务业组织标准化工作指南》，中国标准出版社2010年版，第31页。

[③] 全国服务标准化技术委员会：《服务业组织标准化工作指南》，中国标准出版社2010年版，第112页。

督或标准化研究机构的力量作为其组成部分，以提高标准化研制和贯彻的专业性。

（2）组织资源。创新实施主体所拥有的、可以控制、分配并运用于创新实施中的各种要素总称，具体内容包括人力资源、财力资源、信息资源、制度资源和权威资源等几个方面。

（3）组织文化。政府创新总是在一定的文化氛围中进行的，组织文化会对创新实施产生无形和长远的影响。组织文化通过对成员价值观、信念、行为准则和心理动机的塑造，形成一种内在的凝聚作用、导向作用和激励作用，促使个人和组织行为同组织目标一致。具有创新文化和学习文化的组织，能够勇于接受新事物、学习新事物、实践新事物、创造新事物，从而促进创新的实施。政府创新是一种变革，组织文化能够帮助组织和成员尽快适应变革局面，减少变革带来的冲击力。作为一种变革手段，组织文化可以推动创新方案的实施。公共服务标准化创新实践离不开组织文化的推进。在组织内部形成创新文化、学习文化、服务文化和标准化文化，可以减少标准化推行的心理阻力，从组织文化建设中持续获得配合与支持。

三　公共服务标准化创新可执行性评估指标体系

通用框架和具体指标共同构成评估指标体系。通用框架在整个评估指标体系中起战略导向作用，通过评估维度也就是一级指标作为具体表现形式。评估维度通常数量不多，但是位置非常重要。在一般情况下，通用框架要运用模型的构建方法，不仅要阐述评估维度的内容，更重要的是要能够描述各个评估维度之间的逻辑关系。本章以实践过程的接受阶段和实施阶段为分析路径，经过优化整合，将公共服务标准化创新可执行性评估的评估维度确定为创新接受、实施客体和实施主体三个一级指标。

具体指标通常包括评估指标体系的二级指标、三级指标以及相关的技术指标。本章通过对公共服务标准化进行具体分析，将创新接受评估维度的二级指标确定为知识累积和宣传活动；将实施客体评估维度的二级指标确定为目标要素、操作要素和价值要素；将实施主体评估维度的二级指标确定为组织设置、组织资源和组织文化。依次进一步分析各个二级指标中的基本要素（三级指标），基本形成公共服务标准化创新可执行性三级评估体系（见表4－1）。

表 4 – 1　公共服务标准化创新可执行性评估体系

评估维度	二级指标	评估要素
创新接受	知识累积	公共服务标准化理论充分发展,满足实践需求
	宣传活动	开展宣传活动,促进广泛共识
实施客体	目标要素	标准化建设目标清晰、明确,具有目标导向性
	操作要素	标准文本具有科学性、明确性、协调性、稳定性、反馈性和节约性等特征,标准文本可操作
	价值要素	标准化建设的价值追求满足组织发展、人员发展和公众需求
实施主体	组织设置	设置由主要领导牵头的独立的标准化建设组织机构
	组织资源	人力资源、信息资源、制度资源、权威资源、财政资源
	组织文化	开展文化建设活动,培育组织的创新文化、学习文化、服务文化和标准化文化。

第三节　公共服务标准化创新可执行性评估验证

本节选择 L 市 J 区 C 局（以下简称 C 局）作为典型案例，对已构建的公共服务标准化创新执行性评估指标体系进行验证。C 局自 2003 年成功贯彻了 ISO9001 质量管理体系标准以来，长期坚持开展标准化建设，编制了《财政管理和公共服务标准》，先后成功贯彻了 ISO14001 环境管理体系和 GB/T28001 职业健康安全管理体系标准，2007 年被国家标准化管理委员会认定为 4A 级标准化良好行为单位。C 局的公共服务标准化执行过程全面、具体和深入，自身的标准化建设具有广度和深度，获得了外界普遍认可，具有典型性和示范性。C 局的标准化实践经过高校专家学者的总结梳理，形成了学术成果，该案例的文献和资料较其他案例更为丰富。[①] 当然，限于外部评估者的局限，文献和资料搜索过程中依然存在一定的缺失，

---

① 王登华、卓越:《公共服务标准化到了——以南京市江城区财政局实践探索为个案》,中国财政经济出版社 2011 年版;徐国冲:《基于绩效导向的政府标准化管理——以南京市江宁区财政局的实践为例》,厦门大学博士学位论文,2010;南京市行政学院课题组:《标准化管理与和谐机关建设——南京市江宁区财政局标准化管理调研报告》,《中共南京市委党校南京市行政学院学报》2007 年第 6 期,第73—76 页;《政府绩效管理"江财式"》,南京市江宁区财政局网站, http://www.njjncz.gov.cn/a/jiangcaimoshi/,最后访问日期:2015 年 10 月 8 日。

在标准文件方面尤为突出，这对可执行性评估的客观性和全面性会有不利影响。

一　可执行性接受阶段的评估验证

1. 知识积累

从 20 世纪下半叶开始，公共服务标准化思想就已经在西方各国酝酿和实践，90 年代开始西方各国的公共部门开始尝试引入 ISO 质量管理模式，积累了丰富的理论成果和实践经验。近些年来，我国公共服务标准化理论研究和实践逐步进入学者视野，公共服务标准化建设的本土经验和理论研讨得到了初步发展，但仍处于"刚刚起步，对其概念、范围、内容和基本思想的界定都很模糊"的阶段，[①] 公共服务标准化领域的研究专著仅有 2 本，[②] 研究论文数量也相对较少，[③] 这不利于公共部门理解和接受相关理念。就 C 局的标准化建设实践来看，公共服务标准化的经验积累较理论发展起到了更加重要的作用，为有效推进标准化创建工作，贯标办专程到北京、浙江学习了创建经验，正是这些成功经验成为 C 局接受标准化建设理念、实践标准化创建的基础。

2. 理念宣传

C 局在公共服务标准化执行过程中特别重视理念宣传，将创建的有鲜明"江财"特色的符号识别系统广泛应用于财政局内部及周边，通过文化宣传使工作人员充分认识到了公共服务标准化建设的意义和作用，营造了良好的标准化文化氛围，保障了标准化工作的顺利进行。

二　可执行性实施阶段的评估验证

1. 实施客体

（1）目标要素。在实施标准化管理过程中，围绕"以人为本、环境优

---

① 胡税根、徐元帅：《我国政府公共服务标准化建设研究》，《天津行政学院学报》2009 年第 6 期，第 39—44 页。

② 目前能够查阅到的公共服务标准化建设专著仅有王登华、卓越：《公共服务标准化到了——以南京市江城区财政局实践探索为个案》，中国财政经济出版社 2011 年版；黄恒学、张勇：《政府基本公共服务标准化研究》，人民出版社 2011 年版。

③ 在 CNKI 以政府、公共、服务标准化为主题词，以核心期刊、CSSCI 为搜索范围，搜索到相关文献仅 24 篇。

化、管理规范、服务高效"的目标开展标准化建设工作。在标准文本中，将总体目标具体成可量化的管理目标，包括质量目标、环境目标、职业健康安全目标等内容，形成了战略性目标和具体目标相协调的目标体系。

（2）可操作要素。标准制定依据了国家标准 GB/T15496－2003《企业标准体系要求》、GB/T15497－2003《企业标准体系技术标准体系》、GB/T15498－2003《企业标准体系管理标准和工作标准体系》、GB/T19273－2003《企业标准体系评价与改进》、《全国通用综合性基础标准体系表》，保证了标准的科学化水平，而成功贯彻实施 ISO9001 质量管理体系标准、ISO14001 环境管理体系标准、ISO18001 职业健康安全管理体系标准也从侧面说明了标准的科学化水平很高。

为了使标准化建设贴近财政工作实际和便于操作，在管理体系编制中着力体现了"三个结合"，其中之一"是与财政机关的业务特性相结合，根据财政业务现状找准定位，制定岗位工作过程控制要求，力求简明易懂，更具可操作性"。这说明标准制定过程中关注明确性，以确保标准切实指导实践。

C 局根据《企业标准体系》系列标准所确定的框架，参考《全国通用综合性基础标准体系表》，按照业务、管理、工作三个子体系对现行标准进行而来分类和编排，并在此基础上构建了标准化体系的框架。标准体系的层次、结构清晰，符合协调性要求。

C 局的标准化建设始于 2003 年，经过了 10 年发展，贯标范围不断扩大、标准体系持续改进，并通过开展内部审核、督办机制和严格的绩效考评促进标准实施落实，体现了标准化建设的稳定性和反馈性特点。

目前，C 局标准体系由业务标准 55 个、工作标准 82 个、管理标准 69 个、有效法律法规及规范性文件 693 个，合计 899 个标准文件构成。从数量上看，标准文件的规模略显庞大，这对标准最后的实施效果可能产生一定的负面影响。

（3）价值要素。在标准化建设中将以人为本、人与社会和谐发展的理念融合起来，以服务对象为关注焦点，通过全过程的控制和管理，最终使服务对象满意，并提出服务对象满意度大于 95% 的质量目标；引入环境和职业健康安全标准，通过参与识别环境因素，增强环保意识，节约资源和能源，营造出良好的工作环境、服务环境、生态环境；通过改善职工健康安全条件，增强职工的凝聚力，为机关规范、高效运转提供保证。这些理念和价值追求，满足了顾客导向，协调了组织发展、职工发展的需求。

2. 实施主体

（1）组织设置。C局成立了"标准化良好行为单位"创建验收确认领导小组和办公室，局长担任组长，为标准化建设提供了良好的组织平台。

（2）组织资源。在人力资源上，C局将办公室作为局标准化工作主管部门，任命一名办公室副主任为标准化专职人员，各科室负责人、内审员为标准化兼职人员。同时，在"江财"模式构建和标准化建设中，同高校积极合作，吸收并利用了专家力量；在标准化建设过程中积极开展有关知识的培训，把培训工作列入员工教育培训计划，采取聘请专家授课、内部培训等方式，分层次、有针对性地进行标准化建设的培训和测试，为标准化实施做好了充分的人力资源准备。在信息资源上，将贯标全面落实到财政部门信息化建设当中，加大硬件投入；实行政务处理内部控制，建立了以OA办公系统为核心，包括门户网站和采购网站的政务处理平台，实行业务处理内部控制，建立以财政基础数据库、项目库为起点，满足全面财政业务需求的一体化业务系统，同时开发员工绩效考核系统，为标准化建设提供了全面的信息化保障。在权威资源上，局长担任标准化创建组组长，切实履行职责，带头贯彻国家标准化工作的方针政策、法律法规和有关标准，参与制定工作规划、部署办法标准化工作意见，这是标准化实施的重要推动力量。通过标准化建设工作，C局不仅顺利通过国家标准化管理委员会指派的专家现场审核验收，成为国家4A级标准化良好行为单位，并先后获得国家级荣誉7项，省、市级以上荣誉78项。从2008年起区委、区政府高度重视运用标准化手段加强机关效能建设，将"江财"模式积极引入全区范围69个部门。可以说，C局的标准化建设得到了从国家到区级的一致肯定，这为"江财"模式的持续推进起到了巨大作用。

（3）组织文化。在标准化建设中构建以人为本、充满活力的财政文化体系。以建设学习型、服务型、创新型机关为目标，提出了文化管理理念，从文化的高度来实施管理，形成了独具特色的《江宁财韵》财政文化体系，2009年被中国文化管理学会授予全国第一个"组织文化建设示范基地"称号。创新文化、学习文化和服务文化的培育，为公共服务标准化的实施工作提供了强大的支持。

三　结论

C 局标准化建设是公共服务标准化的典型案例。通过案例分析，我们可以认为，公共服务标准化作为一种政府创新总体上具有较强的可执行性，但是依然存在有待改进的地方。

1. 公共服务标准化的理论准备不足

这可能成为公共服务标准化理念引入政府实践的一个障碍。目前，我国各地的政府部门已经积累了一定的标准化实践经验，这些实践经验亟待总结升华为理论知识，以提高政府部门对标准化建设必要性、可行性和收益性的认知和理解，使政府部门更加主动、积极地接受标准化理念，以此推进标准化建设实践。

2. 公共服务标准化建设应该更具成本观

公共服务标准化建设需要投入大量的资源，这要求对标准化建设的规模和范围进行合理的划定，要综合考虑工作内容与标准文件规模、标准制定的成本的关系，综合考虑标准化建设与执行、监控评价、改进工作的关系，保证标准化建设能更好地指导工作实际。

第　五　章

公共服务标准化创新可持续性
模型的构建与验证

本章在梳理公共服务标准化创新的发展路径，分析可持续性发展影响因素的基础上，构建公共服务标准化可持续性模型；采用针对给定评价因子做出书面描述评估的方法，建立可持续性模型的评估体系；运用规范性的案例研究方法，验证杭州市上城区公共服务标准体系。结论表明，作为微观个案中的上城区公共服务标准化的持续性轨迹呈现递增式变化，作为宏观整体的公共服务标准化在未来一段时期，发展空间较大。

第一节　可持续性模型的建构

一　问题的提出

政府创新有源发性与导入性两条途径，在实践运作中，更多的创新来自后者。作为一项企业管理工具，标准化引入政府管理与服务的时间不长，已经成为公共行政领域新兴的研究主题。目前，我国公共服务标准化实践处于尝试性阶段，2009—2011 年，国标委确定了 50 多个国家级的公共服务标准化试点单位，主要包括三种类型：其一是依托行政服务中心，针对行政服务窗口设施、人员管理、服务用语、行政审批流程管控等窗口运行机制的规范化建设；其二是单一地方政府部门主导的个别领域的公共服务标准化，如陕西省知识产权局试点的知识产权服务标准化；其三是地方政府组织各级组成部门系统开展的公共服务标准化建设，其中北京东城区、南京江宁区以及杭州上城区等项目已通过验收。

在政府创新的实践中，不时会出现这样一种现象：一种创新产品推出，各个地方政府蜂拥而至、如火如荼，一阵热潮过后，原有的活动逐渐偃旗息鼓。公共服务标准化源自标准化的发展、服务型政府建设的进程和规范化建设的进程，无疑是政府管理的创新。目前，公共服务标准化的实践发展领先于理论研究，呈现实践主体多元化、实践领域分散化和实践试点扩大化等特征。处于这样一个阶段，需要我们思考的是：标准化是否适应公共部门？能否避免"有名无实"，突破政府应用的持续性困境，防止质量认证工具 ISO9000 成为在公共部门"昙花一现"命运的"附体"？① 因此，在公共服务标准化的起步阶段，对其进行可持续性的评估与验证具有重要的理论和实践意义。一旦评估与验证的结论是否定性的，就可以及时终止项目推进，避免资源浪费。如果评估与验证的结论基本上能够得到认可，就可以在全面分析标准化实施的动力机制、保障机制、质量可靠性等因素的基础上，总结标准化实施的条件、发展的路径等需要完善的措施；如果评估与验证获得充分肯定，则可以在标准化发展的道路上努力推动由工具性到制度性的转变，推动从试点走向全面推广的进程，实现可持续性运作。

公共管理领域的可持续性研究并不多见，仅在地方政府创新、地方政府债务维持及部分环保政策等领域有所涉及。可持续性研究的思路主要分为几类：一是基于影响可持续性发展的因素分析，提出可持续性发展的前景②；二是运用持续力概念，分析持续力的构成要素，评价持续力③；三是利用多案例数据，分析持续性的特征、动因，以及持续发展的方式和路径④。本章采用构建可持续性模型的方式，指出公共服务标准化不同发展阶段的可持续性。针对模型设计了可持续性评估体系，通过案例分析验证标准化的可持续

---

① 周志忍、陈雪嵩：《公共部门质量体系认证的可持续性研究——基于淮安市相关实践的调查与思考》，《中国行政管理》2011 年第 8 期。

② 包国宪、孙斐：《演化范式下中国地方政府创新可持续性研究》，《公共管理学报》2011 年第 1 期。

③ 韩福国、瞿帅伟、吕晓健：《中国地方政府创新持续力研究》，《公共行政评论》2009 年第 2 期。

④ 吴建南、马亮、杨宇谦：《中国地方政府创新的动因、特征与绩效——基于"中国地方政府创新奖"的多案例文本分析》，《管理世界》2007 年第 8 期。

性发展概况。遵循"模型构建—评估体系设计—案例验证"的分析逻辑，描述公共服务标准化可持续发展的轨迹，探索其发展的适用条件和影响因素，从而为标准化试点经验总结提供有效的分析脉络，探寻推广标准化的突破口。

二 公共服务标准化创新发展的路径

公共服务标准化的可持续性假设是本章模型构建的基础。为了建构合乎逻辑的可持续模型，本章以发展路径、影响因素分析为前提，辅以用于实证检验的可持续评估体系，研究及论证公共服务标准化发展的轨迹。基于中国知网文献中提及的政府主导的公共服务标准化项目，[①] 以及 2009—2011 年度国家服务业标准化试点中 53 个[②]政府主导的公共服务标准化试点的样本研究，我国公共服务标准化可持续性发展的路径分为包括涵盖全部项目的外部发展路径及单个项目的内部发展路径两类。

1. 外部发展路径

（1）从地方政府探索公共服务标准化的实践到其他地方政府适应性学习、应用公共服务标准化的发展路径。它是指地方政府公共服务标准化的有益经验在空间上得到学习、扩散和持续。1999 年，青岛市首先尝试设置详尽的行业管理标准，规范城市的市政公共事业，为市民提供同质、同量、同效的市政服务[③]。其后其他地方纷纷效仿规范外包公共服务。

（2）中央政府指导推动地方政府实践公共服务标准化。中央政府做出推动标准化的决定，一方面源于地方政府管理中存在的普遍性问题，比如需要标准化解决技术层面的困境。2002 年前后，国标委推广"电子政务标准化"，就是针对全国 1200 多个地方政府网站成为"信息孤岛"，建设质量参差不齐，沦为摆设等问题而提出的[④]；另一方面，部分地方政府的公共服务标准化取得了较好的推广经验，激活了中央政府学习、总结及推广的战略构想。比如，

---

① 中国知网全部数据库中撰写公共服务标准化实践案例的文献共计有 28 篇。

② 2009 年有 20 个，2010 年追加了 7 个，2011 年有 26 个。

③ 秦建国、孙炜、尤顺玲：《实施标准化管理，全面提升市政公用事业服务水平》，《中国标准化》2006 年第 9 期。

④ 邢立强、李小林、史立武：《电子政府标准化参考模型初探》，《世界标准化与质量管理》2001 年第 12 期。

山东省新泰市行政服务标准化等地方项目为国标委规划试点"行政服务中心标准化"提供了有益借鉴。中央政府或是上级政府的主导不但节省了地方政府探索实践的成本、时间，而且其推动力也比地方政府"摸着石头过河"更为强劲。

（3）从地方政府实践公共部门质量认证到选择运用标准化的实践。由于地方政府在公共部门质量认证中遭遇了诸如认证成本高昂，认证过程走过场、企业质量认证体系 ISO9000 "水土不服"等"困境"，地方政府尝试从自身角度开发行政标准体系，用以解困。

图 5 – 1 是笔者绘制的公共服务标准化的外部发展路径示意图。

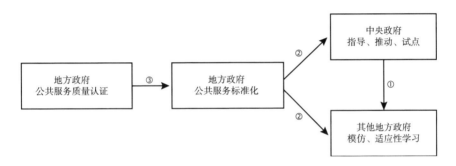

图 5 – 1 公共服务标准化的外部发展路径

2. 内部发展路径

公共服务标准化可持续性的内部发展路径，伴随着政府应用标准化工具的具体步骤而存在，贯穿于组织提出、制作、审核、通过、执行、评估及完善标准化工作的全部过程。

（1）由"一把手"拍板，各级组成部门广泛组织执行标准化的发展路径。这一路径的最大特点是政府领导层决心把标准化运用到各级政府组成部门、各类可行的公共服务项目中。系统的公共服务标准化的贯彻执行力量主要由一级政府领导集体的认可、认同力度决定。

（2）由个别政府部门组织开展的部门自身标准化。在全国地方政府风靡发展的行政服务中心标准化，是这一发展路径的典型代表。单个部门的行动，具有标准制定和执行的便利性，有利于运用标准化更好地为自身服务，提高部门内部的运作效率、服务质量，理顺部门人员的工作职责。

（3）由上级政府组织制定，用以规范基层公共服务的标准化。基层服务的可重复性操作最多，是开展标准化的最佳场所，而基层工作人员又不具备高瞻远瞩的制定标准的能力和资源，因此，由上级推动制定的规范基层的标准体系，根据服务项目确定标准内容，帮助基层厘清相关服务的职责、步骤，有利于改善基层服务面貌。

图 5 - 2 是笔者绘制的公共服务标准化内部发展路径示意图。

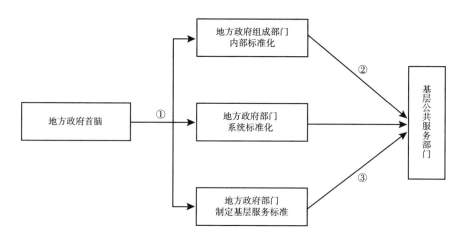

图 5 - 2　公共服务标准化的内部发展路径

三　可持续性发展的影响因素

公共服务标准化创新是否能够可持续性发展，其影响要素分别体现在标准化的运作机制、标准化内容以及标准化监督机制的建立健全程度等层面。

1. 工作机制层面

（1）动机与动力。动机不同，那么推进标准化的动力就存在差异。标准化持续的动力取决于政府内生需求与外部动力博弈与组合的结果。政府推进公共服务标准化的内部动机存在以下几种：为了获得地方经济发展、政治进步的资源性优势，比如财政支持、领导人的政治升迁机会等；或是为了满足内部管理的制度需求，提高行政效率，降低行政行为的随意性。外部动力包括中央政府的要求、地方经济发展需求、社会公众的公共服务需要、维护政府形象以及应对地方政府竞争的压力等。

（2）组织保障力度。公共服务标准化的持续性发展离不开政府在资金、人才、政策以及行政环境等方面的投入经营的力度。比如，营造符合标准化应用发展的政策环境，财政保障，畅通的行政沟通机制，宽容的行政文化等。

（3）操作运载机制。公共服务标准化与其他制度创新一样，难免会存在发展路径的依赖性。而不同的发展路径，直接影响公共服务标准化的可持续性前景。

如果标准化驱动力来自地方政府自身，而在推进过程中又得到上级政府认可的话，标准化的持续性将更加长久。

（4）论证机制的健全程度。在标准化的工作机制中，标准的论证，关系到标准的公信力，是十分重要的一环。论证机制主要包括论证机构、人员的组成、论证程序、修改完善之后的再论证、再修复的循环完善机制。

2. 标准内容层面

（1）广度与深度。广度是指标准涉及的政府职能的领域，深度是指标准内容规范的层级。深度体现了地方政府标准化的决心，广度则体现了标准化的应用价值。广度和深度，关系标准化工作推进的范围及深入性，是影响标准化可持续性发展的重要因素。

（2）信度与效度。信度是指标准文本的可靠性程度，能否稳定地发挥规范相应公共服务的作用。效度则是指标准内容是否符合相应标准的内涵，符合标准的操作逻辑，达到特定的目的。标准的信度和效度，决定了公共服务标准化工作的核心——标准的质量。

3. 监督机制层面

没有制衡就没有进步。为了保证工作高效、有序、持续开展，公共服务标准化的监督机制、约束评价措施是十分必要的。

四　可持续性模型的构建

一些学者认为，地方政府创新可持续性维持着持续上升、向下停止和不确定性三种状态[①]。考量公共服务标准化的发展轨迹和影响因素，笔者认为引进工具技术的可持续性存在三种相似的情形：第一种，标准化符合公共服务的需求，持续性快速递增；第二种，标准化存在一些不适应性，经过不断

---

① 包国宪、孙斐：《演化范式下中国地产政府创新可持续性研究》，《公共管理学报》2011年第1期。

调整和修正，渐渐适应，持续性维持在中等水平；第三种，标准化无法适应行政环境，遭到淘汰。

1. 构建思路

公共服务标准化的发展路径及影响因素共同决定了政府应用标准化是否具有持续性、持续性长短。实际上，公共服务标准化的可持续性是标准化存在与发展的维持状态。由于标准化发展的速度和态势不同，可持续性可以分为高水平的维持状态与低水平的维持状态。而标准化可持续性的形成轨迹则取决于不同发展路径下标准化影响因素作用力的大小。只有动力机制、组织力度、操作运载途径、发展路径的依赖、论证机制、标准的广度与深度、信度与效度以及监督机制的健全程度这八个方面的要素在工作机制（E）、标准内容（C）及监督机制（S）组成的标准化实施体系中形成合力，标准化的"优良因子"才会被保留，从而在公共服务应用领域持续存在。

在不同的发展阶段，标准化可持续性的维持状态存在差异，因此，按照标准化的实施阶段，可持续性水平可分为"实现前、实现中、实现后"三段。实现的标志是各地标准化工作的总结汇报会议或者试点项目的验收。持续性研究的重点实质上偏向于实现标准化应用以后，如何巩固已有的发展成果，确保标准化的"存在价值"。

2. 模型构建

在模型中（见图5-3），公共服务标准化的可持续性生成于政府首次提出实行"公共服务标准化"的决定。政府在标准化实现前的准备工作，实现时的标准制定、论证、应用工作以及实现后的执行情况、评价考核等工作共同形成了标准化的可持续发展轨迹 P。沿 P 曲线，标准内容（C）构成了标准化可持续性发展的内因，而运作机制（E）及监督评价机制（S）则构成了标准化各个发展阶段可持续性推进的外力。当标准化工作到达实现的"节点"（工作总结或项目验收）以后，后续的工作如何开展，如何保证标准化继续发挥效果，而不被束之高阁？处于后"实现"阶段的标准化发展趋势至少面临三种选择。

第一种选择 P_1，绝大多数影响因子在极大程度上适应了公共服务发展的需求，获得了进一步的认可，呈现高速的发展态势。标准化不单单是公共服务领域的辅助工具。它在公共服务应用过程中规范了行政行为，将行政中的不良因子逐渐剔除，把标准行为固化为惯例持续下来。在这一路径下，标准化持续性发展的主要表现为在一段时期内新添标准的频率较高。

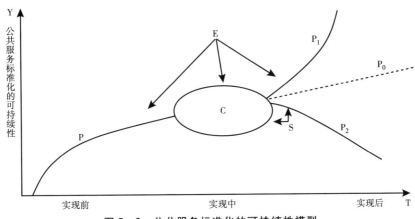

图 5 - 3　公共服务标准化的可持续性模型

第二种选择 P_2，与第一种路径发展方向相反，标准化应用"昙花一现"，决定公共服务标准化可持续性的八大要素无法保持步调一致。它们的作用力此消彼长，无法产生有用功。导致标准化持续性发展悄然落幕的因素很多，如动力不足、"一把手"离任、标准化的贯彻得不到执行对象的认同和支持等。但是标准化功用的局限性是最重要的因素之一。无法适应公共服务职能，标准不合时宜，缺乏充足的保障机制、监管机制、更新机制，都会在使标准化失去光环照耀的同时，丧失吸引力。

第三种选择 P_0，是一条"中间路线"。标准化在组织实施的过程中难免遇到各类问题，但是公共服务部门能够清醒地认识到标准的局限，并及时地更新标准，不断根据公共服务的需求变化，调整标准内容，增减标准数量，使标准化真正发挥规范公共服务供给的重要工具的效用。此时，标准化被认可为对公共服务有价值的工具。它的工具使用价值已经超过了标准化本身的"名片"印象。

第二节　可持续性模型的评估体系

可持续性模型确定之后，界定模型的评价要素是评估样本中的公共服务标准化是否能够可持续性发展的前提和依据。不同评估维度的政府公共服务标准化，行为表现差异较大，不能简单地用数据表达，因此，本节决定采用针对给定评价因子做出书面描述评估的方法。

一 评估思路

沿用作用于公共服务标准化可持续发展影响因素的三个层面：标准化的工作机制、标准化内容及标准化监督机制，可持续模型的评估维度可以分为工作机制、标准质量、监督机制三个部分。需要说明的是：标准质量维度是对标准化内容核心理念的概括；工作机制包括标准工作的监督、反馈及评价机制；为了凸显其对标准化可持续性的重要性，我们将监督机制单独列出。

1. 工作机制

工作机制是公共服务标准化可持续性发展的执行推动力，贯穿标准化应用的前前后后。从工作机制维度衡量公共服务标准化的可持续性，主要考察推动标准化实现的主观条件与客观条件的完备程度。评估因子从工作阶段来看，可以划分为标准化实现前的政治氛围、推动动力的大小、实现过程中的组织保障力度、运载途径、政策沟通效率情况，以及标准制定完成阶段论证机制的健全性。

2. 标准质量

标准质量的评估因子以标准的制定和执行符合客观实践的需求为依据，实际上考察标准内容是否符合政府公共服务职能的特点。检测标准制定内容的适用性是衡量标准质量的首要标准。标准质量维度的评估因子主要包括标准涉及的广度深度、信度效度、更新机制等。标准的更新机制是指标准修订、补充、完善已有标准内容的相关制度。在某种意义上，标准的更替修订代表了政府实行公共服务标准化的态度和决心。

3. 监督机制

从标准化工作机制中单列而来的标准化监督机制，包括政府内部的工作监督评价管理制度、政府外部的社会评价及每个标准自身的评价体系等方面。监督评价机制中的健全程度评价是衡量标准化可持续性发展的重要要件。监督公共服务标准化的执行效果，有利于标准化在工具技术的地位上保持"清醒"，始终为实现公共服务的质量、效率、效益服务。

二　评估方式

公共服务与企业服务不同，具有公益性以及不同程度的非竞争性、非排他性，因此，评估结果不能单纯通过数字体现，需要通过复杂详尽的论证获得。根据标准化持续性模型评价的不同因子的特点，评估将间接地通过因子的表现形式获得，包括日常会议记录、政策文件、标准文本、标准论证过程、新闻报道、领导机构和人员、计划安排等。

三　评估体系

公共服务标准化可持续模型的评估体系，由工作机制、标准质量、监督机制三个维度组成。工作机制维度的评估要素为创新氛围、动力大小、组织保障、运载途径、沟通效率、论证机制；标准质量维度由标准的广度深度、信度效度及更新机制等要素构成；监督机制则包括成本收益评估、内部的工作评估及社会评价等要素。由于评估指标的非量化性，本研究还设置了持续性研究的标准及表现方式（见表5-1）。

表5-1　公共服务标准化可持续性模型之评估指标体系

评估维度	评估要素	持续性检验标准	表现方式
工作机制	创新氛围	标准化的产生是否偶然	标准化产生的基础环境、政府创新勇气等
	动力大小	动力的制度性需求较大	标准化实施前的部署会议、规划等
	组织保障	组织保障力度较大	各个实施环节的组织保障举措等
	运载途径	信息化平台，途径多样化	标准化运作途径：线上、线下等
	沟通效率	内外部沟通顺畅、有效	上、下级之间沟通的文件等
	论证机制	论证制度完善	论证过程，人员、机构的权威性等
标准质量	广度深度	标准是否适用于公共服务	标准涉及的层级、领域、范围等
	信度效度		标准与实际需求的匹配情况等
	更新机制	标准内容及时更新	更新频率，更新内容多寡等
监督机制	成本收益	标准化的收益大于成本	社会、经济、政治效益及沉没成本等
	工作评估	评估制度健全	标准化应用的效果、监督评估制度等
	社会评价	社会评价较好	公众满意度、社会反馈情况等

第三节　个案研究与实证检验——上城区 公共服务标准化[①]

由于在政府主导的系统化的公共服务标准化试点中，北京东城区及南京江宁区的标准化过程信息公开不全面，无法获得基本研究所需资料。因此，本节选取了信息公开程度较高，研究数据较充分，依赖区级政府，实现了区、街道、社区、社会组织等多个层面公共服务标准化的杭州市上城区作为个案。数据显示，上城区公共服务标准体系包括1项国家标准、3项省级标准、32项市级标准、113项区级标准。[②]

一　工作机制评估结果

根据可持续模型的评估指标体系，上城区公共服务标准化工作机制评估包括对创新氛围、动力机制、组织保障、运载途径、沟通效率、论证机制等6个部分的评估。

1. 创新氛围

在浙江省内，地方政府的创新氛围十分浓厚，为上城区探索实施标准化奠定了思想基础。从12年来的6届"中国地方政府创新奖"中可见一斑。2000年以来，全国共计135个地方政府创新项目获得入围奖、优胜奖、特别奖等奖项，其中浙江省20项获奖，优胜奖8项，优胜奖获奖率13.3%，居全国之首。

争创创新奖已然成为浙江省内地方政府竞争的重要方式。上城区在《上城区政府管理与公共服务标准化建设工作简报第1期》中提到该项目的工作目标是："至2010年底，建立较为完善的政府行政管理和公共服务标准化体系……为申报'中国地方政府创新奖'奠定基础。"

---

① 本部分研究资料来源于浙江省、杭州市、上城区人民政府及相关部门的官方网站，资料包括工作计划、工作简报、工作动态、各项标准等。

② 《省、市、区标准清单》，上城区人民政府网站，http://app.shangcheng.gov.cn/mh_template/article_list.jsp?catalog_id=20081014000001，最后访问日期：2015年10月8日。

2. 动力机制

动力机制评估包括内部动力、外部动力的分析及力量对比。纵观标准化的提出和实施过程，上城区开展标准化的动力主要来源于以下几个方面。

第一，社区建设和发展的需求是上城区提出标准化的直接推动力、持续发展的力量源。上城区公共服务标准化源于 2004 年参与主持浙江省社区建设标准的制作。社区管理标准制定过程在一段时间内没有引起政府高层的注意，直至 2007 年 8 月，由于社区发展的实际需要，上城区考虑在社区管理方面制定更趋完善的标准。9 月，上城区政府与杭州市质量技术监督局合作，提出开展政府管理与服务标准化试点，在更多的公共服务、行政管理领域尝试提炼一整套的标准体系。[①]

为什么是社区管理的发展需求引起上城区政府关注标准化呢？从 2004 年开始，民政部组织寻访"新中国第一个居民委员会"活动；2008 年，上城区上羊市街居民委员会被民政部确定为新中国第一个居民委员会。[②] 上城区一直注重社区建设和管理，在一定程度上源于这个"第一"头衔的争夺。而在确认"第一"以后，又关注社区管理、建设和服务层面，成为全国一流，树立全国典范。标准化在社区建设和服务中发挥了较好的规范作用，上城区在尝到甜头的同时，希望能够在公共服务标准化的示范性建设工作中走得更远。

2007 年开展标准化试点工作以来，上城区已制定市级以上标准 35 项，其中以社区事务为规范对象的标准 12 项（见图 5-4），修订标准 2 项，占标准总数的 34.3%。2011 年，上城区的标准化工作以修订已实施的标准为主，67% 是社区管理类标准[③]。因此，社区建设与管理的实践发展，不仅仅在上城区标准化试点的提出上占据直接性地位，而且为标准化的可持续性发展提供了新的动力。

---

① 《上城区召开政府管理与服务标准化试点新闻发布会》，上城质量网，http://www.sczlw.com/InfoList.aspx? CategoryId = 26&type = 0，最后访问日期：2015 年 10 月 8 日。

② 《新中国第一个居民委员会成立 60 周年》，中国杭州政府门户网站，http://www.hangzhou.gov.cn/main/zwdt/bzbd/qykt/T301851.shtml，最后访问日期：2015 年 10 月 8 日。

③ 《行政管理与服务标准化》，杭州市上城区政府网站，http://app.shangcheng.gov.cn/mh_template/article_ list.jsp? catalog_ id = 20081014000001，最后访问日期：2015 年 10 月 8 日。

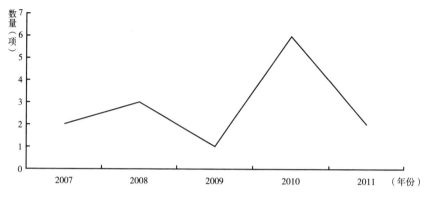

图 5 - 4 上城区社区管理类标准年度分布

资料来源:《行政管理与服务标准化》,杭州市上城区政府网站,http://app. shangcheng. gov. cn/mh_ template/article_ list. jsp? catalog_ id = 20081014000001,最后访问日期:2015 年 10 月 8 日。

第二,国标委发起的服务业标准化试点工作契合了上城区公共服务标准化的发展,使上城区标准化的可持续应用发展到了一个新的阶段。2009 年 4 月,上城区成为探索政府公共服务标准化体系的国家试点。试点周期自 2009 年 7 月 1 日至 2011 年 6 月 30 日。[①] 在上升为国家试点以前,上城区遵循《上城区政府管理与服务标准化示范区三年工作实施意见》,计划用 3 年完成 29 项公共服务标准的制定和实施。在上升为国家试点后,上城区重新论证了标准化发展的思路,提出建设包括 1 个大体系,经济管理、社会管理、市场监管、公共服务 4 个分体系的政府管理与公共服务标准化体系。时间脉络显示,上城区建设公共服务标准化体系的决心和动力主要来自国标委等上级政府的肯定和支持。

观察标准制定的数量与周期的关系,中央政府的推动力也十分显著,在承担国家试点的 2010—2011 年,上城区公共服务标准数量急剧增加 (见图 5 - 5)。2011 年为了顺利实现项目验收,上城区各部门在努力探索制定出了 35 项市级以上标准之后,将日常的审批方法、审批事项的流程梳理归纳成

---

① 国家标准化管理委员会:《2009 年度国家级服务业标准化试点项目表》,百度文库,http:// wenku. baidu. com/link? url = oOGqgC0EEwrGjliYbQ75LPGBDVJOmUOxmkmGt5exD54fvscr3u09YeMf TDFei61 DdOo28Q6hboJmBvZdJo5fKXVPXts4jgTROR4ZFKtPnp3,最后访问日期:2015 年 10 月 8 日。

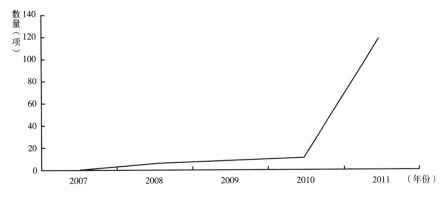

图 5 - 5 2007—2011 年上城区公共服务标准数量分布

资料来源：《省、市、区标准清单》，杭州市上城区人民政府网站，http：//app. shangcheng. gov. cn/mh_ template/article_ list. jsp？ catalog_ id = 20081014000001，最后访问日期：2015 年 10 月 8 日。

了 113 项标准，使公共服务标准化体系的内容得到了极大的充实。

3. 组织保障

（1）组织分工。2007 年 12 月发布的《上城区政府管理服务标准化示范区三年工作实施意见》[①] 中制定了总体目标，并确立了标准化推进的工作机制。首先成立了政府管理与服务标准化试点工作领导小组，下设工作领导小组办公室，负责实施标准项目的申报、发布、实施和管理。成员单位由区委宣传部等 38 个部门组成。分工情况：质监分局全面负责标准化体系建设工作，指导各部门制定具体标准；法制办和编办负责对有关法律法规和各部门"三定"方案进行全面梳理；各部门、街道积极调研，认真总结，开展相关标准研究制定。上城区标准化的领导体系及分工较为明确，但在根本上，标准化工作主要依靠质监分局组织和推动，其他部门的动力与执行力度缺乏相关责任机制的约束。

（2）人才保障。上城区公共服务标准化为了实现以全区各行政管理部门为主体的工作网络，规定每个部门选派 1—2 名标准化工作联系人，负责规划、协调本部门标准化工作。为了确保标准化工作开展的规范性、科学

---

① 《行政管理与服务标准化》，杭州市上城区政府网站，http：//app. shangcheng. gov. cn/mh_ template/article_ list. jsp？ catalog_ id = 20081014000001，最后访问日期：2015 年 10 月 8 日。

性，降低自身探索的机会成本，上城区积极寻找高校合作平台。2009 年，组织了"政府管理与公共服务标准化创新与实践研讨会"，以浙江大学公共管理学院为平台，邀请了全国 10 余名公共管理界的专家、学者对标准化项目进行探讨，与科研机构和高等院校建立了积极的联系。①

（3）经费保障。上城区在决定全面组织公共服务标准化工作时，就做出承诺："区财政会确保实施标准化试点项目必要的工作经费。"不仅如此，还确定了粗略的激励机制：对被领导小组确定为标准化试点的实施项目和单位进行定期考核和激励，确保试点项目按时完成；对质量高、取得良好经济和社会效益的项目进行表彰奖励。

4. 运载途径

上城区公共服务标准化的依赖平台包括线下的日常行政办公及线上的电子政务平台两种。电子化政府是新时期行政服务发展的新潮流。上城区 2010 年发布了《网上行政服务中心管理规范》，规范了一站式电子行政审批服务平台的运行机制。我们从"网上市民之家"了解到，上城区网上行政服务中心的利用率较高，截至 2012 年 4 月，网上行政服务中心共受理事项 39674 件，办结数达 37966 件；办结平均时间缩短了 1/3。其他标准规范了日常的行政办公环境，提高了服务效率。

5. 沟通效率

公共服务标准化的沟通效率问题主要指上下级政府间、政府与社会公众间就标准化实施过程中的各类问题交流反馈的时效性。上、下级政府间的沟通效率，可以通过工作会议周期、工作简报情况、标准的督察工作等方面体现。自 2009 年 7 月至 2011 年 9 月，上城区政公共服务标准化建设工作简报达 26 期之多，通报每个月标准化建设的重要进展。但是，实现国家试点验收以后，工作简报、工作会议，包括督察调研等工作都处于空白。对外沟通表现为 2 次民意调查，其中 2011 年公众对标准化的知晓度达到了 87%。②

---

① 参见《上城区政府管理与公共服务标准化建设工作简报第 5 期》，2009 年。
② 《上城网：上城区标准化建设经验在全国会议上作交流》，杭州网，http：//ori. hangzhou. com. cn/zznews/content/2012－03/06/content_ 4095428. htm，最后访问日期：2015 年 10 月 8 日。

6. 论证机制

标准的论证机制是标准从起草到发布实施阶段的一系列评审和修订的步骤，环环相扣而成。上城区标准化的论证制度相对完善，从起草到标准发布，完善的标准论证机制包括职能主管部门内部评审、专家组评审、审定通过会议、发布宣贯会四个阶段的修订完善。① 然而，上城区不是每个标准都经历了四个阶段的论证，一些标准经过起草、内部评审之后，直接提交给质检部门审定，缺失专家组评审。论证过程的不完善，将会不同程度地影响标准实施后的可操作性效果。

二　标准质量评估结果

标准质量评估是从标准化内容的广度与深度、信度与效度及更新机制等层面着手。上城区公共服务标准化的内容主要分为两大类：一是由职能组成部门梳理自身职能而起草、制定和论证发布的市级以上标准，体现了上城区各职能部门的四项政府职能；二是梳理行政审批、行政许可事项而成的窗口应用类区级标准，这是对区级政府部门行政审批权力的集中规范。二者体现的标准质量不能一概而论，因此本章予以分类研究。

1. 广度与深度

（1）上城区标准化内容的广度评估。市级以上的上城区标准化内容以公共事务、公共组织或人员、公共财政的规范性管理为主。上城区标准化实践的涉及面较广，其中社区标准化建设最全面，区级部门多致力于规范管理对象的标准化，而非自身。涉及公共服务职能的标准仅有学校安全、卫生服务机构管理、危房改建等部分的内容。

（2）标准内容应用主体的深度评估。涵盖了全区 24 个政府部门、8 个市垂直部门、6 个街道、54 个社区以及部分群众团体。以标准执行主体的最

---

① 以《社区矫正工作规范》（以下简称《规范》）为例，论证过程如下：司法局负责起草制定，把社区矫正工作任务、相关部门职责、社区矫正工作者职责、社区矫正工作流程、社区矫正工作考核等内容列入《规范》，并邀请长期从事监狱刑罚执行、社区矫正工作理论研究以及基层一线从事社区矫正工作实践的专家参与评审；专家评审过后提出一些修改意见，然后，司法局起草人员将根据专家意见进行修改，上交质检部门认定，最终上升为地方标准。《政务动态》，杭州市上城区政府网站，http://app. shangcheng. gov. cn/mh_ template/article_ list. jsp? catalog_ id = 20080421000110，最后访问日期：2015 年 10 月 8 日。

高层级为研究对象，在市级以上的标准中，涉及社区管理与服务、学校等基层服务组织的标准最多，占48.6%，区政府组成部门的16项标准居其次（见图5－6）。下到基层公共组织、事业单位、社会团体，上至全部的区级政府组成部门，实现了纵向深度的贯穿。

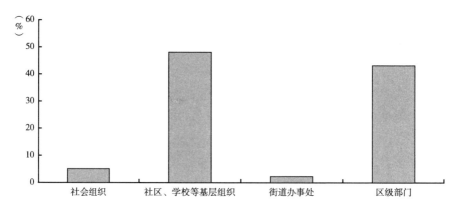

图5－6　上城区市级以上公共服务标准的组织分布情况

资料来源：《行政管理与服务标准化》，杭州市上城区政府网站，http：//app. shangcheng. gov. cn/mh_ template/article_ list. jsp？ catalog_ id = 20081014000001，最后访问日期：2015 年 10 月 8 日。

2. 信度与效度

标准的可信度、适用性及可操作性是评估上城区标准内容的信度与效度的主要指标。

（1）标准的可信度。上城区在标准化的建立过程中，梳理了全区上下5309 项由政府职能细化出的具体工作事项及与之对应的880 项国家、省、市层面的法律法规和政策依据。[①] 遍历上城区的各项标准，都引用了对应领域已有的规范性文件。在法律、法规、政策的连续性上，具备一定的可信度。标准的制定是上城区在结合自身实践经验的基础上研究制定的，作为规范性文件的补充，是查漏补缺的过程。

（2）标准体系的适用性。上城区自主完成了政府管理与公共服务标准

---

① 王越剑，2012 年在上城区标准化建设经验全国会议上的发言稿，http：//ori. Longzhou. com. cn/ zznews/content/2012 -03/06/content_ 4095428. htm，最后访问日期：2015 年 10 月 8 日。

化体系（简称公共服务标准化体系）框架与结构的构建。该体系核心内容包括 1 个大体系，4 个分体系，31 个子体系，300 余个职能标准化项目，880 项法律法规及政策依据。[①] 上城区的公共服务标准化体系呈现两个特点：第一，标准内容与职能挂钩，由各部门从自身职能中梳理、研究、制定而来；第二，标准子体系以部门为载体，强调管理标准的组织性、责任性。这与学术界对标准体系的构思以及国标委对服务标准化试点的操作指导不同，更加注重标准制定、执行、管理的便利性，通过部门联手将标准化工作开展得井井有条。然而，这一体系却存在标准管理的分散性、按宏观职能划分的模糊性，以及总体评估考量的困难性等缺陷。

（3）标准的可操作性。首先，公共服务标准的操作主体是否明确。在标准操作主体不确定的情形下，如果宣传效果也不到位，标准较容易陷入执行困境，而且影响公众满意度水平。因此，为提高标准的可操作性，应明确标准执行主体的责任以及相应岗位人员的工作职责。上城区在明确部门责任同时也规定了对应岗位职责的标准，数量相当于上城区市级以上的公共服务标准的 21.6%，而约有 67.6% 的标准仅概略性地指出了执行部门或机构，并未涉及岗位或部门的工作事宜要求，还有 8.1% 的标准执行主体不确定。[②]

其次，公共服务标准是否明确了工作方法或流程。适当的工作流程和工作痕迹规范可以降低标准操作的难度，强化标准的应用效果。上城区市级以上的公共服务标准沿用了要求式对标准规范对象做出规定，其中 8 项公共服务标准附加了流程图或遵循流程的实施步骤描述，9 项标准统一了标准化过程中的记录、表格等管理或服务痕迹的表现形式。而其余近 20 项标准没有界定操作的方法或步骤。来源于行政服务中心事项管理的区级标准，是对审批、许可、登记类事项操作要求、操作过程的再度梳理，因此其本身就是行

---

① "1 个大体系"即标准体系总框架，由纵向和横向两个维度构成立体有机整体。纵向结构由自上而下五层组成，分别为宏观政府职能、与部门相对应的职能、"三定"方案确定的职能、职能细分、政府管理与公共服务事项标准；"4 个分体系"指总框架的横向结构，按经济调节、市场监管、社会管理、公共服务四个政府宏观职能分体系进行梳理归类，覆盖全区所有政府管理与公共服务事项与工作；"31 个子体系"指 31 个政府组成部门对各自的职能进行细分、梳理，建立的部门职能标准化子体系。总框架还包括 3 个支撑应用体系：保障体系、信息化支持平台和绩效考核体系。资料来源：《上城区政府管理与公共服务标准化建设成果丰硕》，《浙江日报》2011 年 9 月 28 日。

② 根据上城区 35 项市级以上标准的内容统计分析而得。

政服务过程管理的标准化。①

3. 更新机制

上城区在浙江省地方标准《城区政府公共管理和服务标准体系表编制指南》（DB33/T 851—2011）里提出，城区政府应"及时了解国家、行业和地方等有关政府公共管理和服务方面标准的制、修订动态，对政府公共管理和服务标准体系应定期进行调整或补充"。2011 年，上城区对 3 项已生效标准的部分内容予以了重新修订。

修订方式包括以下几种：①查漏补缺：将标准中没有明确指出，而相应工作中存在需要明确界定的内容，补充进标准。《上城区社区 12345 信访服务规范》补充了"信访不予受理范围"，以降低基层信访重复性、无效性工作的发生。② ②化解歧义：对标准条文中存在争议、界定模糊的概念予以重新明确；删减内容存在交叉的条目。《上城区危旧房屋维修、拼接改善规范》在房屋维修、拼接分类方面将以前标准中的大修工程、中修工程合并为大修工程一类，避免分歧；细化了标准条款的内容，将原来标准的列举式转化为条目清晰的概括式，使标准更具可读性和可操作性。③ ③置换评价标准：用条理清晰、覆盖全面的评价指标替换不合时宜的原有标准。例如，《和谐（满意）社区建设测评规范》重新整理修订了原先的社区测评体系。④

三　监督机制评估结果

1. 成本收益评估

上城区梳理的 5000 多项职能，建立的 150 余项标准，经过多方论证的公共服务标准化体系无疑需要耗费大量的人力、物力、财力。不过其政治效益、社会效益十分可观。"质量强区"建设，得到了全国人大常委会副委员长路甬祥，国标委原主任纪正昆、陈刚，浙江省委书记、副省长等领导人的

---

① 根据上城区 35 项市级以上标准的内容统计分析而得。

② 参见《上城区社区 12345 信访服务规范》（修订本），2011 年；《上城区社区 12345 信访受理服务规范》，2007 年。

③ 参见《上城区危旧房屋维修、拼接改善规范》（修订本），2011 年；《上城区危旧房屋维修、拼接改善规范》，2007 年。

④ 参见《和谐（满意）社区建设测评规范》（修订本），2011 年；《杭州市上城区和谐社区建设测评规范》。

批示肯定，荣获 2009—2010 年度全国质量工作先进单位。① 2012 年 2 月，上城区受邀在全国标准化工作会议上做标准化建设经验交流。② 据统计，上城区网上审批事项部门办结的平均时间已由原来传统模式的 3 个工作日，缩短为目前的 0. 9 个工作日。③

2. 标准应用监督

首先，上城区标准化工作监督机制的结构较为全面，效果显著。上城区对标准化工作的管理和运行主要通过"四条线"进行控制。一是区目标管理控制系统，对全年的工作任务和目标进行管理，按项、按月进行分解，并通过曲线图等图表形式，清晰形象地表示工作任务的整体进度和落实情况。二是实现对政府全年重点工作的公开公示、透明管理，强化监督，通过重点工作督办信息化系统，对全区所有部门的年度工作目标和重点工作进行过程管理和进度控制。三是行政监察系统，包括网上办公实时监督和平常例行的行政管理监察等活动。例如，"在线互动一站式服务平台"一旦出现违规操作或办理超时，系统会自动发出警告并启动督办、调查程序。同时，"网上服务中心"平台设置结果查询、统计分析、绩效评估等功能，把监察结果与绩效评估、公务员考评等挂钩。四是年终绩效考评，结合标准工作的实际应用情况，根据目标管理、行政监察的结果，进行综合评定。

但是，单项公共服务标准的监督机制并不完善，26 项标准提及采用检查考核方式，但是考核方法、考核内容、考核的组织实施情况参差不齐，以主观性督察为主。在检查考核等监督方式的标准中，约有 57. 7% 的标准明确了对应的评价指标或要求，其中 9 项的指标体系较为详尽，甚至设置了评分体系，有 6 项标准内容的考核内容以"另行研究拟定"收尾。④

3. 社会评价

社会评价结果表现在民意调查、公民满意度调查的统计结论及媒体正面

---

① 《杭州市质量强市建设稳步推进》，浙江省质量技术监督局官方网站，http：//www. zjbts. gov. cn/html/main/zjdtView/241336. html，最后访问日期：2015 年 10 月 8 日。

② 《上城区标准化建设经验在全国会议上作交流》，上城网，http：//ori. hangzhou. com. cn/zznews/content/2012－03/06/content_ 4095428. htm，最后访问日期：2015 年 10 月 8 日。

③ 参见浙江省委政研室《杭州市上城区"五化联动"推进社会管理创新》，《上城报》2011 年 4 月 12 日。

④ 根据上城区 35 项市级以上标准的内容统计分析而得。

报道的次数等方面。上城区先后于 2009 年、2011 年进行了 2 次标准化工作调查。2009 年的问卷调查统计结果显示，有 71% 的受访者认为标准化"有利加强社会监督、依法阳光行政、提高政府绩效"，有 67% 的受访者认为"有利于市民在公平、公开、公正的状况下受益"。① 上城区的社会宣传效果显著，新华网、光明网、人民网以及国内众多政府网站先后正面报道或转载了上城区标准化的一系列举措及成效。

四 可持续模型验证结论

在工作机制上，上城区政府高度重视社区建设与管理是持续推进公共服务标准化的直接动力源，社区建设也是标准化更新完善、持续发光的重要基点。但是，上城区之所以能够坚持构建一套完整的城区公共服务标准体系主要受益于被列入国家试点机遇的出现及主要领导人的不懈坚持和各级实施部门的共同努力。在上城区工作机制推动过程中，2011 年试点验收前期骤增的 120 条标准的数量可以说明这一点。

上城区的标准在深度与广度层面都获得了较高程度的发展，标准的范围偏向于基层公共管理制度的完善，上层政府在一定程度上担任了标准化的领导者的身份，受标准化约束有限。标准化在辅助区级政府公共服务职能的实现角度上仍然有较大的发展空间。标准是在梳理了 5000 多项职能，880 项法律、法规、规章的基础上发展而来的，制定过程谨遵相应领域的规范性文件，可信度较高。由于部分标准制定仓促，标准的可操作性仍有完善的余地，如进一步明确标准的适用主体、适用方法和过程等。标准质量层面的问题为标准不断修订完善实现持续性发展提供了一个充分条件。

在监督层面，上城区标准化取得了较好的社会效益、政治效益，但是由于无法知悉标准化工作的执行成本、潜在费用，成本与收益的比较无法衡量。尽管市级以上的标准内容监督机制明确的标准有限，但是上城区为了提高标准化的执行力，以充分发挥其效能，配置了"四条线"的监督体系，特别是行政服务标准依赖信息平台，得到了最有效的发展保障。

---

① 《政务动态》，杭州市上城区政府网站，http://app. shangcheng. gov. cn/mh_ template/article_ list. jsp? catalog_ id=20080421000110，最后访问日期：2015 年 10 月 8 日。

综上所述，自全面推进以来，作为个案中的上城区公共服务标准化的持续性轨迹呈现递增式变化。起源于 2004 年参与浙江省社区标准的制定，标准化持续性的起点并非从零开始。2007 年提出全面建设公共服务标准化，也是基于进一步规范社区管理与服务的需要，因此社区管理需求与国家标准化试点是推动上城区标准化持续至今的重要因素。随着国家标准化试点项目的验收，上城区标准数量井喷，标准体系成型，标准化的持续性上升到了一个新的高度（见图 5 - 7）。目前，上城区标准化建设处于试点经验交流推广阶段，那么，标准化的持续性在一定时期内维持平稳。

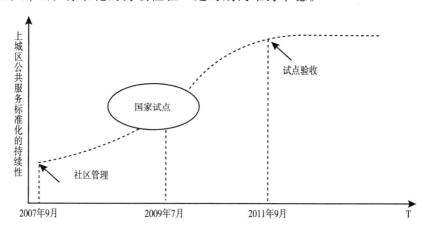

图 5 - 7 上城区公共服务标准化的可持续性模型

五 研究启示与展望

上城区公共服务标准化试点是政府应用标准化的一个缩影。目前来看，上城区标准化试点的持续性态势较好，但是走向全面推广应用的公共服务标准化仍然需要在标准内容质量、标准制度化等方面做出努力。

1. 公共服务标准内容的可持续性思考

由于法律、法规、规章等规范性文件已经在一定程度上对政府管理与服务的不同领域做出了规定，因此公共服务标准化的重要作用在于：①填补法律、法规、规章尚未涉及的公共服务领域的规范性空白，弥补已有法规性文件的不足，使各项公共服务有规可循；②在法律、法规、规章已做出规定的领域，在不违反上述规范的基础上，分解细化公共服务，对公共服务的保障、供给、行为、产出等方面予以统一，保障服务公平有效。这就意味着，特定历史条件、社会实践背景下，需要制定的公共服务标准是有限的，标准的数量并非越多越好。然而，伴随社会实践发展变化，公共服务标准的内容应适应新条件，如政府职能的调整、标准规范内容的变化、标准操作实践的需求、公众的社会诉求等方面。

2. 公共服务标准"制度化"的启示

政府作为行政管理和公共服务常设机构需要建构"铁打的营盘"，而机构里的公务人员与服务的社会公众却都是"流水的兵"。要建立一个长效有序的服务型政府，持续向社会和公众提供优质公共产品和公共服务，就需要从制度和体系上不断探索创新。公共服务标准化作为一项技术手段，能否制度化为政府管理不可或缺的工具，实现持续性发展，关键要处理好以下几个环节。

（1）适应公共服务需求，与政府职能、政府管理体系融为一体。公共服务标准化的最佳状态是实现工具理性与价值理性的统一。应用标准化的最终目的是实现公共服务需求供给的平衡，降低公共服务的机会成本。标准化引自企业管理，应用到公共服务领域时需要充分论证公共服务的特性。我国政府管理注重运用责任制，因此，标准化的制定、实施、发布与执行需要依托政府自身的职能体系与管理机制。

（2）完善可持续性评估机制，实现良性运作。公共服务标准化可持续性评估的目的是探寻影响标准化发展的动力因素、制约因素，从而掌握可持续性的关键点。可持续模型的评估应从标准化工作机制、标准内容质量以及标准监督评价体系等方面进行深入探索。公共服务标准化的持续性评价，需要站在政府宏观的高度，予以微观深入。通过持续性应用评估可以不断调节标准化作为一项管理工具的不适应性，实现良性发展态势。经过评估上城区公共服务标准化的试点经验，其标准化的工作机制，特别是监督体系值得其他城区借鉴。

（3）纳入政府目标管理、绩效管理，监督长效化、常态化。把标准化纳入政府的目标管理、绩效管理体系，是实现标准化持续发展的重要举措。维持标准化的常态化、长效化，需要将标准化工作与政府的管理战略、任务目标结合在一起，运用绩效管理体系推动实现每项标准执行的效率、效果和效益。只有重视标准的地位，将标准作为规范工作任务的基本行动指南，才能不断提高政府机构、人员的工作效率，提升公众感知满意度，提升政府形象。

3. 国内公共服务标准化持续推进的愿景

国标委在《标准化事业发展"十二五"规划》中明确提出，在"十二五"时期大力开展公共教育、就业服务、社会保险、公共医疗卫生、人口计生、公共基础设施管理与服务、公共文化、公共交通、公共安全以及社会公益科技服务等领域的标准研究，制修订 800 项与人民生活密切相关的公共服务安全和质量标准，建立社会管理和公共服务体系。选择 300 个具有明显资源优势、区域优势的省、市、县开展社会管理和公共服务标准化试点。[①]公共服务标准化成为国家认可的公共服务领域应用的重要手段之后，在未来一段时期内发展空间较大。

第一，以社区服务为主的城市基层管理，具有实施国家标准化的优势。标准化的独特优势是把重复性的工作"格式化"，按照统一的"规格"管理和服务。社区是城市的组成单元，是城市的基础。社区相比于基层农村，更具有人才优势、资源优势、信息化优势。因此，从城市公共服务的组成单元——社区服务入手的标准化建设，其执行效果更容易在短时间内得到凸显。

第二，"以事项定标准，以部门促管理"是政府公共服务标准化的有效形式之一。"以事项定标准"有利于政府自身工作的开展，"以部门促管理"有利于标准化建设的可持续性发展。

第三，城区公共服务标准呈现良好的推广发展趋势。城区具备实行公共服务标准化的财政、环境、人才等多个方面的优越性。越来越多的市区意识到公共服务标准化对提升行政管理效率与公共服务质量的重要性。目前，大津、上海、西安等城市纷纷提出探索实行政府公共服务标准化。

第四，提高服务品质是公共服务标准化发展的基本方向。国家倡导在未来几年内实现全国基本公共服务供给数量标准化。但是，数量上的满足仅仅解决了基本需求，促进社会公众日益增长和提高服务需求品质才是标准化发展的长远之计。

---

① 参见国家标准化管理委员会《标准化事业发展"十二五"规划》，2011 年。

第 六 章

基于梯度理论的公共服务标准化
创新扩散验证与思考

作为政府管理创新的积极实践，公共服务标准化需要接受创新理论的系统验证，政府创新扩散在整个创新理论体系中具有独特的研究价值。在确定理论视角与实践案例的基础上，通过数据收集与样本分析统计，本章对公共服务标准化创新扩散的"反梯度"现象及其特征进行分析，提出标准化是行政服务中心发展的必然结果，是跳跃模式下的区域趋同；反梯度理论是创新扩散视角下的政策选择等思考策略。

第一节　理论范式与实践案例选择

公共服务标准化的创新实践对于推进服务型政府建设有重要意义，但是，作为一种创新实践，公共服务标准化必须接受严格的理论验证，需要根据政府创新扩散领域的适用性程度，选择相关分析视角；从资料丰富程度、扩散空间范围和受控比较程度考虑，选择相关的实践案例；通过数据收集，分析特征，进行总结和思考。

一　政府创新扩散的研究价值与视角

政府创新扩散在整个政府创新逻辑体系中属于收官性环节，位置特殊、意义重大。在实践中，"美国政府创新奖"评选的标准是创新性、有效性、重要性和可复制性。同样，中国政府创新奖对"推广程度"赋予了较高权重，要求创新项目必须具有明显的示范效应和推广意义，其他地区的党政机关、群团组织可以学习借鉴。① 在理论上，政府创新扩散通过提供更快的信息流动和更便捷的信息获取，扩大推广高品质的服务面，推进质量持续改进的公共服务。而且，创新是面向未来的活动，具有不确定性和较强的风险性。政府创新扩散通过学习和效仿其他组织的成功实践，可以降低政府创新的成本和失败率。

政府创新扩散在本质上要解决动力机制问题。目前，有关这方面的研究一般关注于影响因素的路径。然而，相对于企业，政府目标多元、创新关系复杂，这导致创新扩散动力因素难以衡量；政府创新扩散模型的构建，远比企业创新模型要复杂烦琐。其实，政府创新扩散的动力机制问题可以从另外一个视角，当扩散进行到一定阶段，通过对现状的拟合，选择一定的样本，进行横向比较，定位扩散的阶段，为创新扩散更为合理、科学发展建言献策。当然，这种研究方法需要研究对象具有典型性，研究对象的样本量比较充分，政府创新的聚合度较高，发展速度快。

二　梯度理论：政府创新扩散的理论选择

1. 什么是梯度理论

"梯度"是描述事物在空间不均匀分布状况的一个概念，意在说明事物在一定方向上呈有规律性递增或递减的现象。梯度理论建立在产品生命周期理论的基础上。产品生命周期理论认为，任何产品都要经历新产品时期、成熟时期和标准化阶段。在新产品时期，对人、财、物等要素的可获得性要求较高，注定产品将不会以同样的概率出现在任何市场。而人、财、物等相关因素可以落实到 GDP、经济发展水平、科研水平等具体的硬性指标上，这决定了新产品时期对应的第一梯度优势区位具有稳定性。在成熟阶段，产品生产的成本降低、标准化程度增加，这将带来两个结果：首先，产品对要素的要求有所降低，一些原先未能达到产品开发要求的地区，也开始具备生产的条件；其次，为降低成本，企业开始追求规模经济，理想区位发生转移。

---

① 俞可平：《中美两国"政府创新"之比较——基于中国与美国"政府创新奖"的分析》，《学术月刊》2012 年第 3 期。

在这一过程中，能否更容易地获得信息将对市场的开拓产生影响。因此，产品的采纳是信息可获得性的函数，而信息的可获得性又是地理接近性的函数。这两点意味着，距离新产品较近的发达区域将成为理想区位。若第一梯度的最优区位确定，而地理位置又是既定的，这意味着第二梯度的相关区位也将最终恒定。进入成熟期，标准化程度进一步提升，产品开发的风险下降，生产成本较低的地区发展成为优势区位。

如果将产品生命周期放在整个工业系统，不难得出：产品推进的过程，在时间上表现为新产品时期→成熟时期→标准化阶段的发展，在空间上则表现为相应的梯度扩散趋势。它将意味着：第一，梯度性，客观上存在经济发展的区域差异；第二，梯度转移，伴随着时间的推移，产业、技术等终将由高梯度地区转移到低梯度地区。囿于产品的特性，梯度转移是有序、渐进的。梯度的概念包括所考察区域内的空间距离和表征梯度现象的硬性或软性指标，两者相对恒定。

2. 梯度理论与创新扩散

梯度理论与创新扩散密不可分。先行发展的经济区域，就如同走在创新前沿的先行者，相对于未采用创新的区域，创新地区拥有无可非议的经济、政治、社会、信息、技术等方面的优势，如果将这些要素拟合成图形，将形成一个类似于等高线一样的梯度图。不同梯度之间会造成能量差，能量差则是创新信息流动、交换的前提。参考罗杰斯的观点，创新的扩散在本质上是有关创新信息的沟通与传播，[①] 因此，创新扩散是梯度转移的特殊形式。

与产业、技术创新相比，政府创新既有联系也有区别。技术创新所导致的梯度差异，与资源要素有关，作为政府创新，资源因素的考量必不可少。然而，资源含义的甄别，却不仅局限于经济、地缘因素，更有公民需求的服务导向，即制度环境的影响。如果将经济、地缘、区域发展水平作为技术环境，技术环境要求一个高效率、高效能的政府为创新提供可行性；制度环境则要求政府部门不断改革、创新，不断接受和采纳上级以及公众认可和赞许的形式及做法，提高政府的合法性。

---

① 〔美〕埃弗雷特·M. 罗杰斯：《创新的扩散》，辛欣译，中央编译出版社 2002 年版，第 200—249 页。

技术环境和制度环境交互作用，正是政府创新与技术创新相比的复杂之处。技术环境的客观指标，迫使创新呈现梯度特征，是地区差异乃至极化现象的主要缘由；制度环境的指标，含有明显的主观色彩，如果地方政府能够时刻感知、回应公众需求，为获得上级认可锐意改革、积极进取，那么赶超先进区位并非天方夜谭。

因此，在政府创新领域运用梯度理论，笔者还将特别关注反梯度现象。按照梯度理论的观点，创新只能在高梯度地区产生，然后向低梯度地区逐级扩散，这将意味着低梯度地区永远赶不上高梯度地区。反梯度推移理论则认为，在现实中，落后地区可以依靠丰富的资源优势，通过大量引进资金、技术，实现跨越式发展。当然，也有学者指出，尽管现实中不乏后来者居上的例子，但从总体来看，按梯度逐级转移是主流，反梯度现象是特例。

三　行政服务中心标准化：政府创新扩散的案例选择

梳理各地政府创新的实践，行政服务中心标准化建设在相对优势、相容性、复杂性、可观察性、可试性等方面[①]均胜一筹，可作为研究政府创新扩散的典型案例。近年来，许多行政服务中心以实现服务质量目标化、服务方法规范化、服务过程程序化为主要目标，引入标准化理念，在服务窗口建设、服务窗口环境、服务内容、服务模式、服务程序、服务岗位各个方面推行标准化建设。行政服务中心标准化具有公共服务标准化的动态性、整体性、可操作性和公共性的一般特征，推进速度快，覆盖面广。

为还原行政服务中心标准化扩散的全过程，本章引入了"创新性"的概念。罗杰斯认为，划分采纳者类别最基本的标准是创新性，就是系统内的个体或单位相对于其他成员，较早地采纳某一新思想、新方案的程度。[②]据此，搜集各个不同地区行政服务中心标准化的采纳时间，将获得各地方政府创新性的梯度序列。如果该梯度序列具有稳定性，就意味着政府创新和技术创新扩散一般无异，技术环境在其中占据主导；反之，则意味着政府创新扩

---

① 〔美〕埃弗雷特·M. 罗杰斯：《创新的扩散》，辛欣译，中央编译出版社 2002 年版，第 200—249 页。

② 〔美〕埃弗雷特·M. 罗杰斯：《创新的扩散》，辛欣译，中央编译出版社 2002 年版，第 200—249 页。

散呈现反梯度推移特征，制度环境在创新扩散中更为重要，政府创新采纳的动力源于组织合法性的需求。

为明晰以上争辩，本章引入行政服务中心作为对照组，如果扩散结果与行政服务中心标准化相似，则假设得到验证。之所以采用这两个案例，缘于行政服务中心和标准化两个案例适合进行受控比较。虽然两个案例采用的时间不同，但不同的创新主体，其经济、政治、社会等相对实力是恒定、可控的。如果这些因素恒定，根据梯度理论，各个地区之间的相对地位将保持稳定，这意味着创新将在高梯度地区产生，向低梯度地区渐次传播、扩散。据此，我们提出以下假设：各区域存在创新的区域梯度差异，这种差异具有一定的稳定性。

第二节　政府创新的梯度性：以行政服务中心标准化为例

本节将梯度理念引入政府创新扩散领域，以行政服务中心标准化为例，按创新采纳的先后顺序划分区域的创新梯度，跟踪创新扩散的全过程。

一　政府创新的梯度性

1. 行政服务中心标准化发展概况

2003 年 6 月，山东新泰市以《服务标准化工作指南》和《公共服务标准化指南》为指导，将企业标准化的管理方法和理念引入行政服务中心公共服务的实践中，建立行政服务标准化体系。伴随着行政服务标准化的推进，该创新项目从流程和内容上得到规范，形成了固定的推进套路，具体如下。

从流程上看，可分为四个步骤：实施准备阶段、制定标准阶段、标准实施阶段、申请评估阶段。从内容来看，标准可分为四大块：服务基础标准是基础，服务质量标准是核心，服务管理标准和服务工作标准是保障。其中，服务基础标准体系包括标准化管理基本规定、方针目标管理办法、标准体系编制原则、服务术语标准以及公共服务标准化工作指南等服务基础标准。服务质量标准体系主要为窗口服务提供规范化的技术操作，包含了质量特性标准和工作流程两个子体系。服务管理标准按照全过程、各环节控制的原则，对人财物、信息管理、后勤保障管理等所有管理事项进行了全面的规范。服务工作标准体系是根据不同的职位职责而制定的岗位工作要求，包括决策层工作标准、管理层工作标准、一般工作人员工作标准及窗口层工作标准（见图6-1）。

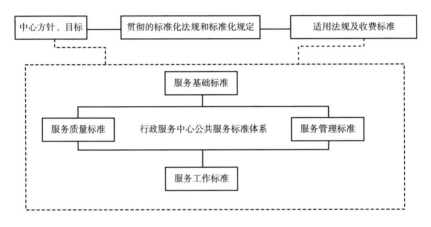

图6-1 行政服务中心标准体系基本框架

资料来源：方华：《基层行政服务中心公共服务标准化建设问题研究——以S省X市为例》，南京理工大学硕士学位论文，2012。

从内容、流程上看，行政服务中心标准化这一创新项目日渐成熟。这势必造成两个结果：第一，对单个区域，推进时间越来越短。山东新泰从2005年便着手标准化工作，直到2009年12月才通过试点验收；而镇江行政服务中心标准化试点从2011年进入准备阶段，2012年即确认评估申请。第二，对整个扩散过程，推进速度越来越快。中央、上级相关部门下发的一系列文件，又进一步推进了这一趋势。从2007年国务院印发《关于加快发展服务业的若干意见》（国发〔2007〕7号）开始，国标委等部门紧接着发布了《关于推进服务标准化试点工作的意见》《关于增补国家级服务业标准化试点项目的通知》，包括山东、安徽、江苏、江西等地区的行政服务中心标准化工作全面展开。

2. 行政服务中心标准化扩散的梯度特征

以"行政服务标准化""审批服务标准化""政务中心标准化""行政

服务规范"等关键词，结合地级市名称，采用网络抽样方式反复搜索，得到有效样本数 136 个，时间跨度为 9 年（2005—2013 年）。[①]（见表 6 - 1）

表 6 - 1　2005—2013 年行政服务中心标准化采纳数量统计

单位：个

年份	数量	省份
2005	2	山东(1)、江苏(1)
2006	0	
2007	5	山东(3)、河南(2)
2008	9	安徽(3)、江苏(2)、广东(1)、福建(1)、山西(1)、山东(1)
2009	22	四川(9)、安徽(3)、辽宁(2)、湖南(2)、广东(1)、江苏(1)、河南(1)、浙江(1)、山东(1)、青海(1)
2010	21	四川(5)、江苏(3)、河北(3)、湖北(2)、安徽(1)、广东(1)、广西(1)、浙江(1)、山东(3)、江西(1)
2011	21	河南(4)、江苏(3)、浙江(3)、宁夏(3)、广东(2)、安徽(1)、福建(1)、辽宁(1)、甘肃(1)、湖南(1)、黑龙江(1)
2012	30	安徽(7)、河北(4)、山东(3)、辽宁(3)、广东(2)、浙江(2)、江西(2)、江苏(1)、河南(1)、湖北(1)、海南(1)、湖南(1)、陕西(1)、吉林(1)
2013	26	福建(6)、广东(3)、河南(3)、江苏(3)、辽宁(2)、安徽(1)、湖北(1)、河北(1)、浙江(3)、山东(1)、贵州(1)、湖南(1)、江西(1)
尚未采纳地区的样本数(114)		广西(13)、甘肃(12)、山西(10)、湖南(9)、江西(9)、广东(8)、黑龙江(7)、吉林(7)、河南(6)、陕西(6)、湖北(6)、辽宁(5)、山东(5)、贵州(3)、宁夏(2)、安徽(1)、福建(1)、四川(1)、河北(1)、西藏(1)、海南(1)

资料来源：网络资料统计。

从表中不难看出，行政服务中心标准化的扩散尚未完全，目前采纳该项创新的样本数刚刚过半（$136 \div 250 \times 100\% = 54.4\%$）。以时间为自变量，新加入的采纳区域数量作为因变量，从检验结果看来，服从正态分布（sig > 0.05）（见表 6 - 2）。

[①]　关于样本选取：笔者以明确出现标准化文本或标准化实施方案文件为标准，如果仅在文字表述中出现"规范化、标准化"而无明确措施、方案、文本，不作为研究范畴；在标准化时间采纳方面，以最先采用标准化的地区（区、县、市）为准。

表6-2　正态分布检验

		year	行政服务中心标准化
N		9	9
Normal Parameters[a,b]	Mean	5.00	15.33
	Std. Deviation	2.739	11.314
Most Extreme Differences	Absolute	0.101	0.247
	Positive	0.101	0.157
	Negative	-0.101	-0.247
Kolmogorov-Smirnov Z		0.302	0.742
Asymp. Sig. (2-tailed)		1.000	0.641

资料来源：SPSS 生成。

罗杰斯进一步将该正态曲线划分为 5 个区域。平均值 -2sd 划出的最左边的区域占系统的 2.5%，被称为"创新者"，紧靠创新者右边的区域是"早期采纳者"，位于 -2sd 与 -sd 之间，占 13.5%。继续往右依次为"早期大多数"（34%）、"后期大多数"（34%）、"落后者"（16%）。参照罗杰斯的分类标准，对已采纳与未采纳的省份进行分类，结果如表6-3所示。

表6-3　政府创新的梯度分布（行政服务中心标准化）

编号	梯度名称	省份
1	创新者（2.5%）	山东、江苏
2	早期采纳者（13.5%）	河南、安徽
3	早期大多数（34%）	四川、河北、河南、浙江、宁夏、浙江、福建、辽宁、广东
4	预测：后期大多数（34%）	湖南、江西、湖北、贵州、西藏、海南、黑龙江
5	预测：落后者（16%）	广西、甘肃、山西、陕西

资料来源：网络资料统计。

其中，因创新扩散不完全，需要对"后期大多数"和"落后者"进行预测。至今尚未或大部分未采纳标准化的省份归为"落后者"，剩下归为"后期大多数"。其中，湖南、江西、湖北、海南等省份已出现一个或多个标准化的应用，相信将在近年完成创新的扩散。虽然广西、甘肃、山西等地区暂时归入"落后者"序列，但从另一角度看，未采用该项创新意味着扩散空间更为广阔，可能成为后期创新的中心城市。

二 比较研究：行政服务中心的发展与扩散

在我国服务型政府建设的过程中，伴随着行政审批制度改革，从 20 世纪 90 年代开始，在地方政府各个层面，普遍出现了行政服务中心这样一种公共服务的平台，俗称"政务超市"。行政服务中心以窗口式办公、集中受理与集中办理方式，将分散在政府各部门办理的行政许可、行政审批事项和配套服务事项集中，形成统一的政务服务平台，对外提供"一站式办公"，推行"一条龙服务"，实现信息共享，协作式地提供公共服务。行政服务中心提供的公共服务门类众多，服务面广，民众涉及面大，社会影响力大。

1. 数据收集

我们采用网络抽样的办法，用"行政服务中心""行政审批中心""政务大厅""启动""成立""运行"等关键词和地级市名称结合起来反复搜索，对各地级市成立中心的时间、名称、人口数量、空间距离等数据分别收集，获得有效样本数量 237 个。[①]

2. 样本分析统计

我们将获取的 237 个样本以半年为单位重新进行统计，结果如表 6 - 4 所示。

表 6 - 4　1995—2011 年行政服务中心采纳数量统计

单位：个

时间	采纳数量	时间	采纳数量
1995 年	1	2005 年下半年	8
1999 年上半年	1	2006 年上半年	3
1999 年下半年	2	2006 年下半年	7
2000 年上半年	2	2007 年上半年	9

---

① 很多文献把行政服务中心的扩散源定为 2001 年浙江金华行政审批中心的建立。笔者认为，此前有一些机构虽未曾涉及"行政""审批""服务"等字样，但从机构成立的原因和职能来看，也具备了行政服务中心的性质、要素。另外，为保持数据的一致性，以服务中心最早的正式办公时间为准。一些行政服务中心涉及筹办时间、试运营以及新行政服务中心正式投入运营等信息，但这些资料尚属个别，因此统一以最早的对外开放时间作为中心启动时间。

续表

时间	采纳数量	时间	采纳数量
2000 年下半年	6	2007 年下半年	9
2001 年上半年	15	2008 年上半年	6
2001 年下半年	30	2008 年下半年	3
2002 年上半年	19	2009 年上半年	2
2002 年下半年	40	2009 年下半年	5
2003 年上半年	18	2010 年上半年	2
2003 年下半年	18	2010 年下半年	5
2004 年上半年	8	2011 年上半年	1
2004 年下半年	10	2011 年下半年	1
2005 年上半年	6		

资料来源：网络资料统计。

我们以采纳时间为横坐标（第一年、第二年、第三年……以此类推），以新加入的采纳区域数量作为纵坐标，对比行政服务中心与行政服务中心标准化的扩散曲线（见图 6-2），进一步验证了该结论。完整的扩散曲线如行政服务中心（蓝色）曲线所示，呈现出少量创新者、早期采纳者—大量（早期、后期）采纳者—少量落后者的钟形曲线，而行政服务中心标准化曲线则表现出与采纳时间之间的显著正相关（线性回归曲线：采纳数 = 3.8 × year － 3.667，调整 R_2 = 0.824，SIG = 0.000）。该曲线拟合结果传达了两个信息：第一，行政服务中心标准化尚处于扩散阶段，可以预期下一个短期高潮的来临；第二，与行政服务中心的扩散相比，标准化的扩散曲线相对平缓。在 9 年的时间里，扩散仅进行了一半；如果该创新能够持续，并且没有意外因素扰动，将意味着还需 8—9 年的时间方能宣告完成。相比于行政服务中心，标准化的扩散将持续更长的时间。

同样，我们对创新者进行归类，结果如表 6-5 所示。

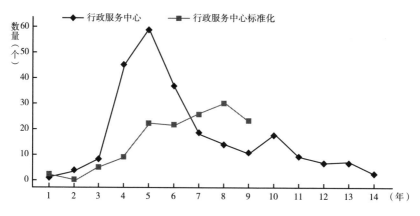

图 6 - 2　行政服务中心与行政服务中心标准化扩散趋势

资料来源：SPSS 生成。

表 6 - 5　创新者分类统计

单位：个

项目	创新者	早期采纳者	早期大多数	后期大多数	落后者
区域数量	6	31	76	79	30
采纳时间	1995 年至 2000 年上半年	2000 年下半年至 2001 年下半年	2001 年下半年至 2003 年上半年	2003 年上半年至 2007 年上半年	2007 年上半年至 2011 年下半年
所属省份	广东（4）、江西（1）、江苏（1）	安徽（11）、浙江（5）、四川（4）、陕西（3）、江苏（2）、江西（2）、湖北（1）、河南（1）、吉林（1）、山西（1）	河南（11）、湖北（8）、四川（7）、山东（6）、江苏（6）、山西（5）、湖南（5）、江西（5）、辽宁（4）、安徽（3）、吉林（3）、广西（3）、福建（3）、宁夏（3）、甘肃（1）、浙江（2）、西藏（1）	黑龙江（7）、甘肃（7）、河北（7）、广西（7）、广东（7）、山东（7）、辽宁（6）、四川（5）、湖南（4）、河南（4）、吉林（3）、福建（3）、安徽（3）、贵州（3）、山西（2）、湖北（2）、江苏（1）、海南（1）	广东（5）、山东（3）、江苏（3）、广西（4）、湖南（3）、河北（2）、贵州（2）、福建（2）、黑龙江（2）、宁夏（1）、海南（1）、四川（1）、山西（1）

资料来源：网络资料统计。

　　因为一些省份在分类中有所交叉，所以我们以多数地级市所属的类别为准。可以发现，以创新性为标准，各区域存在梯度差异（见表 6 - 6）。

表 6 – 6 政府创新的梯度分布（按省份）

梯度编号	梯度名称	省份
1	创新者(2.5%)	广东、江西、江苏
2	早期采纳者(13.5%)	安徽、浙江
3	早期大多数(34%)	河南、湖北、四川、（江苏、江西）、山西、湖南、西藏、宁夏
4	后期大多数(34%)	（广东）、黑龙江、甘肃、河北、广西、山东、辽宁、吉林、福建
5	落后者(16%)	贵州、海南

资料来源：网络资料统计。

第三节　公共服务标准化创新扩散的战略思考

显然，统计结果否定了原假设。按创新性所做的梯度划分，二者存在显著的差别。广东省由第一梯度下降至第三梯度，山东则由后期大多数进入创新者序列。此外，湖北、湖南、江西、福建等地区也出现不同程度的梯度转移。这意味着在政府创新中，制度环境占主导。这无疑为劣势区位赶超先进地区开启了方便之门。进一步对理论预设、理论本身、案例选择、样本选取加以检视，结论如下。

一　标准化是行政服务中心发展的必然结果

首先，两个案例之间密切关联。在行政服务中心扩散案例中，我们以空间扩散的视角对区域进行梯度划分，但时间和空间是事物发展中不可分离的两个维度，因此从时间维度的纵向考察不可或缺。笔者以采纳时间①为自变量，相应时间点的行政服务中心累计采纳者数量为因变量，曲线拟合如图6 – 3所示。从结果中可以清晰地看到创新扩散 S 形曲线的增长规律。

参考"创新者—早期采纳者—早期大多数—后期大多数—落后者"，在该曲线上找到 5 个对应的点，相应将扩散过程分为"萌芽期—成长期—发展期—成熟期—蜕变期"。在萌芽期（t = 1995—2000 年），规范的行政服务中

---

① 采纳时间统计方法：将 1995 年 10 月深圳首次设立行政服务中心的时间设为 1，时间间隔为 1 个月，则 1995 年 11 月 t = 2，1995 年 12 月 t = 3……以此类推，一直到 2011 年 10 月 t = 193。

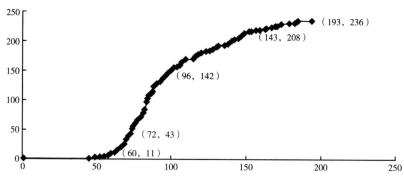

图 6 - 3 行政服务中心扩散曲线

资料来源：网络数据整理、Excel 生成。

心运作模式尚未形成，其较高的行政效率和优良的服务品质通过口口相传，在地域邻近的地区，如广东、江西、江苏相继建立；但在这一时期，可供政府学习和模仿的内容少之又少，各地区承担较高的创新风险，因此创新推进过程相对迟缓。在成长期（t = 2000—2001 年），有了前期的经验开拓，一些富有创新精神的地方政府跃跃欲试。再加上上级部门的推动，行政服务中心的采纳取得突破性进展。可以说，这一时期是承上启下、为大规模采纳创新项目埋下伏笔的时期。2001—2003 年，是行政服务中心项目的发展期，也是最为关键、扩散速度最快的时期。江西、江苏、浙江、安徽、四川的地级市行政服务中心都是在这一时期建立的。如果地方政府既不甘人后，又想最大限度地降低创新风险，这一时期将是重要的战略机遇期。从 2003 年开始，一半地区的行政服务中心已经开始运行，创新扩散的空间已然缩小，从曲线发展趋势看，扩散速率得到一定程度的减缓。已经采纳的地区把重点放在机构内部运行方式的优化，尚未采纳的地区创新的动力更多地迫于制度环境的影响和组织合法化的压力。在这一阶段，法律、法规、政策对扩散的进一步推进举足轻重。

从 2007 年开始，行政服务中心的发展进入蜕变期。行政服务中心发展在这一阶段所出现的转折，是所有创新扩散必经的阶段。按照相关理论，进入成熟期之后运行的曲线会有一个惯性下滑的过程，要停止下滑，就必须采用新技术、新方法或新制度。2005 年，胶州九龙镇集中乡镇各机构办事条块，成立便民服务中心，运行《乡镇政府便民服务规范》。后经山东省质量技术监督局批准，该规范修订为山东省地方标准。山东省新泰市建立了以服务质量标准体系为核心，服务管理标准体系和服务工作标准体系相配套的覆盖行政服务全过程的标准体系。之后，从 2007 年国务院印发《关于加快发展服务业的若干意见》（国发〔2007〕7 号）开始，国标委等部门紧接着发布了《关于推进服务标准化试点工作的意见》《关于增补国家级服务业标准化试点项目的通知》，包括山东、安徽、江苏、江西等地区的行政服务中心标准化工作全面展开。各地区行政服务中心对新环境进行重新识别，在对中心的建设进行重新评估和定位的基础上，将包括接待服务、窗口环境、办件质量、收费管理等内容以标准的方式确立起来，保证服务质量的稳定和连续。

从行政服务中心的建设上看，标准化只不过是规范管理的一种方式；但从创新扩散的角度，标准化将这一创新成果推进到新的阶段。标准化的推行，扭转了扩散固有的衰退趋势，扩散速率渐趋稳定，并出现上升势头。因此，标准化是行政服务中心建设扩散的蜕变期，也是行政服务中心良性发展的必然结果，更是另一创新的萌芽期。

二　标准化是跳跃模式下的区域趋同

在对案例进行审视之后，笔者进一步对理论预设加以关注。原研究假设是建立在创新理论的基础之上的：如果不存在扩散，那么创新性导致的区域梯度差异将长期存在。换句话说，创新是造成梯度差异甚至极化现象的原因，而扩散却给后进者赶超先进地区预留了空间和机会。

我们用 R 与 r 表示先进省份与落后省份累积采纳创新的数量之比和年增长率之比，即：

$$R = 当年先进省份累积采纳创新的地级市数量 / 当年落后省份累积采纳创新的地级市数量$$

$$r = \frac{（当年先进省份累积采纳创新的地级市数量 - 上年先进省份累积采纳创新的地级市数量）/ 上年先进省份累积采纳创新的地级市数量}{（当年落后省份累积采纳创新的地级市数量 - 上年落后省份累积采纳创新的地级市数量）/ 上年落后省份累积采纳创新的地级市数量}$$

如果 $R > 1$，表示先进省份的创新数量超过落后省份，区域间差距扩大；

若 $r>1$，意味着先进省份的创新数量年增长率超过落后省份，区域间相对差距进一步扩大，区域间趋异趋势明显。

在行政服务中心的案例中，我们选取广东省作为先进区域，将山东省作为落后区域，对两者进行比较。计算结果如表 6-7 所示。

表 6-7　区域绝对差距与相对差距对照

年份	广东	山东	R	r
1995	1	0	#DIV/0!①	#DIV/0!
2001	1	1	1	0
2002	3	7	0.428571429	0.333333333
2003	7	10	0.7	3.111111111
2004	8	11	0.727272727	1.428571429
2005	8	13	0.615384615	0
2006	9	13	0.692307692	#DIV/0!
2007	10	14	0.714285714	1.444444444
2008	11	14	0.785714286	#DIV/0!
2009	12	15	0.8	1.272727273
2010	13	18	0.722222222	0.416666667

资料来源：根据公式计算得出。

从表 6-7 中可以看出，虽然广东省创新性较强，但抢占发展先机并不意味着其领先局面能够长期维持；相反，山东省虽然起步较晚，但抓住了 2002 年重要的战略发展机遇期。如果说 2002 年之前，$R>1$，$r<1$，山东省区域增长率高于广东省增长率，这是区域趋同的最初模式：渐进模式；那么 2002 年之后，$R<1$，$r<1$，则意味着山东省不管是绝对增量还是相对增量，山东省全面超过广东省。此时，区域差距缩小至最小，区域角色互换。原先的领先者广东省沦为落后者，而原来的落后者广东省跃居领先者地位，这是区域趋同的跳跃模式。

因此，从结果看，梯度统计结果出现差异，但这种差异在行政服务中心的扩散中已经理下。正因为标准化是行政服务中心发展的必然结果，作为领先者的山东省率先实行标准化也就顺理成章了。

---

①　由于山东省 1995—2001 年均未建立行政服务中心,分母为零导致计算结果无穷大。

三　反梯度理论：创新扩散视角下的政策选择

在对案例、理论预设进行检视之后，我们将回到最初的争论：梯度理论与梯度转移理论，究竟哪一个更为科学合理？

首先，我们看到，创新客观上造成了区域之间的差距。因为出现行政服务中心（标准化）的项目，各区域在提供公共服务的水平、效率、满意度等方面出现了差异，先行采用该项创新的城市，至少在创新性方面，与其他地区拉开了差距。如果一些地区一直不采纳该项创新，而先行者们已经凭借先进的体制、机制实现了机构自身运行方式的更新、升级，那么这种差距将越来越大；即使其他地区采纳了该项创新，但凭借先行优势，二者的差距已然形成。因此，创新是重要的趋异因素。

然而，创新资本的收益会随着资本的积累而下降，就像其他资本的情况一样。在这种情况下，区域间的差异不可能长期很大。

其次，创新的公共产品特性具有区际意义，因为外部性往往有利于模仿者。在案例中不难发现，项目推进的时间，是随着创新采纳者数量的增多而逐步缩短的。因此，虽然创新客观上造成了区域之间的差距，但如果落后区域具备了吸收创新的技术、社会能力，最终创新的扩散将使得落后地区赶超先进区域成为可能，原先的落后者（山东）变成领先者；经过一段时间，领先者（广东）与落后者又可能会互换角色。创新和扩散两种力量持续影响，导致这一过程一直持续、循环往复。所以，创新会扩大区域间的差距，而扩散则会缩小差距、弱化区域间的梯度差异。

所以，梯度理论和反梯度理论是不冲突的。梯度理论中暗含反梯度转移的可能性，两者的结合点为区域趋同理论。在广东省与山东省的案例对比中，我们看到了先进者与落后者是如何从掉队模式—渐进模式—追赶模式—跳跃模式，最终实现角色互换的。但是，区域趋同并非无条件的，需要地方政府最大限度地利用地区优势，关注信息流动，抓住重要的战略机遇期，为赶超先进地区奠定基础。反梯度理论从一开始就不是与梯度理论相对应的概念，而是利用梯度规律，反其道而行之的政策选择。在认识差距的前提下，变被动为主动，改变自身的梯度定位。在这一过程中，创新的扩散将起到举足轻重的作用。

第 七 章

公共服务标准化通用框架设计

通用框架属于顶层设计，公共服务标准化顶层设计需要战略思考，同时也可以从学术的角度在理论上进行预演，尝试进行公共服务标准化通用型模板设计。在做好理论预设的基础上，构建通用型公共服务标准模板关键要理清公共服务基本维度的总体思路。

第一节　公共服务标准化顶层设计的战略思考

公共服务标准化在标准化建设、服务型政府建设和规范化建设的合力推进下大步走来。目前，公共服务标准化即将进入顶层设计的新阶段，我们要从战略的高度进行把握和推进。

一　公共服务标准化即将进入顶层设计阶段

严格意义上的公共服务标准化实践在我国已有4—5年的时间。对目前我国的公共服务标准化发展到什么样的水平，需要有一个总体的认识和判断，以便为下一步发展进行路径设计。2010年10月，国标委发布了《公共服务标准化指南》（征求意见稿），内容包括公共服务标准化的范围、类型、制定、实施以及评价和改进等。这份文献可以看成在国家层面上为构建公共服务标准化整体性的通用框架做热身准备。

1. 国外管理的经验借鉴

政府创新一般是在个别或局部地区首先试点，逐渐总结经验、适度推广。当政府创新扩展到一定阶段，高层引起重视，在认真评估的基础上，会制定通用性的指导框架，以便在更高的平台上进行推广。通用框架具有纲要性、原则性和权威性的特征，这是管理视角的顶层设计，可用于指导未来发展、把握整体方向。整体性管理框架是在改革基础上的跃进，是对以往改革成果的整合，是对现阶段的研究和实践热点的融入。作为一种较为成熟的标志，提出整体性管理框架可以看成政府创新进入全面推行的发展新阶段。例如，在政府绩效管理领域，从 20 世纪 80 年代开始，西方国家兴起了一场轰轰烈烈的新公共管理运动。为应对财政危机，降低政府成本，提升管理效能的新公共管理运动在本质上是一场以绩效管理作为导向的政府改革。西方政府绩效管理的改革有不同的发展路径，经历了不同的阶段。进入 21 世纪，西方政府在绩效管理方面有一个明显的趋势，即较为普遍地建立起整体性的绩效管理框架：从 2004 年，加拿大构建起《管理问责制框架（MAF）》。2008 年 8 月，新西兰国家服务委员会和财政部联合发布了《绩效评估：关于如何建立有效框架的建议和实例指南》。2008 年 8 月，澳大利亚昆士兰州政府通过了关于以新的绩效管理框架代替管理绩效框架的决定，并于 2009 年 5 月公布了《昆士兰州政府绩效管理框架指南》。2009 年 10 月，维多利亚州基本服务委员会公布了《地方政府绩效控制框架》。可以这么认为，构建整体性绩效管理框架拓展了绩效管理的发展空间，推进了绩效管理的发育成熟，是西方政府绩效管理发展新阶段的明显标志。[①]

公共服务标准化是一种管理创新工具。可以说，公共服务标准化进入一定的发展阶段，整体性地推出具有前瞻性和指导性的通用框架也是一个国际惯例。从 20 世纪 90 年代开始，发达国家开始进行公共服务标准化的实践。1997 年，美国的全国绩效评估委员会牵头制定"服务标准"，出版了史上第一本政府服务标准手册——《顾客至上：服务美国民众的标准》；英国政府推行公共服务承诺制，1997 年确定了公共服务的 9 条原则，各地的公共服务机构针对各自的情况编制了相应的承诺服务标准；2004 年，法国政府公布了公共服务质量标准，要求各部门简化行政手续，提高服务质量，为国民提供及时、高效、令人愉快的公共服务。从这个角度进行审视，可以认定公

---

① 卓越、孟蕾、林敏娟：《构建整体性绩效管理框架：21 世纪西方国家政府绩效管理的最新视点》，《中国行政管理》2011 年第 4 期。

共服务标准化在我国也已经进入从地方政府的积极实践到中央层面的顶层设计阶段。

2. 国内相关政策的佐证

从 2012 年开始，国家层面紧锣密鼓地推出相关政策，说明构建公共服务标准化整体性通用框架的热身准备进入高潮。在较为宏观的背景方面，国家出台了两份纲领性文件。2012 年 7 月，国务院印发《国家基本公共服务体系"十二五"规划》。2012 年 8 月，国标委会同国家发改委等 27 个部委制定了《社会管理和公共服务标准化工作"十二五"行动纲要》，特别强调要大力开展公共教育、就业服务、社会保险、基本社会服务、公共医疗卫生、人口计生、公共基础设施管理与服务、公共文化、公共交通、公共安全以及社会公益科技服务等领域的公共服务标准化研究，有针对性地提出了在社会管理和公共服务领域进行标准化工作的指导思想、工作目标、重点任务和保障措施。在分量上，这两份文件出台，说明了国家层面对公共服务标准化的高度重视；在时间节点上，也印证了我国公共服务标准化已经进入了需要进行顶层设计和总体规划的较为成熟的阶段。在具体操作层面，2012 年 8 月和 11 月，国标委分别发布了《政府部门建立和实施质量管理体系指南》（征求意见稿）和《质量管理体系——地方政府应用 GB/T 19001：2008 指南》国家标准征求意见稿。前者运用管理单元的控制方法分解政府职责涵盖的各工作事项的内容、程序和要求，其基本内容包括政府部门建立和实施质量管理体系的原则、依据、要求、方法、步骤以及保持质量管理体系持续改进的措施等，目的就是为各级政府部门建立和实施质量管理体系提供一般模式。后者从公共服务领域出发，在阐述 GB/T 19000 系列标准中的质量管理概念的基础上，主要探索如何将 GB/T 19001：2008 中规定的质量管理体系要求应用于地方政府的公共服务过程。

对近年来我国公共服务标准化的实践进行梳理，大体上可以分为整体性的政府组织标准化建设、窗口部门的行政服务中心标准化建设，基层所站公共服务标准化建设和公共基础设施公共服务标准化建设等。其中，窗口部门的行政服务中心标准化建设进展最为迅速，涉及大部分省份。这一领域的标准化建设也已经开始进入总体规划阶段。2012 年 10 月，由全国服务标准化技术委员会归口、新泰市公共行政服务中心等单位起草的《行政服务标准化工作指南》和《行政服务中心运行规范》两大系列、六项国家标准形成征求意见稿。2013 年 4 月，六项标准顺利通过国标委专家组审定，并在我国所有行政服务中心执行。2013 年 1 月，由全国服务标准化技术委员会归口的《政务服务中心网上服务规范》国家标准形成了征求意见稿。该标准主要规定了政务服务中心网上服务的基本原则、服务内容、提供要求、服务保障和服务改进等内容。这种单兵突进的举措也从一个侧面说明构建总体性框架箭在弦上。

二　共识与困惑：公共服务标准化的界点

在标准化建设的进程中，公共服务标准化由标准化、服务标准化一路发展而来。在标准化这个范畴内三者是同质的，作为一种管理工具，具有共同使用、重复使用、追求最佳秩序的特征。此外，公共服务标准化与服务标准化又具有区别于产品标准化、技术标准化的基本特征，具有服务业的标准化共性特征。

1. 服务业标准化的一般特征

质量管理通常依照结果进行判定，具有可见性、恒定性特征的工农业有形产品质量、技术质量最为典型。但是，服务是"为了满足顾客需要，由供方凭借体力、智力和技能，借助一定的工具、设施和手段，通过与顾客之间的接触的活动以及供方内部活动所产生的结果"，[①] 具有无形性、生产和消费的同时性、不可储存性以及不确定性的特征。因此，服务业标准化最大的特点就是结果导向要与起点导向、过程导向相结合，这也就是一些学者归纳的延展性特征。因为结果本身是不完全确定的，通过起点阶段的资源提供，间接地为结果测定提供帮助。具有比较完善的资源提供机制，可以部分地依此推论将会有一个较为满意的结果。因为结果本身是不完全可以储存的，通过过程阶段的流程和痕迹描述，部分地为结果测定提供依据；具有比较明晰的流程和痕迹规范，可以部分地依此推论将获得较为可靠的质量。

服务标准化的这种共性特征对于公共服务标准化的具体实施有直接的影响，在公共服务标准化的推进领域方面尤为明显。相对于有形产品的先生产

---

① 柳成洋：《服务标准化导论》，中国标准出版社 2009 年版，第 4 页。

后消费而言，服务是生产和消费同时进行的过程，服务的生产过程并不是封闭的，公民的满意非常重要。也就是说，公共服务标准化在为公民直接提供服务的领域，在有公民参与和公民互动的一线部门、窗口部门可以最先试行和推广，这也就是为什么各级地方政府的行政服务中心标准化、基层计生服务站标准化、就业服务站标准化等比较容易推行的原因。标准化主要是对重复性工作的统一，因此，在重复性大、可变性小、较具流程性的行业更适合标准化，旅游业和快餐业就是服务标准化的典型行业。同样，在公共服务领域，那些重复性大、流程性强的行业，特别是垂直管理部门诸如基层工商所、派出所等可以最先试行和推广公共服务标准化。

2. 公共服务标准化应该有自身明确的界点

同时，我们还要看到，公共服务标准化之所以能够从一般的服务标准化中剥离出来，成为一个相对独立的领域，在标准化建设的进程中成为一个相对独立的发展阶段，就是因为公共服务标准化具有不同于一般性的服务标准化的个性特征。公共服务标准化首先是可以辨识的，然后才是可执行的、可持续的和可扩散的。在前些年的探索中，由于缺乏国家层面公共服务标准化统一体系的指导，一些地方政府主要根据企业质量标准体系要求和 GB/T 24421.2 服务业组织标准体系进行设计。例如，陕西省在养老保险标准化试点中，根据企业标准化工作要求建立了"三横一纵"的养老保险经办服务标准化体系。"三横"即技术标准体系、服务管理标准体系和工作标准体系。北京东城区在国家级城市公共服务标准化示范区建设中，也是以 GB/T 24421.2 – 2009《服务业组织标准化工作指南 第 2 部分：标准体系》为依据开展了 13 个示范项目标准体系的建设工作。ISO 质量管理体系导入政府管理已有 10 多年，一度轰轰烈烈，最终成效较为一般。究其原因，就有迁移过程中的适配性问题。ISO 质量管理体系是从企业生产管理中提炼出来的质量管理标准，是为适应大型企业流水线式的、稳定的、精确的工作性质而制定的。将以产品技术为对象的 ISO 质量管理体系导入行政服务机构，用企业精神改造政府，就有一个如何与政府的实际工作兼容的问题。鉴于此，在推进公共服务标准化的过程中，更要注意这个问题。

应该说，热身中的相关政策文献已经意识到这个问题，并且也在一些地方积极地表现出来。不论是《政府部门建立和实施质量管理体系指南》

（征求意见稿）还是《质量管理体系——地方政府应用 GB/T 19001：2008 指南》（征求意见稿），都在强调要解决两个问题：一是"隔层皮"的问题，将 GB/T 19001：2008 的技术语言"转化"为政府工作人员更为熟悉的语言，为地方政府提供一个通用的质量管理模式，以便于通过交流，提高整个地方政府社会管理的质量。二是"两层皮"的问题，把 GB/T 19001：2008 中规定的质量管理体系要求与地方政府的具体实际工作深度融合，切实改进地方政府的工作，推动地方政府的管理水平向更高的层面提升。

3. 公共服务标准化界点勘探的困惑

对《公共服务标准化指南》（征求意见稿）进行分析，目前还看不出设计的个性特征所在。从体系来看，整体框架基本沿用服务业组织标准体系。从基本构成要素来看，具有明显的对应性。大部分要素只是在原有的"服务"字眼上，加上"公共"二字，如服务提供规范、服务评价与改进标准、安全与应急标准以及服务保障体系的信息标准等。有些要素也只是做了个别字词的调整，无关大碍，如服务通用基础标准体系改为公共服务基础标准、服务保障标准体系的人力资源标准改为公共服务人员资格标准、服务质量控制规范改为公共服务质量标准，如此等等。

实际上，即使是原有的框架体系，按照严格的格式规范要求，也需要进一步推敲。热身中的通用框架设计也没有对此进行完善。以《行政服务标准化工作指南 第2部分：标准体系与编制规则》国家标准为例，行政服务提供标准体系的结构包括行政服务提供规范、行政服务过程控制规范、行政服务评价与改进标准。这里存在种属概念重合的问题，作为一级标题的提供标准和作为二级标题的提供规范实际上是重复的，逻辑不严密。一种较为可行的修正方式是在"行政服务提供规范"这一术语当中添加定语，进而缩小外延，使得标准体系结构更为严谨。

三 理念与实务：顶层设计必须面对的挑战

在高层即将推出公共服务标准化通用框架的前序阶段，设计过程要反复推敲、充分酝酿。笔者认为，至少要在理念上解决公共性和政府主导性这两个基本问题，在规范上要考虑因此而引发的诸多可操作性问题。

1. 公共服务标准化的公共性问题

政府代表社会履行公共职能，为社会提供公共产品。公共服务涉及社会制度、经济发展、文化背景等综合因素，公共服务标准化区别于一般性的服务标准化，最重要的就是公共性问题。

首先，在导向上，公共服务标准化更注重公平、正义等价值理性的因素。"公平"是一个相对的概念，作为公共服务领域的公平，应该是尽可能使得受益群体最大化、受益对象利益最大化。

任何一个企业，都必须担当社会责任，必须讲究顾客回应。但是，企业在本质上是营利性组织，企业通过市场机制提供服务，是为了追求自身利润最大化。企业运用标准化的管理方法，直接体现的就是工具理性。企业通过标准化改进服务流程，统一服务标准，提高服务效率和质量，进行成本管控，提升盈利空间。为了实现盈利目标，为了满足日益多样化的顾客需求以及应对激烈的行业竞争，企业会将标准化和个性化相结合，细分市场，为顾客提供标准化的个性服务。企业会根据市场需求提供不同层次的标准水平，不仅满足一般的服务需求，而且为特定群体提供高层次需求。标准化本身属于技术范畴，但在公共服务领域，随着公共行政从现代性向后现代性过渡，公共服务标准化必须同时兼顾工具理性与价值理性，要将价值理性作为公共服务的永恒主题，要体现对公平、责任与回应性等价值理性的关注。目前，在我国经济发展水平和政府服务能力还有待提高的情况下，公共服务标准化的领域必须侧重于满足人们基本需要的基本公共服务领域，标准水平还比较低，具有基础性的特点。公共服务标准化建设应该以公共服务均等化作为基本目标，可以减少公共服务的地域、人群、性别等的分配差异。要通过公共服务标准化建设促进实现社会公平正义。

以绩效合同标准为例，随着社会分工的细化、核心竞争力的凸显和信息化的应用，服务外包已经成为现代服务业的一种新业态，"即企业将信息服务、应用管理和商业流程等业务外包给企业外第三方服务提供者，以降低成本、优化产业链、提升企业核心竞争力"。[①] 在服务供应链管理环境下，服务企业积极与上游的功能型服务提供商、下游的客户密切协作，而合同管理

---

① 刘伟华、刘希龙：《服务供应链管理》，中国物资出版社 2009 年版，第 40 页。

就是联系彼此的纽带。合同管理标准主要是指服务业组织将顾客需求形成文件或口头协议，达成一致并组织实施整个过程的相关标准，包括采购合同、信贷合同、租赁合同、劳务输出合同和服务提供合同等。在公共服务领域，随着政府治理和改革浪潮的兴起，以传统的等级式官僚体制为组织载体的公共服务提供形式逐渐走向网络化治理，政府绩效合同也进入公共部门。"政府绩效合同是指政府在内部要素及外部公共关系处理过程中利用合同化的管理模式对相关的绩效作出的合同规范，以达到公共管理和提供公共服务的目的。"① 公共服务绩效合同管理与一般的企业合同管理的区别不仅在于主体不同，而且关键在于目标导向不同。企业追求自身利益最大化，合同标准体现了对经济效率的追求。而公共服务绩效合同标准要遵从工具和价值的双导效应，不单关注经济、效率，更要在合同要素中渗透对公平、正义、效益等价值标准的追求。例如，政府在与社区医疗机构签订医疗服务供给合同时，合同框架要从公众所享受的福利角度出发，考虑到社区居民的就诊行为是否有所改善，是否享有公平就诊机会，社区医疗机构的技术及硬软件是否能满足当地社区居民的要求，从公平、服务、责任性等角度较为全面地反映合同的履行绩效。在这个框架下，具体制定医护人员态度、病人就诊满意度、社区居民就诊意愿百分比、医疗费用合理度等合同标准。

其次，在过程中，公共服务标准化更加需要公开与参与。标准化的过程就是一个公开与参与的过程。标准的制定需要广泛征求主体和对象各方的意见，反复磋商、认真讨论。在组织实施过程中，需要动员宣传贯彻、理念导入和试点推行。相比而言，公共服务标准化比一般性服务标准化需要更加广泛的公开与参与。

以信息化标准为例，根据《服务业组织标准化》和《公共服务标准化指南》信息标准分类，从信息化功能角度，可以将服务信息化标准分为信息应用标准化和信息管理标准化。无论是计算机技术领域的标准化，还是信息采集、处理、使用和管理的标准化，信息公开一定都是核心内容。在服务群体上，服务企业信息公开的主要对象是其产品的消费者，具有群体性，信息公开的程度取决于企业对产品和企业形象的宣传力度。因此，企业信息公

---

① 卓越：《政府绩效管理概论》，清华大学出版社2007年版，第151页。

开标准程度差异性大。在服务企业的信息管理标准上，主要是重视信息采集和发布标准，比较缺少信息互动的要求。而公共服务信息公开的主要对象是社会公众，其内容涉及与公众生活各方面息息相关的领域，是公众行使对公共部门履行职能知情权的表现。正如王锡锌指出："在当代政府的行政过程中，政府具有极为广泛的管理和服务性职能，与这些职能相对应，政府通过运用行政权力和公共资源收集、处理、保有了大量的信息，这些信息本质上是'公共财产'。如果政府垄断这些信息，就必然加剧政府和公众之间的'信息不对称'，使公众失去有效参与行政过程的能力。在这个意义上，完全可以说，'知情权'是公众'参与权'的前提。"① 公共服务信息公开是公共部门合法性和民主社会的必然要求，也是建设阳光政府和透明政府的现实需要。因此，公共服务信息化标准更加重视信息公开、阳光政务，包括信息公开的时效性、真实性、权威性和全面性，以减少公共服务质量信息在供求双方的不对称，达到管理过程和结果的可控性和可测性。在参与方面，政府期望公众通过门户网站、互动热线、电子邮件等进行政策咨询和政策参与，打造"开放政府"和"积极服务型政府"。

再以安全与应急管理为例，我国正处于经济社会发展的转型变革期，社会环境中的不确定因素增加，使公共危机管理已成为政府的重要职能，公共危机的处理能力已经成为政府能力的重要指标。相对于企业危机管理，公共危机管理更具有多元参与的开放性。企业具有产品差异大、顾客群体细化和组织分散性的特点，企业危机的危害范围相对较小，具有区域性和行业性。而公共危机的作用对象是社会大众，波及面广，可以在短时间内产生巨大危害。企业追求自身经济效益最大化，与其他企业更多的是竞争关系，在企业危机爆发时，除非面临收购和兼并，一般不太容易得到其他企业和社会公众的援助。因此，企业危机管理主要是自身的管理，其标准化涉及面也主要是企业内部进行危机处理的标准化，具有内部性。而公共危机面向社会公众，具有共同利益，当危机发生时，除了政府利用权威进行资源调配外，企业、非政府组织、海外人士、普通公民都将参与到公共危机的应对中。在参与的

---

① 王锡锌：《公众参与和行政过程：一个理念和制度分析的框架》，中国民主法制出版社 2007 年版，第 115 页。

过程需要更多公开，以便了解配置、协调利益。

2. 公共服务标准化的政府主导问题

在服务标准化运行模式的分类上，有学者认为："比较典型的是把技术标准化模式分为三类，即市场化模式、政府主导模式以及在此基础上形成的混合模式。"[①] 一般性的服务标准化运行主要是在国家标准化管理机构的政策指导下进行，标准的具体组织实施大都由企业内部自身运作。与之相比，公共服务标准化的运行模式具有明显的政府主导特征。《公共服务标准化指南》（征求意见稿）明确指出："公共服务标准化工作应充分发挥政府主导作用，根据各级公共财政的现实以及公众需求，统一规划，分步实施。"

有学者分析指出，这个特征主要与现阶段公共服务提供方式、提供水平有关。从理论上说，随着社会治理网络的形成，根据不同公共服务项目的性质和特点，可以采用不同的供给模式，实现公共服务供给主体的多元化。在操作层面上，"供给组织主要可以有三个方面：对那些不具备规模经济特征、进入门槛比较低的公共服务项目，逐步向民营企业和民间组织开放；对那些规模经济特征明显、进入门槛较高的公共服务项目，主要引入市场机制，加强公共部门内部的竞争；对仍要依靠公共部门来提供的公共服务，如基础教育、卫生防疫等重大项目，要加强监管，保障公正，努力降低成本，提高效率"。[②] 由于我国公共服务供给能力还比较低，主要集中在基本公共服务领域，是纯公共物品，存在严重的市场失灵，必须采取政府提供的模式。因此，从整体上说，我国的公共服务标准化采取的是以政府为主导的运行模式，带有强烈的官方色彩。在进一步的通用框架设计中，我们必须认真思考政府主导的公共服务标准化可能的影响因素。

首先，地区经济社会的发达程度直接影响公共服务标准化的发展程度。企业服务标准化的资金来源主要是企业自身，摊入企业成本。"政府体现和行使的是公共权力，公共资源则是由国家所有的各种资源和资金。如果一个社会生产过程有政府以某种方式的介入，如财政资金、产权或特许等，并在

---

① 郝素利、李上、丁日佳：《公共服务标准化的国内外比较及对策研究》，《商业时代》2011 年第 6 期。

② 石国亮：《服务型政府——中国政府治理新思维》，研究出版社 2008 年版，第 230 页。

某种程度上贯彻着国家意志，那么就属于公共服务。"① 也就是说，公共财政是公共服务标准化的财力保障，各地公共财政状况直接影响到公共服务标准化的制定和组织实施。经济发达、财政充裕的地方，可以制定更高的公共服务标准；经济欠发达、财政贫乏的地方，公共服务标准化程度相应就低。

其次，公共服务标准化存在内在动力不足的局限。如前所述，一般性的服务标准化领域大多数属于市场运作，企业面临优胜劣汰的竞争环境，具有管理变革的内在驱动力。企业实施服务标准化，可以提高服务质量，降低服务成本。"通过服务和管理的全面标准化，实现服务模式的复制和服务品牌的扩张，完成从价格竞争到以质量、品牌、规模为核心竞争的飞跃。"② 通过人力资源标准化建设，共享优秀员工的工作经验，可以降低员工培训成本；通过过程服务标准化建设，准确描述服务流程和服务规格，可以提高服务质量的稳定性和服务效率；通过质量评估标准化建设，扩大"星级""特许"等标准化外在标识，可以提高服务企业的市场认知度和品牌认可度，扩大市场份额。因此，通过起点、过程、结果的标准化建设，建立品牌、规范流程，降低成本、提高服务质量，可以给企业直接带来盈利空间，企业有内在动力参与到标准化工作的研制和实践当中。以肯德基为例，通过品牌标准化、服务标准化、质量控制标准化、运营管理标准化、员工培训标准化以及特许经营标准化，肯德基成为在中国发展最快的快餐品牌，短短二十几年就发展了3000多家门店，成为快餐行业的巨头。相对于企业而言，公共部门具有对公共权力的垄断性掌控，缺少外部竞争者，先天缺乏管理变革的内部驱动力。在客观层面上，公共部门普遍存在职能交叉、职责不清、工作量化程度低以及工作效果不明晰等问题。同样是服务标准，相对于企业，公共服务标准化的效果比较难衡量。在主观层面上，鉴于公共部门的封闭性大、流动性低等特征，机构人员提高服务效率和质量的动力不足。公共部门的工资福利和升迁涉及各种复杂因素，与公共服务标准化的过程与效果不具有直接相关性。在现阶段，各地对公共服务标准化的认识大多还是停留在理念宣传和研究工作上，还没有进入实质性的操作阶段，总体上比较缺乏推进的动

---

① 李上：《公共服务标准化体系及评价模型研究》，中国矿业大学博士学位论文，2010。
② 张明兰、王晓燕：《服务标准化的特征和对策研究》，《上海标准化》2009年第11期。

力机制。

最后，实施公共服务标准化需要更大的协调成本。在标准化组织协调上，企业服务标准化属于内部管理的一部分，涉及部门比较单一，部门之间权责关系比较清楚，协调成本较小。在公共服务领域，理论与现实的矛盾，"三定"方案中各个部门、各个岗位的职能定位、明确分工与实际工作中各个领域、各个部门之间界限模糊、职能交叉的矛盾始终存在。从管理的角度看，公共服务标准化通过岗位职能界定，工作流程梳理和质量结果监控等逐层展开，实际上也就是一个职能转变、流程再造和绩效改进的过程，需要和理论上的"三定"方案、现实中工作状况进行比对，和各个部门、各个岗位进行沟通，需要大量的协调成本。从政治的角度看，这样一个展开无缝隙对接的过程，实际上涉及部门权责的分割和利益的再分配，必然触碰到某些部门利益，会增加标准化的协调成本。正如李晓林所说："按照服务事项构建标准体系只是理想的设计，实际操作中因标准体系的实施必须落实到具体管理权限的服务组织，如果体系跨越的组织机构过多，协调工作压力会很大，可操作性和实效性会很差，这是按事项编制标准体系特别需要关注的问题。"① 就以公共服务信息化标准为例，企业的信息化涉及的部门主要是公司内部，其职责划分比较明晰，跨部门的合作比较容易协调。我国的公共服务信息化建设主要由专项业务信息化和综合公共服务信息化两个方面组成。推行信息化的标准建设，这两个层次都有协调成本的问题。前者可能出于部门利益，固守信息孤岛，不愿意信息共享和标准兼容；后者涉及跨层级联动和跨部门合作，常常出现由政出多门、权责不清导致的信息混乱，一些地方行政服务中心建设就遇到了类似问题。

第二节　构建通用型公共服务标准框架的理论预设

审视公共服务标准化既需要从微观层面透视其运作细节和复杂性，更需要从宏观视角摄取整体图景。从近几年来各级地方政府纷纷探索公共服务标

---

① 李晓林：《从城市公共服务标准化实践看 GB/T24421.2 的适用性》，《标准科学》2010 年第12 期。

准化的历程来看,① 服务标准化已从单一概念的描述逐步延伸到行政审批、基础服务、政府职能部门内部管理等实践领域,从制定单一维度的标准辐射到由公共服务基础标准、公共服务管理标准及公共服务技术标准等子标准所构成的多维立体性公共服务标准体系。与之相随,就是对公共服务内涵、公共服务标准特性及构建公共服务标准体系等原初性理论框架的不断认知、修正及构建的理论演变。

一 "通用型公共服务标准"的内涵界定

在构建通用型公共服务标准模板前,必须预先界定相关的基本概念,其中最为核心的是公共服务与公共服务标准。

"模板"一词起源于制造业,其后被广泛使用于计算机和办公自动化领域。在 Dreamweaver 中,模板是网页的框架;在 C++中,模板是实现代码重用的工具;在 Office 中,模板是文档结构和格式的定义。在公共部门标准化管理的实践探索中,"模板"这一个管理工具越来越被频繁使用,对于公共服务标准化的推进具有重大意义。

模板可以规范政府提供公共服务的行为。模板的作用就是告诉政府管理者,某种类型的公共服务基本的要素结构应该包含哪几个部分(当然并不是必需的)。政府管理者可以依据模板的要素要求对照自身的行为规范,如果发现某个行为环节的结构不完整,就可以从完善这些部分入手,从而使得公共服务的行为有章可循。地方政府如果要彰显其地方特色,就可以制作与地方实际相适应的自定义模板。

通用型模板具有全面性、灵活性和适用性广的特点,主要起编辑引导的作用,它不是强制使用的,所罗列的填写项也不都是必填的,即模板内容并不是固定不变的,可以根据实际需要来修正和调整它。在填写过程中,可以根据需要选择使用或者不使用模板,编辑的内容也不是都必须在模板的范围内。

通用型模板可以为创建同类模板提供方便。例如,在岗位任职资格标准

---

① 例如,浙江省上城区推行了 24 项服务标准,山东新泰市推行行政服务标准化,南京市江宁区建设公共服务示范区等。

模板中，提供可供选取的学历要求、专业要求、资格证书、身体条件、政治面貌等列表，比填写人直接输入要简便得多。诸如此类的做法，可以最大限度地降低用户操作失误概率。

通用型模板具有可推广性、可复制性，政府部门可以共享设计成果。所有的公共服务标准通用型模板都为地方政府提供了一定数量的公共服务基础标准、资源供给与管理标准、公共服务提供要素标准和公共服务绩效标准等。其目的除了为政府部门制作同类主题的模板提供样本参考以外，更主要的是共享模板设计成果。

从逻辑上看，对公共服务的认识应是研究公共服务标准的真正起点。如果不知公共服务为何物，所探讨的内容、得出的结论势必偏离公共服务标准的实质内涵。公共行政学大师胡德将公共行政界定为"关于公共服务供给的制度安排"。由此可见，公共服务就是政府之所以为公共主体、公共行政之所以为公共事务的核心载体，是政府有效履行公共职能、回应公众需求、维护政府合法性及正当性等谱系汇聚的焦点。从概念界定的角度来看，学界对其认同基本上是从公共产品的层面展开的。在经济学中，产出可以分为产品和服务两种形式。它们的区别在于：产品是有形的产出，而服务是无形的产出。按照上述逻辑推理，有形的公共产出应是公共产品，无形的公共产出则应是公共服务。但是，这样会出现误解和混淆。事实上，在经济学中所使用的"公共产品"这一概念，是有其特定的含义的，并不是从政府产出的产品物质形式去定义的。它既包含了有形的物品如灯塔、水电和公共住宅，又包含了教育、保健和安全等无形服务。所以本书所构架的公共服务标准，既涵盖了为公众提供有形、无形的直接性公共服务，也包括了提供制度条件、运行资源的行政内部事务，诸如档案管理、信息管理、人力资源管理等间接性公共服务。

二　构建通用型公共服务标准的思路

构建一套体现政府提供制度安排、公共政策制定、规制方式等无形的公共服务以及由此延伸的国防、教育、科技、文化、医疗、环保、财税、社会保障等具体性公共服务标准时，存在个性因子之间难以相互兼容的问题。因此，试图构建出体现公共服务标准的公共性、回应性、绩效导向性、规范化及普适性等共性要素的通用型公共服务标准，是本书的路向所在。

1. 凸显公共服务标准模板的菜单式特性

某试点单位对乡镇政府的日常工作重新进行梳理总结，抽象提取，形成了咨询问答、信息宣传、科学技术指导、农村文化建设服务、镇村建设、农业生产服务、劳动权益服务等 15 大类 108 项内容，涵盖了乡镇各类证照办理、弱势群体救助、民房翻建、新建手续报批、企业劳动用工、各类证照手续代办、计划生育服务、农业科技咨询以及矛盾纠纷排查调处、群众来访、司法调解等乡镇受理的内容。我们的出发点正是构建一套在分类基础上的通用型公共服务标准模板，然后实现模板之间的优化组合。

（1）根据公共服务的不同分类选择组合标准模块。公共服务的种类千差万别，对象喜好各异，不可能具有整齐划一的标准，因此我们根据公共服务的不同分类设置不同的标准，力求适应公共服务特性的要求，整个公共服务标准体系是一个多元的、可选择的菜单式模块。譬如单一性服务对象，可借鉴公共服务提供与实现要素标准中的流程管理模板；多元化的服务对象，则可采用基础标准、资源供给与管理标准中的职责模块、人力资源模块、供给与实现要素中的服务对象模板来编制标准。由于整个公共服务标准体系就是一种通用型框架，所以各公共服务提供机构和组织可根据公共服务战略发展目标及诉求，参照共性标准模板注入自身的个人标准要素。例如，直接与公众打交道的公共服务部门，可在资源供给与管理标准模板中选取人力资源管理标准、公共服务文化标准、公共服务环境标准，以凸显其直接服务的取向性；在公共服务提供与实现要素标准中，可采用沟通互动标准，动态立体地呈现出服务主体与服务对象积极互动的状态；在公共服务绩效标准中，则可侧重于从外部相对人满意度的角度对公共服务提供部门展开服务质量、服务成效等方面的评价。

（2）根据公共服务的内容及侧重点选择标准模块。公共服务标准不仅是菜单式的，可供选择，还有侧重点的不同，因此可以根据公共服务的内容及侧重点对层级标准及要素进行选择。例如，侧重于部门管理职能的规范，可综合采用基础标准、资源供给与管理标准（选择相关度较高的支持性资源，如组织与人力资源标准，或者公共服务环境、公共服务信息资源管理和公共服务文化等相关标准）的职能管理模板来编制标准。相对于职能管理来说，侧重于流程控制的大型专项活动，更为细致具体，则要运用公共服务提供要素标准，特别是流程管理控制模板，或者痕迹管理标准和公共服务交付标准模块。

2. 力求公共服务的过程控制与结果导向

标准化管理以过程为中心，强调管理的本质就是管理过程；将活动和相关的资源作为过程进行管理，实现持续改进的动态循环，并管理这些过程的相互作用，以便实现组织的目标。例如，在 ISO9000 标准体系中，管理活动、资源提供、产品实现（包括设计和开发、采购、生产和服务的提供等）、测量分析和满足顾客要求相关的过程等内容大多涉及管理过程，强调在产品实现过程中的一系列符合标准或是符合顾客需求的管理活动，虽然在标准中也提到要对过程所产生的结果做出测量和有效性分析，却没有对结果所应达到的程度等做出更为明确的要求，这就容易导致有过程而无结果或者是对结果的好坏无法把握。"质量保证造就了一定程度的一致性和均一性。""质量保证已经被概念化并被限定为检测案例是否和已接受的标准相一致，然而，这并不能证明项目已经到了成功这个阶段。"①

公共服务标准化借鉴企业的标准化管理，也把关注点聚焦于过程控制，如标准体系中的公共服务提供要素标准包含了流程管理标准和痕迹管理标准。但是，公共服务标准化不是为了过程而控制过程，而是为了结果控制过程，它更讲究"结果导向"，认为程序和规则固然重要，但是否产生好的结果，是否满足公民需求则更为重要。譬如，公共服务提供要素标准打破了以部门职能和分工为导向的流程设计模式，要求按照"公众需求"和围绕"结果"进行政府流程设计。从基础标准中的"目的"，到支持性标准中的"职责评估点"，到资源供给与管理要素标准中的"规范性要求和绩效控制要求"，再到绩效评估与改进中的"通用评估指标、业绩评估指标及技术评估指标"，充分反映了过程控制、结果监测与持续改进的有机连续性。

3. 实现公共服务标准体系的相容

一是实现公共服务标准与一般性标准的相容。我国标准分为国家标准、

---

① 〔美〕戴维·罗伊斯等：《公共项目评估导论》，王军霞、涂晓芳译，中国人民大学出版社2007年版，第122页。

行业标准、地方标准和企业标准四级。对需要在全国范畴内统一的技术要求，应当制定国家标准。对没有国家标准而又需要在全国某个行业范围内统一的技术要求，可以制定行业标准。对没有国家标准和行业标准而又需要在省、自治区、直辖市范围内统一的工业产品的安全和卫生要求，可以制定地方标准。企业生产的产品没有国家标准、行业标准和地方标准的，应当制定相应的企业标准。对已有国家标准、行业标准或地方标准的，鼓励企业制定严于国家标准、行业标准或地方标准要求的企业标准。公共服务标准通用模板的设计正是在借鉴国家标准、地方标准（杭州市上城区政府管理与公共服务标准化体系框架中的 24 项标准）、ISO9000 质量体系和六西格玛等企业标准化管理的成功经验基础上，吸纳其有益的营养而构建出来的，体现了公共服务标准与一般性标准的相容性。比如公共服务的基础标准，其封面、目次、前言、引言、资料性附录、参考文献及索引等所构成资料性要素，以及公共服务标准名称、适用范围、规范性引用文件、术语和定义、符号和缩略语、规范性附录等所构成规范性要素，均是按照国家标准的相关规定制定，做到标准的内容符合国家和地方政府法律法规有关规定，符合强制性国家标准、行业标准、地方标准规定，与国家改革要求和经济发展相适应，符合政府的管理工作的需要。

在符合共性要求的基础上也要展现公共服务标准的个性元素，如公共服务资源供给与管理要素中的政治素质、职责权限、沟通方式等，以及公共服务提供要素标准中的分类标准。此外，还吸取了一般性标准中的核心元素，如领导力元素、流程输入输出及控制点、风险识别、组织架构及权限等，依据其与各层级标准的契合度，融入公共服务标准体系之中。

二是公共服务标准体系内部的协调配套性，包括子体系间、上下层次间和相同层次间三个层次的优化组合。第一，子体系间的协调配套，子体系间、构成子体系的各项标准间应协调配套，不应出现重叠、空当和矛盾现象。对于暂时不能制定的标准，可待条件成熟时将标准项目补充到体系中；也可将标准项目留在体系中，待条件成熟时补充完善。第二，上、下层次间的协调配套，上层标准是制定下层标准的指导和依据，下层标准是上层标准的补充和完善，下层标准不得与上层标准相矛盾。第三，相同层次间的协调配套，当两项或更多标准涉及的过程有内在联系时，不同标准之间应衔接、配套，不应出现衔接不上、矛盾或有不同要求的现象。总之，各相关标准间的内容应保持衔接协调，不应相互矛盾。

4. 贯穿从标准设定到实施的诉求

公共服务标准的设定尤其要考虑到标准的关联特性。所谓关联性即标准之间相互配合、相互衔接、相互保证的关系所表现出来的标准整体或标准体系的一种特性。标准化的作用在多数情况下是通过一个标准集合或标准体系来完成的。例如，针对某一部门所制定的标准，叫做部门职责标准，它根据政府职能的划分和公民的需求对部门的职责权限做出明确规定，为部门日常工作的开展确立了愿景目标。但是，仅有这样一个标准是不够的，为了保证公共利益的实现，还须制定相关标准。例如，公共服务环境、公共服务信息资源管理、公共服务文化等标准，形成一个以部门职责标准为核心，以保证公共组织职责标准实施为目的的标准集合体，这就是一个标准体系。但是，在多数情况下，某种公共服务的提供，不是仅靠某个部门自己生产的，或需要与其他部门联合生产或向其他事业单位订货。这些相关标准就是提供要素和服务绩效的依据，对公共服务提供者来说这就是公民的需求，而这种需求是以标准形式表述的，具有准确、具体、定量化的特点。公民以顾客的身份在政治市场上选择"供应商"，必将挑起"供应商"之间的竞争。如果某个政府部门的产品不能满足标准的要求，这个标准就会成为促使政府公共服务开发创新的导火线。就这样，整个公共服务供应链上的公共部门便会发生创新的连锁反应。

公共服务标准化的落脚点是可操作性，力求使标准成为内外部组织及人员的行动指南，从而提升公共部门的执行力，而不是把它当成束之高阁仅供人们阅读的漂亮文本。因此，我们在制定公共服务标准的时候就要考虑到它的执行问题。在政府管理中，既不能有大量冗余的标准，也不能缺少必要的手续和步骤。公共服务标准化并不意味着制定的标准越多越好，而是要尽量限制标准泛滥及其具体步骤的数量，将其减至最低限度，以避免时间和人、财、物的不必要浪费，追求卓越的绩效准则。它有三层含义，其一是限制标准的数量，但这里的数量限制并不是简单的数量删减，也不是说标准越少越好，而是要将标准的数量控制在一个合理的范围内，符合政府管理的实际需要，没有重复和多余的环节。其二是标准的制定要合理，这是说公共服务标准应当是经过一定努力可实现的，标准过高或过低都不能起到激励作用。其三，标准不是一成不变的，随着时间的推移，岗位设置、职责、工作要求等的变化，公共服务标准要定期及时修订。具体来说，公共服务标准的选择要把握好以下六点：一是直接影响部门工作绩效、部门发展战略；二是需要多岗位、多部门甚至涉及其他组织共同完成或纵向跨层级较多；三是众多高度相关并且相互关联的活动（如并行、串行、循环等）；四是当前缺乏制度规范，工作随意性较大，流程效率低下；五是日常工作量比重较大；六是具有公众需求导向。

关键绩效指标的设计方法可以运用于公共服务组织职责与人力资源标准模块中的专项活动、政府部门以及个人岗位三个层次，融入简单合理的理念，从而增强可操作性和可适用性，降低管理成本。当然，不同的层次，贯穿的管理理念有所不同。一级政府组织更多地关注组织战略目标的实现，政府部门要体现的是一种策略性目标，侧重于部门管理责任岗位的关键绩效指标由部门关键绩效指标分解而来，岗位关键绩效指标的确定与部门关键绩效指标相对应。在具体岗位的关键绩效指标中，结果性指标相对较少，行为性的指标可能较多。设计关键绩效指标可以：①通过把握组织、部门和岗位的工作职责来实现；②通过管理者与被管理者共同参与来实现；③运用指标权重的调查和提炼来实现；④运用标杆基准法（外部导向法）来实现；⑤通过成功关键分析法来实现。①

5. 展现公共服务提供的工具效应

政府管理方式的创新，特别是市场化工具、工商管理技术和社会化手段在政府管理中的引入，是 21 世纪行政管理发展的一个基本趋势。公共服务标准化实质上是服务型政府从理念走向实践的表征，在根本上是一种关注公共服务的工具、技术与方法的机制管理，关注价值实现与制度运行的结果，并表现为解决公共服务提供方式问题时应用的具体工具、技术和方法所构成的体系。因此，公共服务标准的设计要将政府战略管理、风险管理、政府流程再造、政府绩效评估等新兴的政府工具要素整合到公共服务标准模板中，寻求从公共服务的数量、质量、时效、程序等方面的改进来达到公共管理的

---

① 参见卓越《政府绩效评估指标设计的类型和方法》，《中国行政管理》2007 年第 2 期。

目的，比如我们吸取了企业流程管理的输入输出及控制点、风险识别等要素，整合到公共服务提供要素标准。

工具具有可复制、可移植、可推广的特性和通用性、适用性、兼容性的特点。因此，它可以进行技术层面的移植、借鉴，应用于其他层级的政府部门和大多数公共管理领域，成为政府提供某类公共服务的一般性标准和公务员共同遵守的行为规范。例如，为解决单项服务项目的"服务内容的外延、服务方式的选择、服务时限"等方面的问题，避免群众办事"摸不着门、找不对人"的现象发生，我们根据《行政许可法》和其他法律法规，将各大类事项办理流程进行细化、分解、提取为若干个环节，并对每一个环节设置的办理条件、时限等规范化要素进行固化、抽取，按照受理事项的性质与要求本身具有的特点予以办理，办理过程强调从受理到办结归档全程在网上监控，承办人不能更改，便民服务中心值班人员通过流程全程监控受理事项的运行过程。在服务项目的办理方式上特别注重符合《宪法》《行政许可法》和部门受理权限，杜绝知法犯法、盲目办理，避免无序操作，实现可控式管理要求。当我们对这类事项在标准中——分类固化，并向群众公示，就可以确定一道标准的工作流程并将之移植推广。我们应该通过细化固化服务程序来彰显公共服务提供的工具效应。

三　通用型公共服务标准模板的基本维度

通用型公共服务标准模板的基本维度可分为公共服务基础标准、公共服务资源供给与管理标准、公共服务提供要素标准和公共服务绩效标准四个基本维度。

1. 公共服务基础标准基本维度

基础标准通常是对术语、分类、图形符号及标准化工作指南等基本事项做出的规范，这类标准是在一定范围内作为其他标准的基础并被普遍使用、具有广泛指导意义的标准。[①] 从公共服务标准体系的延展谱系来看，服务基础标准位于第一层级，涵盖了由公共服务标准封面、目次、前言、引言、资料性附录、参考文献及索引等所构成的资料性要素，以及由公共服务标准名

---

① 柳成洋：《服务标准化导论》，中国标准化出版社 2009 年版，第 144 页。

称、适用范围、规范性引用文件、术语和定义、符号和缩略语、规范性附录等所构成的规范性要素，是政府各职能部门及公共服务提供组织自行编写本部门公共服务标准及执行服务标准的操作定义、技术指南，是公共服务标准区别于设计文件甚至与法律、法规等规范性文件等的独特性结构标识，是其作为标准的结构性要件。

2. 公共服务资源供给与管理标准基本维度

将公共服务资源供给与管理标准作为公共服务标准体系中的有机组成部分之一，是基于公共服务行为过程绩效的角度，来诠释组织自身的结构形态、服务环境、人力资源的学习与成长、服务文化、领导力、信息管理、财务管理等要素，是实现公共服务提供绩效的基础性要素。例如，从公共服务的性质来看，它是在资源提供和管理方面来衡量公共组织是否有能力为外部服务对象提供优质的公共产品和服务；亦是间接性公共服务（即政府部门中所履行的行政综合性职能）重塑服务理念、改变服务流程、提升服务绩效的可资借鉴参考的服务标准。公共服务资源供给与管理标准所涵盖内容等价于平衡计分卡评估模型中的学习成长维度、流程维度及财务维度。

3. 公共服务提供要素标准基本维度

公共服务提供要素标准的作用是解决公共服务"怎么做"的问题，通过对过程的识别、过程的输入和输出信息的收集与利用、资源转换活动，确定出某类公共服务提供的过程模式，并做出这些过程的输入、资源转换活动和输出的要求，使服务对象对事项的办理要求、流程、进度一目了然，是公共服务走向标准化管理的核心要素之一。

4. 公共服务绩效标准基本维度

公共服务绩效标准是一个综合性的范畴，是一个在影响因素、测量机制、管理工具及治理结构等诸多方面都比资源投入产出、过程控制更为复杂的范畴。它在注重公共服务内部机制的同时，更为关注公共服务部门与社会、公众的关系，以实现公众意志和提高公民满意度为最终标准，如应引入公民满意度来衡量其服务态度、服务质量；它注重服务速度和服务效益的和谐统一，强调在提升公共服务效率的同时，更应当承担起对社会的责任；它注重管理机制的和谐，在依靠制度规范等刚性机制的前提下，强调柔性机制管理，着力构造绩效导向型的公共服务供给机制。从公共服务标准体系构成来看，如果说公共服务基础标准是公共服务标准之所以为标准的形式要件，公共服务资源供给与管理标准为投入型标准，公共服务提供要素标准是从精细化管理的角度所构建的过程控制型标准，那么公共服务绩效标准则是侧重于从投入与产出、过程与结果双重统一的逻辑架构出发，将资源供给与管理标准、提供标准中的核心元素融入公共服务绩效评估、绩效改进、绩效结果运用等环节中，以凸显实现公共服务标准的目的效价在于提升服务质量，在于公众所感知的公共服务"提供得怎么样、好不好"的评价。因此，公共服务绩效标准是公共服务标准区别于通用型质量管理标准的最为核心的要件，是对传统过程控制、遵从性绩效的一种理性超越。

四 通用型公共服务标准模板的层级标准

对于整个公共服务标准体系来说，标准要素只是其最为基本的构成因子，它必须依赖于公共服务标准体系才被赋予度量、激励等效用价值。本书以通用型的政府绩效评估模式作为基础性蓝本。公共服务标准主要由三层标准组成，并分别承担不同的功能和作用，包括一层标准→二层标准→标准要素。也就是这样一个递阶结构形式的公共服务标准体系，从构架形式上蕴含了战略管理的理念。

一层标准。一层标准即规范维度，是对规范评价范围的类型划分，包括规范的对象、主题及行为等，规定了贯彻标准的基本方面。其功能体现主要在通过层次标准的区分，可以减少编制自行服务标准的盲目性和随意性成分，使编制的结构更加有条理。也就是说，一层标准的划分，反映了服务标准设计者及实施者的理念思路和战略构想。这主要是从战略角度来思考公共服务标准体系的构建，是公共服务标准体系的"司令部"。

二层标准。二层标准是反映公共服务标准的基础性规范和要求，是在一层标准之下的一种较为具体化的形式，它可以看成一层标准的直接载体和外在表现。一般而言，同一个一层标准之下总有若干个二层标准，这些标准的形成是依据相关度、隶属度的程度而编排划定的。可见，二层标准主要是从战役角度来体现前期维度设计的战略思想，是公共服务标准体系的具体"主战场"。

标准要素。标准要素是一般认知意义上的标准规范节点。它是二层标准的进一步具体化和量化，是在二层标准之下衍生出的一种最为具体化的形式，是构成公共服务标准化模板中最为基本的且标准规范指向最为细化的元素。换句话说，无论一层标准、二层标准设定如何合理，最终还是有赖于每一项具体的标准要素加以体现。

以战略理念为出发点比较三者的功能，一层标准具有战略性规划和统率作用，二层标准和标准要素则负责具体领域的执行；前者具有全局性，后两者则是精细化。具体来说，一层标准是从宏观层面来把握整个公共服务标准模块和组成部分，涉及标准的不同角度、方向的选择，具有很强的导航作用。

第三节 公共服务基本维度的总体思路

一 公共服务资源供给与管理标准基本维度

公共服务资源供给与管理标准基本维度包括公共服务组织与人力资源管理标准、公共服务环境、信息资源管理和公共服务文化四个基本向度。

1. 公共服务组织与人力资源管理标准的基本思路

随着新公共管理强劲改革的势头，当今以及未来的公共组织管理处于越来越复杂、变化越来越快的环境之中，公共组织必须适应新的行政生态环境才能获得新的发展，以便为公众提供高品质的公共服务，不断强化自身合法性地位。2007 年由国务院颁布的《地方各级人民政府机构设置和编制管理条例》就明确指出："地方各级人民政府行政机构应当以职责的科学配置为基础，综合设置，做到职责明确、分工合理、机构精简、权责一致，决策和执行相协调。"由此可见，强化公共组织职责已作为提供内外部公共服务的基础性环节，是公共组织实行善治、实现政府绩效管理的根基。公共组织管理职责结构图则是通过模板的形式，对公共服务提供组织自身治理标准进行系统梳理与浓缩。

公共服务提供组织职责标准是公共服务资源供给与管理标准的重要组成部分，其质量不仅影响到公共组织在提供某一类或某一项公共服务时的职责管理，而且还影响到这一组织的人力资源管理乃至其他管理活动的成效，进而影响公共服务的提供水平与绩效。它是表明在公共服务供给时，所涉及的公共部门及公职人员做些什么、应该做些什么、应该怎样做和在什么样的情况下履行职责的汇总，是公共服务提供组织应履行职责的具体转化形态，将公共部门自身特质、公共组织供给的多元性及绩效管理理念等融入各个模块的元素之中。某一类或某一项公共服务所涉及的提供组织或岗位，可依据自身应承担职责及组织设计应遵循的基本要求，对这些基本要素进行选择。换句话说，公共服务所涉及组织职责、部门职责及岗位职责这一层次的提供主体的职责界定都可以参考公共服务提供组织职责标准模板。

从人力资源管理体系来看，人力资源管理包括制订人力资源计划、人力资源成本会计、工作岗位分析和工作设计、人力资源的招聘与选拔、雇用管理与劳资关系、工作绩效考核及工资报酬与福利保障设计等环节。立足于公共服务资源供给与管理标准，此处所构建的人力资源管理标准是从狭义的角度出发，仅将执行公共服务的个人主体——公职人员作为分析的对象，侧重于岗位职责和规范而制定的岗位作业要求，是公共服务提供与实现要素标准和公共服务绩效标准在服务组织各岗位上的具体落实和体现。从公共服务所涉及各岗位的管理层次来看，此类标准可分为决策层人力资源工作标准、管理层人力资源工作标准和执行层人力资源工作标准。此外，要在标准中凸显公共服务资源供给与管理过程中的"领导力效用"，可在工作职责、工作能力、工作特质等子标准中重点突出领导的战略意识，对公共服务资源的整合能力，应急处理能力及民主决策程度等，实现公共服务标准中"领导力效用"与质量管理体系标准中"管理者代表"这一条款相呼应。

2. 公共服务环境标准的基本思路

公共服务环境是指公共部门向公众提供服务的场所，它不仅包括影响服务过程的各种设施，而且还包括许多无形的要素，是公众对公共部门直接感知或接触的内容。因此，凡是会影响到公共服务表现水准和沟通的任何设施都包括在内。例如，就行政审批中心而言，环境意味着建筑物、土地和装备，包括所有内部设施、审批窗口布局、陈列、规章制度、电子公告设施等。因此，像一些较不起眼的东西如咨询台设置点、一张记事纸或中心大厅休息区等，在传统的设计观念中，或许会被忽略掉，但对于公共服务提供部门来说，也必须与其他明显物品一样都包括在内。对于公共服务资源供给与管理标准来说，组织不论服务对象是直接性的公众还是公共组织内部群体，服务环境对于服务提供、服务质量来说具有一种间接的承诺作用。因此，管理公共服务提供环境，也是管理公共服务提供承诺。

3. 信息资源管理标准的基本思路

公共服务信息是公共信息资源的重要组成部分，对公共服务信息的管理和开发利用是公共服务理论的新探索，它在促进政府信息资源共享、提高公共服务信息开发利用和公共服务能力等方面越来越发挥着积极作用。政府信息资源包括信息系统和政府信息等要素。信息系统，是指由计算机、信息网络及其配套的设施、设备组成，并按照一定的使用目的和规则对信息进行存储、传输、处理的运行体系，包括各类数据库和应用系统等；政府信息是指行政机关在履行职责过程中制作或者获取的与经济、社会管理和公共服务相关的，以电子文件形式记录、保存的信息。具体来说，公共服务信息包括以下几个类别：一是政府部门及其授权的公共组织等公共服务主体为履行职能而采集、加工和使用的各类信息；二是政府部门在办理业务和事项的过程中产生与生成的各类信息；三是政府公共服务部门直接管理的各类信息；四是各政府公共服务部门直接管理的各类信息；五是与公共服务信息的制作和获取有关的技术、设备、网络、人才等信息资源；六是公共服务信息化管理体制及其运行机制。要对上述公共服务信息进行有效管理，应当从系统管理的理论出发，对公共服务信息进行集约化管理，包括对信息资源实施计划、预算、组织、指挥、控制、协调等各种管理活动。公共服务信息标准化建设问题是我国政府管理信息化建设中的重要问题。2002 年 1 月，国务院信息化工作办公室和国家标准化管理委员会在北京成立了电子政务标准化总体组。同年 5 月，总体组编写了《电子政务标准化指南》，分为六个部分：总则、工程管理、网络建设、信息共享、支撑技术、信息安全。[①] 从标准适用来看，本书所构建的信息管理标准既可以当成专业公共服务信息管理部门的服务标准，又可以作为从信息管理角度编制公共服务支持系统中标准的参考要件。

---

① 夏书章：《行政管理学》，高等教育出版社 2010 年版，第 205 页。

4. 公共服务文化标准的基本思路

公共服务文化是指在公共服务实践活动基础上所形成的,直接反映公共活动与公共关系的各种心理现象、道德现象和精神活动状态,其核心是行政价值取向。

文化作为一种复杂的社会现象,在不同的社会生活领域具有不同的内容和表现形式,在公共行政活动或公共服务领域即表现为公共服务文化。由于公共服务的本质是公共组织与政府内部组织及公众之间的文化的沟通、价值的确认、情感的互动、信任的确立,因此公共服务文化作为与公共服务、公共管理活动相关的文化,它包含公共服提供时所渗透出的态度、信仰、感情和价值观,以及人们所遵循的服务方式和服务习惯等,具体来说包括公共服务部门的服务观念、服务意识、服务思想、服务理想、公共道德、服务心理、服务原则、服务价值、服务传统等。公共服务文化是一种多层次的、复合的文化,它的形成受到多方面因素的影响,如历史条件、地理环境、社会制度、民族特性、文化心理、文化背景、传统习惯等。同时,公共服务文化是在社会文化的基础上,在具体的公共服务及政府活动中形成的,不同的社会文化背景、不同的公共服务及政府活动培育出不同的服务文化,服务文化一旦形成则具有不少相对稳定的特性。因此,从思想价值层面重塑公共服务文化理念有助于服务主体与客体之间形成一种心理契约,有助于服务的供给主体提升自我服务意识、不断创新服务。故此,构建公共服务文化子标准则成为构建公共服务标准的重要组件,是体现公共服务导向、有效充实全面质量管理体系管理原则的重要元素。

二 公共服务提供要素标准基本维度

1. 流程管理标准的基本思路

流程即工作之间的传递和转移关系,它主要由资源输入、岗位活动、结果输出、顾客与价值等要素构成,其核心在于明确的开始和终结,并能对输入资源和输出结果进行控制和度量。流程再造最初于 1990 年由美国的迈克尔·汉默和钱皮提出,即对流程今昔根本性的再思考和彻底性的再设计,从而获得在成本、质量、服务和速度等方面业绩的戏剧性改善。项目组所开展的流程再造落脚点在于着眼现在、面向未来,在梳理和诊断现有流程的基础上进行不断优化，即系统的改进。根据流程再造的基本实施步骤和推进策略，设计了流程管理标准模板，以期通过这份标准模板的设计与填写，促使公共服务内容标准化，使得每一项公共服务活动能充分地实现"人与事的完美结合"。由于流程管理标准侧重于从过程控制的角度对公共服务内容进行规范，因此其较为适用于程序性的公共服务活动、行政综合性的公共服务活动、公共服务部门专业性较强的公共服务活动以及专项执行性的公共服务活动。

2. 痕迹化管理标准的基本思路

痕迹是事物在产生、发展和消亡过程中所留下的印迹。痕迹管理顾名思义就是让所有的管理都留下印迹，而这种印迹不仅是自然的，而且是用人为的力量予以强化的，图片、视频、电子档案、文件记录及工作表单等都是其载体。对公共服务提供与实现过程实行痕迹化标准，目的在于通过文件、记录等证据性材料实现预防控制、过程控制与结果控制的有机统一，使公共服务提供从服务输入到输出的诸环节记录在案，为公共服务绩效评估、绩效诊断、绩效问责提供最为完整化、精细化及公正性的绩效数据来源，以此来分析公共服务人员的工作态度、工作方式及责任意识，更有利于公共服务部门运用回溯分析方法不断调试服务流程，达到不断优化公共服务组织治理机制、提升公共服务水平的目的。

痕迹化管理标准与流程管理标准相比，二者都是以过程管理为逻辑起点，并且二者的运行过程相伴相生，即痕迹化管理标准是以文件控制、证据管理为主旨的流程化管理，流程管理的运行往往伴随着文件阅办单、通知文稿的传阅、记录和审批。此外，绩效改进与提升为二者之根本，但要有效实现绩效改进，就必须把绩效诊断的理念渗入公共服务的每个环节之中，全面客观剖析现有工作流程的不足之处，探讨当前政府部门在提高工作流程运转效率效益方面还存在哪些制约因素等。形象地说，只有把好政府部门工作流程的"脉"，才能开出提升流程绩效的"良方"，而这样的"良方"一般都依托流程管理标准和痕迹化管理标准才能表现出来，从价值导向、层级标准、标准要素等方面积极引导公共服务部门实现公共服务及自身的绩效改进。

但是，从适用情形来看，二者各有侧重。由于流程管理标准是一个涉及多元资源输入、输出的过程，并且是以公共服务提供步骤为核心元素，因此它较为适用于过程明确的、行政综合性的、是无形公共服务产出的公共服务活动；由于痕迹化管理标准是以文件记录、印迹管理为思路，其涉及的资源较为单一集中，因此它较为适合于以文件流转为载体的公共服务活动，如行政审批、公共服务决策等活动。在公共服务决策方面，如公共服务供给对象的选取、供给机制的抉择、供给方案的选择等方面，都需要首先通过公共服务提供部门"由上到下"和"由下到上"双通道式的沟通，然后通过部门办公会议或专题会议研究等方式做出决策，接下来通过发文、公布信息等形式将决策方案从公共服务决策部门传达到管理层直至执行层。因此，要有效评估公共服务决策方案是否规范、科学和民主，就可以流转的决策文件、审批单、汇报方案、可行性分析报告、会议记录作为痕迹，使评估、绩效问责有据可循，实现整个决策过程的有效控制。再者，在实行行政审批时，公共部门会在履行审批职责时留下各种各样的痕迹，痕迹记录着审批部门及行政服务中心窗口履行职责的全过程。利用文件痕迹化尤其是电子文件痕迹化管理工具，有利于审批过程从以往的简单接受、受理到办结的过程发展到与公众进行积极互动的过程，使公众通过相关审批单的有序流转，快速便捷地参与行政审批活动，准确把握行政审批动态，切实维护自身权益和有效监督政府行为。此外，由于痕迹化注重日常工作记录的录入、检查监督，以此记录为依据将有效提升岗位工作业绩评估、岗位工作风险点控制的科学性和规范性。

3. 公共服务交（支）付标准的基本思路

服务是一种以某种活动为载体的产品，对于公共服务来说，既包括有形的公共物品也包括无形的服务。这就是说，服务实际上是一种过程化的产品。菲茨西蒙斯曾经用一句十分精彩的话描述过这种现象："对于服务业而言，过程就是产品。"[①] 从公共服务过程发生序列上来看，公共服务承诺应是公共部门对相对人的群体的允诺，是公共服务提供的源头，但这并不代表公共服务的实现。由此可以看出，公共服务提供的特点在于：公共服务部门

---

① 〔美〕詹姆斯·A.菲茨西蒙斯等：《服务管理——运营、战略和信息技术》，张金成、范秀成等译，机械工业出版社2000年版。

必须首先向相对人提供服务承诺，即明确服务合约内容，然后再根据服务承诺的要求向相对人提供服务，且根据相对人的类型提供不同类型的服务。从公众或服务相对人的角度来看，他们也必须首先对公共服务承诺产生信任，然后再根据服务合约内容进行支付，接受公共服务部门提供的服务。

三 公共服务绩效标准基本维度

公共服务绩效标准基本维度包含公共服务绩效评估、绩效改进与结果运用两个基本向度。

1. 公共服务绩效评估标准的基本思路

"不能评估就无法管理。"评估不仅代表一种以获得信息和评价信息为目的的专门活动，而且也指通过这一过程获得的结果。[①] 公共服务绩效评估标准之于公共服务绩效标准乃至公共服务标准体系，是贯穿于公共服务方案抉择、执行到完成整个环节的驱动机制，是政府公共服务得以有效进行的基础性工具。对公共服务进行评估不是为了满足纯粹的认识需求，不是为了评估而评估，而是应该带来效益，使过程透明化并记录下效果、阐明关系，最终用于做出改进公共服务供给机制、供给流程的决定。换句话说，公共服务绩效评估就是根据公共服务的效率、能力、服务质量、公共责任和社会公众满意程度等方面的判断，对公共服务供给过程的投入、产出、中期成果和最终成果所反映的绩效进行评定。从理念构架上看，公共服务绩效标准是政府绩效理念与标准规范相融合的产物，是以政府绩效公平、质量、回应性等绩效指标为载体来有效评估服务水平的治理工具，是以服务标准中的基准要求为规范性条件的控制性原则。绩效评估指标则是反映、评价、监督、控制公共服务承担者其履行情况的评价标准。美国学者波伊斯特（Theodore H. Poister）就将绩效指标定义为关于公共部门与公共项目绩效各方面的客观的、高质量的标志，是度量公共项目绩效强弱的工具，是用来衡量具体的绩效水平的，比如效益、操作效率、生产力、服务质量、客户满意度和成本。从表现形态上来看，公共服务绩效标准由规范公共服务水平的通用型绩效指

---

① 〔德〕赖因哈德·施托克曼：《非营利机构的评估与质量改进》，唐以志、景艳燕译，中国社会科学出版社 2008 年版，第 63 页。

标，评价公共服务核心、重要职责并自行制定的业绩绩效指标及公共服务某一特定领域业已形成的专业技术类绩效指标构成。

2. 公共服务绩效改进与结果运用标准的基本思路

公共服务绩效标准是公共服务标准体系中的核心部分，关系到绩效评价结果能否有效利用，关系到整个公共服务绩效标准运用的成败。"绩效评价的结果作为一种数据资源向组织的利益相关者报告组织绩效。"[①] "绩效考评系统的整体效用在很大程度上取决于其结果的可获得性和可理解性，即预期听众是否能够快速、容易和准确地理解和掌握绩效报告。"[②] 公共服务评估结果的公开、反馈与应用是一个绩效管理周期的终点和下一个周期的起点，对于公共服务的双方来说，都希望通过如实反馈评估结果，改进自身下一个绩效周期的工作，提供优质高效的公共服务。

[①]　Guerra Machado Coelho, David May, "The New Performance Evaluation Methodology and its Integration with Management Systems," *The TQM Magazine*, 2003 (1).

[②]　〔美〕西奥多·H. 波伊斯特：《公共与非营利组织绩效考评：方法与应用》，肖鸣政等译，中国人民大学出版社 2005 年版，第 138 页。

第 八 章

公共服务标准化的组织实施

公共服务标准化是一种改进公共部门服务质量的实用工具，各地陆续开始了公共服务标准化的试点。我们需要借鉴企业服务标准化、ISO9000 质量认证等相关领域的成功经验，结合政府部门的实际情况，逐步探索和发展政府公共服务标准化的组织实施体系。

第一节　公共服务标准化组织实施的准备工作

公共服务标准化体系构建完成以后，公共服务标准化的组织实施是重中之重的环节。缺少组织实施步骤，标准化工作的应有功能和作用就无法实现，同时标准化的实施工作与其他方面又是相互联系、相互作用的。

一　组织实施的理论要点

从狭义上来说，公共服务标准化的组织实施是指公共部门组织实施服务标准化的程序，以及标准化实施过程中的制度和组织建设，其中制度和组织建设是服务标准化实施的基础和保证。从广义上来说，公共服务标准化的组织实施不仅包括实施的程序以及实施过程中相关的制度和组织建设，还包括实施的方法以及评估实施过程中的心理偏差的调控方法等内涵。本书主要从狭义的角度来论述公共服务标准化的组织实施。

1. 公共服务标准化组织实施的含义

（1）公共服务标准化组织实施是对公共服务的质量进行评估和分析的过程，即公共服务质量标准体系的执行，将制定的公共服务质量标准体系落实到实践中，并进行合理评价的过程。

（2）公共服务标准化的实施是一个动态的过程，是为了提升公共服务的质量而采用一定的标准和程序将服务流程加以规定，同时制定出评价服务流程完成情况的方案，对服务的质量进行评价。方案要根据公共部门内、外环境的变化进行相应的调整，把对组织和绩效的评估与对人员的评估相结合，共同促进组织的绩效水平和服务质量的提升。同时，评估的实施不是一成不变的，考虑到服务类型的不同以及内外环境的变化，可以对实施的步骤进行适时调整和优化。

2. 公共服务标准化组织实施的作用

公共服务标准化的成功与否与公共服务标准化的组织实施密切相关。

（1）公共服务标准化的基本环节和重要步骤。缺少组织实施步骤，公共服务标准化也就不成为一个完整的体系，无法实现公共服务标准化的应有功能和作用。即便管理者深知标准化的重要性，也迫切希望通过开展标准化来提高服务水平，于是广泛动员部门成员，同时聘请专业人士对相关工作加以指导，针对部门的各项活动制定了较为完善的标准，也构建了政府机关服务标准体系，但是标准本身只是一系列规则，是不会自动产生作用的，标准必须靠人来实施，不重视标准的实施，就不能收到预期的效果。如果管理者以为制定了标准就万事大吉，制定标准后不再用精力和热情将标准付诸实施，实施的过程中有标准不认真遵守，违反标准的行为得不到纠正，标准效果得不到验证，导致标准实施环节出了问题，那么即使花再多的时间和精力在标准制定上，也难以收到良好的效果。

（2）对标准化工作的其他方面进行检验。标准化是一个不断循环、螺旋式上升的过程，需要通过制定标准、实施标准和实施后监督这几个过程的反复循环来达到"建立最佳秩序、获得最佳效益"的目的。因此，开展标准化是一个长期反复的工作，不可能一劳永逸。对政府部门来说，首先要实现服务标准化，保证提供规范、稳定的服务；其次要发掘公众的独特需求，开展个性化服务，并做好资料收集和经验整理；最后，在信息反馈的基础上修订原有标准，吸收、采纳先进的部分，去掉过时的内容，保证标准的适应性。这三个步骤是要反复进行的，前一阶段的终点也就是下一阶段的起点。可以说，公共服务标准化的组织实施与公共服务标准化的其他方面是相互联系、相互作用的。

（3）对公共部门管理、目标和战略加以改进。从公共服务标准化的全过程来看，公共服务标准化的实施不仅是测量或评估，还是指引管理者达到目的地的系统方法和手段，是持续改善公共政策或公共项目的一种系统方法。南京市江宁区通过实施公共服务标准化管理以来，对改进部门管理和提高公共服务水平成效显著。2009年6月该区被国家标准化管理委员会确立为全国唯一一家国家级"区级机关公共服务标准化示范区"。通过组织实施公共服务标准化管理，江宁区各部门在服务理念、依法行政、风险控制、机关效能建设等方面取得了明显成效，主要表现在以下几个方面：一是强化了部门的服务理念。机关各部门牢固树立"以人为本""以服务对象为关注焦点""环保优先"等工作理念，进一步增强了机关工作人员的责任意识、服务意识、环保意识和创新意识。二是促进了依法行政。实施公共服务标准化管理以来，区级机关各部门和岗位进一步明确了职责、权限，提高了工作的程序化和规范化水平，实现了由"按习惯"办事向"按程序"办事的转变，确保机关工作规范、协调运转。三是强化了风险控制。机关各部门能够全面加强文件控制、记录控制、责任主体素质控制、分工授权控制、业务过程控制、监督审核控制六个具体控制环节，减少了自由裁量权和行政执法自由度，实现了事前、事中、事后全程监督。四是促进了机关和谐。机关各部门能够把标准化管理与人性化管理有机结合起来，进一步增强了机关工作人员的环保意识和职业健康安全意识，不仅实现了机关内部人与人之间的和谐，也促进了人与自然之间的和谐。五是强化了机关效能。通过持续运行标准化管理体系，机关各部门能够主动关注服务对象的所思、所想、所急、所需，积极变"等服务"为"送服务"，增强了工作的预见性和超前性，提高了服务对象的满意度。可以看出，公共服务标准化管理的组织实施，是实现公共部门的战略目标、提升绩效水平的有效管理手段。

3. 公共服务标准化的实施步骤

首先，选择要进行公共服务标准化的试点部门和项目；其次，要在广泛调研的基础上，组织制定相关服务标准和评价标准，这是进行下一步评审的标准和依据；再次，对相关人员进行宣传动员和培训学习，以此保证标准化工作能够顺利推行，取得良好效果；最后，做好了前期的准备之后，就进入了评审阶段。评审分为平时的自我审核、内部审核和外部审核三个部分。在评审阶段结束后，要及时总结审核结果，形成审核报告，对审核过程中发现的问题制定相应的改进措施，发现问题及时纠正，对取得的经验加以总结，为扩大公共服务标准化的使用范围提供借鉴。另外，在整个实施过程中，要加强对工作的监督，做好内部沟通工作。

二 组织实施的机构准备

公共服务标准化的实施必须有一整套运作机制。加强公共服务标准化的组织准备工作，能够树立公共服务标准化工作的严肃性和权威性，确保标准化工作客观、公正、公开开展。公共服务标准化的组织准备主要包括确定领导机构、实施机构、咨询机构和外部评价机构。

1. 领导机构

建立统一规划、分级组织的领导机构是政府部门建立公共服务标准化体系的第一步。领导的重视对于顺利推行机关公共服务标准化起着决定性的作用。根据政府部门不同的层级、规模、组织结构和服务种类，其领导组织机构可以有不同的形式。一般来说，应建立三个层次的领导及工作班子，从上到下分为国家级领导机构、省级领导机构、地方领导机构以及各级单位领导机构。总的来说，各级领导机构的主要职责是：①把握标准化工作的方向，拟订标准化工作方案。在充分调查研究的基础上，根据上级机关的统一要求和本部门工作的实际情况，制订标准化工作方案，确定评审的维度、内容、方法、指标、标准和权重，明确标准化实施的具体要求和原则。②制订标准化工作实施计划。主要任务是制定标准化目标，制定保证标准化工作顺利实施的相关暂行办法，确立评审方式、程序和周期，拟订各个环节的工作计划和人员配备。③组织、指导和协调标准化工作。根据评审方案和计划组织、指导和协调各部门单位顺利开展标准化审核工作，并把控标准化工作的执行情况。④监督各部门、各单位的标准化工作，以保证标准化工作客观、公正、公平实施。⑤审查本组织的标准化评审结果，对于发现的问题制订改进计划，指导评审对象进行改进。

标准化工作的国家级领导机构为国家标准化管理委员会和国家发展和改革委员会。其主要职责是牵头并会同国务院有关部门和地方质量技术监督局、地方有关部门共同组织，开展以建立和实施服务业标准体系为主要内容，以实现管理规范、服务质量良好、顾客满意度高为目标的探索性活动。国家标准化管理委员会负责制定标准化工作相关方针政策、编制规划和计划、组织相关工作的协调。

省级领导机构为各省、自治区、直辖市质量技术监督局及发展和改革委。其主要职责是牵头组织和管理，并会同相关部门共同推进标准化工作。地方质量技术监督局负责标准化试点申请的受理和推荐，开展服务性组织建立标准体系及开展标准化工作的咨询服务与指导，受国家标准化管理委员会委托组织地方发展和改革委员会及相关部门的专家对试点工作情况进行评估和复查。

地方领导机构为各地质量技术监督部门。其主要职责是按照"统一管理、分工负责"的要求，充分发挥职能优势，协调本地各相关行业主管部门，建立科学的工作机制，研究制定地方标准化工作发展战略和发展规划，共同推进标准化工作。协助管理有关国家标准制修订项目、标准科研项目和专业标准化技术委员会，督促检查工作质量，按时完成工作任务。积极组织企业、科研机构和高等院校实质性参与国际标准化活动。

实施标准化工作的单位应成立由主管领导任组长的试点工作领导小组，对试点工作进行统一领导、统一组织、统一协调、统一实施。领导小组的主要任务是：确定试点工作的具体目标，组织编制试点实施方案，结合实际制订试点工作的规划计划、实施步骤和保障措施；协调部门分工，分解目标和任务，督促任务落实；组织标准的宣传培训，开展标准的实施和实施效果的评价；总结各阶段工作。

例如，北京市东城区成立了由区长任组长，20个区政府相关部门主要负责人组成的示范区建设领导小组。同时，东城区质监局借助标准化的力量，形成城市网格化管理的新模式。他们选定北京大学公共经济管理研究中心作为研究机构，开展"东城区城市公共服务标准化研究"，选定北京市标准化研究所作为咨询机构，对示范区建设进行全程咨询，聘请标准化及相关公共服务领域的专家，成立专家顾问组，指导、参与相关标准的研究制定。同时，还建立示范区建设工作信息通报机制，设立服务标准信息查询、基础数据管理系统，建立国家标准化管理委员会、北京市质监局、东城区区政府共同支撑的经费保障机制。

德州市临邑县政务服务中心自 2008 年被列为服务标准化试点单位以来，德州市质监部门充分履行服务职能，帮助该单位成立了标准化管理委员会，成立了以行政服务中心主任为组长，副主任为副组长，科室和主要窗口负责人为组员的服务标准化工作领导组，领导组下设办公室，办公室设在业务管理科，具体负责服务标准化创建的组织、协调、实施、检查和内审等工作。

新泰市行政服务中心成为山东省行政服务标准化试点单位以后，新泰市质监局与新泰市行政服务中心联合召开服务标准化建设动员大会，制定下发《服务标准化建设实施方案》；同时成立领导小组，抽调 9 名具备一定理论水平和专业经验的人员组成标准体系研究小组，全面负责标准的研究制定与体系编制工作。

昆明市成立了以市委常委、常务副市长为组长的昆明市 ISO9001 推进工作领导小组，以市质监局为牵头单位的认证推进工作领导小组办公室，负责组织、协调和领导、督察贯标认证工作。

2. 实施机构

标准化实施机构是为了确保标准化工作的高效运作而从标准化工作领导机构分离出来的具体负责日常标准化事务的部门机构。其主要职责是：①公布标准化工作领导机构制定好的标准化工作方案、计划，进行前期的宣传，组织必要的学习，使每个部门的成员都明确标准化的各项要求。②组织评审。一是组织各部门进行内部评审，发现问题及时整改；二是聘任机关内审员，按照要求对机关的各项工作进行评审；三是积极配合外审，对各方面工作进行协调。③汇总、分类、审核评审数据和评审资料，总结评审工作。④撰写和报送评审报告，形成评审结果，建立评审档案。⑤与评审对象沟通评审结果、分析原因，向评审领导机构汇报评审成果。⑥在评审领导机构的领导下，帮助评审对象进行绩效改进。⑦就标准化实施体系框架中出现的问题向领导机构汇报，总结已有的经验，对标准化体系不断进行完善和丰富。

例如，南京市江宁区财政局将办公室作为局标准化工作主管部门，负责全局标准化管理体系的建立、实施、运行与保持工作，任命一名办公室副主任为标准化专职人员，各科室负责人、内审员为标准化兼职人员。

3. 咨询机构

公共服务标准化建设涉及很多专业知识和技术知识，从整体标准化规划方案的制定、具体实施方法、具体操作流程的标准化体系到对标准化体系实施程度的评估、评分标准等，都需要专业知识。标准化工作是一项专业性强、技术含量高的工作，只靠政府部门的工作人员的知识结构和经验不可能完全适应标准化体系建设的需要，因此需要专家咨询机构的参与，以保证标准化体系建设的科学性和有效性。专家咨询机构的参与，可以帮助政府部门在建设标准化体系的道路上少走弯路，减少人力、财力和物力的浪费，尽快建立起标准化体系。

专家咨询机构充分发挥作用取决于以下两个方面。一是专家咨询机构的人员配置要遵循三个原则：互补性、针对性和适度性。通过对专家人员构成科学合理的配置，可充分发挥每位专家的专长和分析判断能力，为政府标准化建设的实施提供必要条件。在专家咨询机构成员构成上，可以根据需要，有选择地从以下几个方面选聘专家：①因为标准化实施工作与绩效评估有相似性，所以可以选择具有绩效评估方面的理论和实践的大专院校、研究机构的专家学者。②标准化实施工作涉及具体行业的专业知识，所以可以选择与行业有关的学科的专家学者。③企业的标准化体系建设已经取得良好成效，因此可以选择经验丰富的标准化机构从业人员或者企业人员，对政府机关标准化建设进行指导。④标准化建设是一项复杂的工程，涉及各方面知识，特别是涉及管理学、经济学、数学、统计学、计算机和信息技术等方面，因此可以聘请相关方面的专家。二是在专家咨询机构的管理方面，要坚持两个原则：①实行双向选择原则。其一是要根据标准化建设的目的、对象的特点有目的地选聘专家，因为不同领域的专家，其专长不同；其二是遵循专家自愿原则，只有专家自愿参与才能充分发挥其积极性，保证评估内容的科学性和客观性。②实行垂直管理。为了保证专家咨询机构独立工作，减少部门机关利益主体的干扰，必须对专家咨询机构进行垂直管理，强调只对客观事实负责，只对数据和法律负责。

专家咨询机构的主要职能如下：①在标准化工作规划方案制定和标准化体系建设方面，要从专业的角度，结合政府绩效评估和企业标准化建设的经验，在评审维度、评审指标、评审方法、评审标准、评审权重等几个方面提出技术支持和咨询意见。②在标准化实施过程方面，要采取多种方式收集和掌握试点单位的情况，提供必要的政策和技术咨询，参与有争议事项的审议并发表意见。③在结果分析方面，要从专家的角度，可摒弃相关利益主体的影响，能客观公正地参与最终评估结果和评估结论的论证。④在结果应用方面，可从心理学角度，利用激励理论帮助设立较为科学的奖惩机制，并在标准化体系改进的计划方案中提供咨询。

4. 外部评价机构

公共服务标准化工作也需要外部评价机构的参与，公共服务标准化在实施流程、标准制定等方面与 ISO9000 质量体系认证有共通之处，因此，可以咨询和借鉴其相关经验，与专业质量认证机构合作或者请专业质量认证机构参与到政府公共服务标准化的审核过程中来。引入专业机构，有利于促进政府公共服务标准化工作更加规范。这些中介组织有严格的操作程序、丰富的工作经验和较强的专业人员，因此，中介机构的参与可以提高政府标准化工作的效率，促进公共部门标准化工作的规范发展。

外部评价机构参与的方式主要有以下几种：一是参与对测评人员（内审员）的培训，主要培训有关 ISO9000 质量管理体系的基础知识，培养测评人员的服务意识、标准意识、质量意识，营造政府部门标准化建设的氛围。二是为政府标准化体系建设工作提供咨询、指导。公共服务标准化体系建设是一项系统的、复杂的工作，因此，需要聘请专业咨询机构指导完成实施工作，通过聘用顾问的方式，使标准化体系的建设更加完善和专业化。三是采用第三方评价，使得评价结果更加客观公正，并且能够发现自我评价中难以发现的问题。但是，公共部门在选聘外部评价机构进行评价时，必须对中介组织的一些资质和条件进行审核。

（1）中介机构的资质条件。根据我国的实际情况，参与公共服务标准化工作的中介机构必须具备以下资质：有国家认可的、有法律资格的中介机构；参与的人员熟悉政府部门的运作流程和规律，并且具备相关知识和经验；没有重大工作失误、违法违规以及违反职业道德等行为；必须与被评价的部门没有人员、经济等方面的关系，也没有管理和监督方面的关系。

（2）选聘中介机构的方式。选聘中介机构主要从中介机构的实力、专业人员情况、信誉度以及评价自身方面情况来考虑。对中介机构的选聘主要有三种方式。①题名选聘。政府部门公共服务标准化领导小组根据实际需要和中介机构资质条件的实际需要，向有关部门提出要求，由其他部门和协会推荐，经过相关考核后，再确定符合要求的中介机构。②公布情况进行招标。标准化工作领导小组在相关媒体上公开招标，通过一定的招标程序进行选聘。这种选聘可以实现选聘的公平，避免人情关系和暗箱操作。③标准化工作领导小组根据对中介机构的了解情况选择中介机构。这样选聘的成本较低。具体采取哪一种方式，由领导小组综合考核后确定，同时要逐步建立中介机构的选聘制度，规范中介机构参与标准化工作的行为。

三　选择试点部门和项目

目前，国家已经出台了有关服务业标准的发展规划，各地也根据实际制定了地方服务业标准化的发展规划、计划。从全国的标准化实施来看，在继续做好旅游、商贸、交通等服务业标准化工作的基础上，应该突出物流、金融、科技服务、信息服务、文化创意、社会保障、家政、公共管理等重点领域的地方标准制修订工作，不断扩大标准的覆盖范围，为服务业的规范发展提供技术支撑。国家鼓励服务业组织建立包括服务规范、服务提供规范、人员资质、管理要求、设施设备、环境、安全卫生等内容的企业标准体系并有效运行，规范服务行为，提高服务质量，不断扩大试点范围，发挥试点的示范带动作用。

公共服务标准化是一项全新的工作，需要由点及面逐渐推行，先从个别城市、个别行业开始探索，逐步推广到全国各个城市的所有政府部门。在选择试点的时候，要遵循规范性、权威性、代表性的原则，从较为容易标准化的部门开始，如行政审批、供水、天然气服务等部门；从经济较为发达、公共服务较好的城市开始，如北京、南京、杭州等城市，不断总结经验。各个试点单位一般利用两年的时间来完善公共服务标准化框架和体系，为其他城市提供借鉴。同时，各试点地区和单位也有不同的侧重点，比如北京市东城区作为国家级城市公共服务标准化示范区试点，以9个示范项目为基础，建立系列标准体系。此次标准化示范区试点工作从2009年底正式进入具体实施阶段，并于2011年3月结束。在此期间，东城区结合全区功能定位、区情和基础条件，以政府公共事业管理、行政管理和城市管理标准体系建设为重点，逐步形成以公共事业管理为主导、行政管理为依托、城市管理为保障、信息管理为支撑，以规范化、精细化、标准化、信息化为显著特征的"四位一体"的政府公共服务体系。2007 年，山东省质监局联合山东省发改委等 6 个部门发布了《山东省关于贯彻落实〈关于推进服务标准化试点工作的意见〉的实施意见》，在全省批准设立了 145 家服务标准化试点单位，其中涉及行政服务类的试点单位 21 家。目前，山东已针对试点单位批准发布了 69 项服务业地方标准，覆盖了金融保险等六大产业和密切关系民生的服务行业。确定在行政服务中心、现代物流等八大领域开展服务标准化试点工作。在各级质监部门的指导帮助下，新泰市行政服务中心被省质监局批准为服务标准化试点单位。沈阳市沈河分局开展的沈河区社区安全管理服务标准化试点项目计划用两年时间，分"试点"和"推广"两步共五个阶段开展工作，在全区 67 个社区建立较为完整的安全管理服务标准体系，实现社区安全管理标准化，促进安全社区、和谐社区建设。分局与区政府、各相关职能部门、各个街道办事处加强合作，积极促进标准制定、宣传贯彻、组织实施工作的有效开展，使社区安全管理工作尽快纳入标准化轨道，提升沈河安全社区管理水平。

四 编制标准化文件体系的准备工作

一项服务类标准的制定发布过程大致要经过调研、起草、制定、论证、发布等多个环节，时间周期长、涉及面广。只有通过先期调研，听取各方意见，才能制定出符合本单位实际需求的标准化体系。其中，组织的现状是建立标准化体系的基础和起点。只有了解自己目前的状况和出现的问题，才能知道自己的位置。在筹备制定具体业务的质量标准和操作流程时，要做好如下几个方面的工作。

1. 分析本部门提供公共服务的类型和接受服务的对象的特点

政府部门的产品是公共服务，具有普遍性、平等性、动态性、生产和消费的同时性的特点，而且公职人员的服务意识和素质能力在公共服务的提供中起着十分重要的作用。接受政府服务的对象包括公民、企业及社会团体。比如，在涉及水、电、天然气、垃圾处理等方面的公共服务时，为了使标准切实可行，要坚持以当地服务行业的现状、消费者对服务产品的要求、经营者与消费者容易产生矛盾的焦点以及开展服务标准化可能产生的效益等为中心来制定标准。另外，在制定标准时要通盘考虑，防止标准之间互相冲突，也要保证相关标准之间的配套。要通过众多标准将政府各部门的工作衔接起来，形成结构合理、功能完善的标准体系。

2. 分析部门业务流程

通过访谈和问卷调查的形式，对部门内现有的业务流程环节，以及管理方式、服务水平、绩效考核、奖惩机制等与流程相关的问题进行分析，寻求流程再造的突破口，缩减不必要的环节。访谈和调查的对象应主要包括普通公众和一线工作人员，因为他们是政府部门服务流程的直接接触者，最有发言权。

3. 通过服务标准化讲座、学习班、研讨会、工作会议、问卷调查、培训、媒体宣传等方式，充分调动各个方面的积极性

参与标准制定的人员范围要广泛，注意听取来自上级领导、管理者、部门工作人员、专家、群众、服务目标群体等各个方面的意见。服务标准化工作是一项细致、复杂和长期的工作，不是靠几个领导或专家就可以完成的，它需要全体人员的参与和支持。管理者要充分认识到服务标准化的重要性，积极筹划和安排，保证各项资源的供应，并负责协调各项事务，发挥出管理者的作用。各个岗位的员工，也都要投身到标准化活动中，明确各自的岗位目标、职责权限，按相应的管理标准和工作标准完成自己的工作，做到全员参与。

例如，杭州市质监局上城分局为了做好政府管理和公共服务标准体系的编制工作，自 2009 年以来先后走访了区政府 29 个职能部门，并举办了区行政管理标准体系建设的辅导培训，主要培训如何填写上城区政府管理与公共服务标准体系明细表、如何编制标准体系框架结构图。另外还联合区政府政研室、区统计局开展了区政府行政管理与公共服务标准化问卷调查，收集各部门和街道对标准化工作的建议。

北京市质监局为开展行政许可事项标准化工作，局长赵长山率队利用三个月时间走遍北京各个区县的综合行政服务中心，专项调研质监系统行政许可标准化工作。同时，北京市质监局在市局大厅、区县局大厅、办公网开展了大规模的问卷调查工作，内容涉及网上申请、信息公示、窗口设置、办事程序、缴费、送达、咨询等内容，为多角度、深层次了解申请人的需求，制定切合申请人需要的改革措施，提供了权威的第一手资料。领导小组还通过组织专题会、座谈会的方式，同区县政府负责人、各职能部门负责人、质监基层工作人员及办理业务的群众进行交流，广泛听取各方意见。

4. 积极借鉴相关行业已有的标准化经验

企业在服务标准化方面已经取得了很好的成效，可以借鉴企业在体系建设方面的经验。目前市面上有很多服务标准汇编的范本，政府部门可以根据自身情况参照，但注意不能照搬照抄。

例如，安徽省巢湖市行政服务中心多次组织人员到省内外学习借鉴各地行政服务中心标准化管理的先进经验和做法，结合当地实际情况，形成了适合自身的服务标准化工作思路。该中心形成了一整套以服务质量标准为核心，以服务管理标准和服务工作标准为支持，覆盖行政审批服务全过程的服务标准体系，共建立标准 628 项，其中国家标准 14 项，服务质量标准 526 项，服务管理标准 59 项，服务工作标准 29 项。

5. 各部门要结合实际，拿出落实标准的具体办法

标准发布后，要积极帮助社会各界熟悉、理解标准，认真地落实标准。要不断利用新闻媒体向市民介绍宣传新标准，并根据标准在实施过程中出现的新情况、新问题，及时进行归纳总结，对标准进行修订和完善。

从青岛市 30 多个服务标准制定的过程来看，在平均制定每个标准的过程当中，召开标准研讨会 3—4 次，征求意见会 4—5 次，最后召开专家审定会定稿，再正式发布实施。几年来，青岛市根据形势发展，先后对物业服务、城市供热等四项服务标准进行了修订。

第二节 公共服务标准化文件体系编制

俗话说："无规矩不成方圆。"目前指导公共服务标准化工作的法律有《行政许可法》《计量法》《标准化法》《产品质量法》以及《认证认可条例》等相关法律、法规、规章和规范性文件。2008 年，我国发布了 CB/Z19034/ISO/IWA2《地方政府实施 ISO9001 指南》，使各级政府开展公共行政服务标准化和建设服务型政府有了更加科学的依据。尽管如此，目前的文件仍然停留在宏观层面，缺乏具体的实践性，而不同地区从事公共服务的不同部门实施标准化工作需要有较为详细具体的相关暂行办法来进行指导和规范，以结合实际确实推进各地区、各部门的公共服务标准化工作。为此，各地区、各部门各实施单位有必要结合实际，在中央和地方相关规章制度的指导下，制定符合本地区本单位实际、切实可行、具有指导作用、具有较强可操作性的暂行办法或实施细则。公共服务标准化体系文件一般包括四个层次，分别是指南或指导性文件、程序文件、作业文件和测评记录。

一 标准化文件类型

1. 指导性文件

指导性文件是编制公共服务标准化体系文件的"基本法"，是其他三个层次文件赖以产生的"母法"。其主要内容应包括组织基本情况的介绍、标准化管理体系的范围、标准化目标、形成文件的程序、组织结构、职责分配等。通过指导性文件可对一个组织的整体管理状况有比较清楚和全面的了解。目前已经制定发布的地方标准化指导性文件有杭州市上城区的《上城区政府管理服务标准化示范区三年工作实施意见》、昆明市政府出台的《昆明市人民政府关于大力推进标准化工作的意见》、安徽省政府出台的《安徽省服务标准化工作总体发展规划（2009—2012 年）》《关于加快发展服务业的若干意见》《行政服务标准体系建设指南》等。这些文件的正式实施，促进了地方政府及其职能部门推进服务标准化，优化了服务过程，促进了地方公共服务健康发展。

2. 程序文件

程序文件是用来描述为实施标准化体系要素所涉及的各职能部门的活动，大致包括文件控制程序、记录控制程序、内审控制程序、不合格服务控制程序、纠正预防程序、人力资源管理程序等。每一项标准化体系程序都应能回答"5W1H"，即做什么（What）、什么时间或什么时机去做（When）、在什么地点或什么场合做（Where）、由谁去做（Who）、为什么这么做（Why），以及如何做（How）。一般来说，政府部门现行的规章、规则等都已经做出了关于这个方面的规定，但也有不足之处，可以对这些已有的文件进行整理，并以此为基础，编制新的程序文件。

目前制定规范较多的部门是行政许可部门，各地都制定了相应的规范。比如，北京市质监局制定了《行政许可窗口工作标准》《行政许可窗口服务规范》和《行政许可控制程序》，规定了行政许可部门和岗位职责、行政许可程序总体框架、行政许可标准化体系、受理窗口工作要求、材料传递要求、文书和印章使用要求以及检查与改进要求，制定了涵盖具体行政许可事项的工作标准163项，规定了依据、许可条件、申请要求、受理工作程序和要求、办理工作程序和要求、业务文件和记录、职责、业务流程和相关流程，构建了行政许可标准体系。江苏省大丰市行政服务中心制定了《行政服务中心服务规范》。该标准从行政服务中心的服务、安全、环境以及监督与考核等八个方面制定了详细而严格的要求。按照这一标准的要求，行政服务中心应全面推行标准化服务，从行为规范、项目办理、硬件环境等具体事项入手，要求每个工作人员的一言一行都要严格按照标准执行，用标准规范服务，靠服务完善标准，杜绝工作的随意性，培养良好的行为习惯，将标准化服务变为自觉行动。湖南省发布了省政府政务服务标准，即《政府政务中心管理和服务规范》《政府政务服务中心服务质量与监督考核评定》。山东省质监局发布实施了《行政（审批）服务规范》等系列山东省行政服务标准，该系列标准包括《行政（审批）服务规范》《行政服务标准体系要求》《行政服务标准体系——服务管理标准体系》《行政服务标准体系——服务工作标准体系》《行政服务标准体系——服务质量标准体系》五项山东省地方标准。

试点地区除了行政服务中心开展公共服务标准化制定外，其他部门也有实践。

杭州市上城区制定了一系列规范，主要有《上城区社区矫正管理规范》《诚信守信企业管理规范》《上城区政府工作行政协助管理规范》《上城区街道管理规范》《上城区网上行政服务中心管理规范》《和谐社区建设测评规范》《12345 信访受理服务规范》《行政事业单位绩效审计评价规范》《健康学校管理规范》《安全生产隐患信息监管规范》《财政支出绩效评价规范》《科技创业中心运行管理规范》《居家养老服务与管理规范》《社区工作者管理规范》《学校安全管理规范》《危旧房屋维修、拼接改善规范》《社区档案管理规范》等。

安徽省质监局机关服务中心开展了机关后勤服务标准化工作，先后发布实施了《地震应急避难场所场址及配套设施要求》《旅行社网点通则》《旅行社应急与处置规范》等地方标准，为规范服务行为、提高服务效能、维护消费者合法权益发挥了积极作用。

陕西省在养老保险标准化方面做出了先行示范。根据国家标准化管理委员会《关于在陕西省社保局系统开展国家养老保险经办服务标准化试点工作的批复》和《国家养老保险经办服务标准化试点建设总体目标》的要求，陕西省社会保障局印发了《陕西省社会保障局标准体系表》，制定出133个具体的技术标准、管理标准和工作标准，标准覆盖到业务、基金、信息、行政、廉政和优质服务等养老保险经办服务的各个层面。目前已经发布了《城镇企业职工基本养老保险登记》《城镇企业职工基本养老保险基金征缴》《城镇企业职工基本养老保险待遇社会化发放》《城镇企业职工基本养老保险行政争议受理》四项养老保险管理地方标准。这四项标准填补了我国养老保险领域标准的空白。

青岛市质监局对行政执法依据工作进行梳理，以标准化、规范化管理为目标，明确工作职责、规范工作流程，相继发布了《青岛市质量技术监督执法依据汇编》《青岛市质量技术监督工作职责汇编》《青岛市质量技术监督局工作流程汇编》。

江苏省新沂市港头镇新圩村于2008年9月开始实施"江苏省乡村社区服务标准化试点"项目。新沂质量技术监督局制定了《新圩村建设标准化社区的指导意见和实施细则》《江苏省乡村社区服务规范》。该乡村社区标准体系由工作标准、管理标准、技术标准和服务标准组成，是全国首部农村社区服务省级地方标准。

3. 测评类文件

这类文件主要是以表格和报告的形式把标准化工作的过程及内容记录下来，确保公共服务标准化活动的可追溯性，并且可用来作为组织绩效考核的依据。测评是对客观事实的陈述，不能任意编造或篡改，它不仅记录了一个组织改进质量的过程，也为发现问题、解决问题和以后提出预防措施提供了凭据。测评类文件包含的内容主要包括测评的指标体系、测评的方式、程序、周期等内容。

（1）测评的方式和程序。根据需要，可成立评估组开展评估工作。评估组由标准化、有关行业专家和管理人员组成，成员一般为3—5人。专家的选取应主要来源于各省、自治区、直辖市建立的专家库。评估组依据评估计分表对试点单位进行现场考核评估，并根据试点单位的实际情况制定评估方案。现场考核评估程序一般为：①宣布评估组成员、评估程序及有关事宜；②评估组听取试点单位工作汇报；③查阅必备的文件、记录、标准文本等资料；④考核服务现场；⑤随机调查公众满意程度；⑥依据评估计分表进行测评；⑦形成考核评估结论；⑧评估组向试点单位通报评估情况，提出改进意见和建议。

（2）测评周期。测评周期是指两次测评之间的间隔时间。关于公共服务标准化的测评周期并没有唯一的标准，可以根据实际需要确定测评周期，一般来说是一年；也可以采取定期测评和日常测评相结合的方式。所谓的定期测评是指在岗位职责和工作目标要求下，依照构建好的测评指标体系，在测评周期内，按照一定的测评程序、测评方法进行，其实施由单位成立评估领导机构和评估实施机构统一组织。所谓的日常测评是指部门负责人对本部门的成员日常工作完成情况随时做出评估，并在日常测评记录表上记录下来，以便作为年度测评的重要参考资料。其实施主要由所在的科室组织，测评结果要进行明确的记录，单位主管领导至少一个月检查一次日常的情况。

日常测评是定期测评的基础，它为定期测评提供充分可靠的根据，但不产生具体而有效力的测评结果，而定期测评是将平时测评所积累的材料按照一定的测评体系，加以综合、提炼，最后形成具体、明确的测评结果，是对日常测评的概括和总结。只有将这两种测评方式有机地结合起来，才能较好地达到测评的目的。

在编写上述文件时，政府部门应注意以下问题：①公共服务标准化体系文件的系统性。体系文件应反映公共服务标准化体系的系统特征，应该对影响政府服务质量的技术、管理、基础设施和人员等因素做出规定。文件体系的各个层次间、文件与文件之间应做到层次清楚、接口明确、结构合理。②公共服务标准化体系文件的法规性。体系文件是政府部门实施公共服务标准化的行为准则。政府部门工作人员应严格遵守文件中的要求和程序，与自己从事的实际工作紧密结合。③公共服务标准化体系文件的适宜性。体系文件的编制和形式应充分考虑部门的规模、服务特点等因素。根据组织规模的大小及履行职能的情况，可以将文件合并为三层或两层，但文件中所包含的程序或方法却不能因为文件的合并而偷工减料。④公共服务标准化体系文件的实效性。编制体系文件的目的是做到有章可循、有据可依，切不可走形式。

二 宣传动员和培训学习

当前，机关公共服务标准化仍处在试点阶段，对大多数政府部门来说还是一个新鲜事物。许多人对起源于企业的服务标准化能否奏效于政府持怀疑态度，还有一些人对已经引入的公共服务标准化未给予足够的关注。所以，对全体政府部门人员进行公共服务标准化普及教育是非常必要的，是机关部门引入公共服务标准化至关重要的一步。我国政府部门应当加大对服务标准化的宣传力度，加强对公务员的相关培训，介绍服务标准化的基本原则和作用机制，以及其在国外政府部门改革中所起到的巨大推动作用，增强公务员的质量意识和服务意识，为引入机关公共服务标准化创造支持性的良好氛围。此外，还应进行公共管理、外语、计算机、经济等方面的培训，切实提高政府部门工作人员的专业素养。需要注意的是，根据建立公共服务标准化体系的实际需求，在对不同层次和不同类别人员进行培训时应有所侧重。

对于管理层人员，应当通过介绍公共服务标准化体系的作用和意义，结合本部门的实际情况，说明建立公共服务标准化的重要性和紧迫性，明确管理层领导在公共服务标准化工作中的关键地位和主导作用。

对于评审人员而言，应当使他们全面接受公共服务标准化的相关培训。通过内审不断地发现体系运行中的问题，通过评审人员的控制来确保体系的正常运转。评审人员是建设和完善标准化体系的骨干力量，起着承上启下的作用。只有评审人员真正掌握和理解了服务标准化的知识，才能在体系运行中不断地发现问题、解决问题，使本组织的标准化体系得到持续的改进。总体而言，评审人员应该是具备一定基本素质和资历的组织内的优秀人员，需要具有较高的政治素质，熟悉国家、省、市制定发布的相关方针、政策；了解本机关或部门制定的相关规范性文件；具有基本的公共管理、财务会计、数学统计及法律等方面的专业知识；有较强的观察分析判断能力、组织协调能力、人际沟通能力和文字处理表达能力；坚持原则，清正廉洁，秉公办事，公道正派；由于测评的信息化发展趋势，需具备基本的计算机专业知识。另外，评审人员本身作为组织内的一员，当其担负起对其他部门及人员的工作进行评价的责任时，往往会承受到较大的组织内部人际关系压力，如果评审人员不具备一定的资历和管理层级，将会大大弱化其独立判断能力，人际沟通也存在一定的自然障碍，从而降低内部审核的功效。因此，对评审人员的资历要求也应该予以充分重视。

对评审人员的培训应该以内部培训为主，外部培训为辅。培训至少要达到使其掌握所需的评审技术的目的，使其充分理解和掌握将要审核的部门相关工作内容，包括程序流程和制度规定，熟悉和掌握本组织所符合的相关认可准则、体系标准等。而且对评审人员的培训和考核要随着标准化体系的不断变化、发展而持续进行，这是保证评审人员能力的主要方式。

公共服务标准化工作是一项技术性和专业性比较强的工作，同时又是一项严肃、严谨和权威的工作。这不仅要求评审人员具备较高的素质，而且要求评审对象也掌握基本的审核知识。对于评审对象而言，基本上应该具备以下素质条件：具有较高的政治思想素质，服从组织，接受组织的一切合理安排；拥有宽广的胸襟，能接受别人的批评意见，并愿意改变；了解基本的公共服务标准化方面的知识，比如标准化的原则、目的及作用，公共服务标准化考核的内容，测评具体程序，测评周期时限等方面的相关事宜。对于评审对象的培训，基本要求是使评审对象较好地掌握他所从事工作的标准化流程，并熟悉相关的测评规定。

在明确了评审人员和评审对象应当了解的内容以后，接着就是要教会相关人员如何开展标准化工作，培养其自身的标准化工作能力，继而提高公共服务的质量。进行宣传动员的方式是多种多样的，可以组织召开全体工作人员参加的公共服务标准化动员大会、机关标准化管理体系管理评审大会，可以邀请相关专家学者举办讲座，可以组织公共服务标准化学习班，还可以设立公共服务标准化方面的咨询热线、开通相关网站等。其中，召开会议的方式是目前试点中主要采取的方式。通过召开会议，对机关标准化管理体系运行及执行情况、管理目标完成情况的总体评价、服务对象及信访反馈意见、区域环境和职业健康安全的绩效情况、年度内部审核及整改情况、改进建议、机关标准化管理体系的总体评价等方面做好机关标准化管理体系运行情况报告。通过会议报告的方式，促使已经开展标准化工作的部门做好进一步的改进和提升，对即将开展标准化工作的部门有所启示和借鉴。例如，南京市江宁区为了能让机关成员更好地了解标准化体系文件中涉及各自职责的工作流程及相关要求，部分单位通过电子屏幕、展板等形式宣传方针和目标，有的部门还在每个办公室张贴区级与部门的目标指标，接受监督，促进工作。总之，不管采取何种宣传方式，目的只有一个，就是让各个参与主体了解公共服务标准化的依据原则以及标准化的有关事项，如标准化体系等，支持公共服务标准化工作的开展，积极准备相关资料，着力营造一个良好的氛围。通过不断充实、完善机关标准化管理体系，使得机关各部门工作程序和工作流程得到进一步优化，办事效率和服务质量得到进一步提高，行政效能和机关部门整体形象得到进一步提升。

第三节　公共服务标准化的评审管理

公共服务标准化评审是指组织自身或外部对组织实施标准化体系能否有效地达到规定的质量目标和公众的要求所进行的有计划的、独立的、定期的检查和评价活动。标准化体系评审应由内审员按照规定时间进行，对于重大问题也可随时审核。通过审核来检验体系文件的符合性和有效性，各项活动是否协调一致，服务质量是否有所改进。经过审核，可以增强对政府服务质量的监督，使政府部门暴露出诸多矛盾和问题，并据此采取改进和纠正措施，进一步修改和完善体系文件，进而提高政府服务质量。

审核的内容主要包括：①制定的标准化方针和目标是否可行；②组织机构是否完善，各部门、各岗位的质量职责是否明确；③作业程序是否符合规范；④各项活动有无记录，文件、资料、报告是否齐全清晰、保管得当；⑤各级领导和全体员工的质量意识是否增强；⑥工作人员是否养成了按体系文件工作的习惯，执行情况如何。

对公共服务标准化工作的评审主要包括以下四个步骤。

一　组织内部自查

试点单位应建立标准实施情况的检查、考核机制，定期组织内部检查和自我评价。部门内部组织自查主要是按照正式评审的程序和方法对组织进行审核。通过自己模拟正式评审的程序和方法对组织进行审核，对部门质量管理体系运行进行日常监督、检查；对本部门出现的不合格情况采取有效纠正与预防措施。这是对公共服务标准化体系审查准备工作进行全面、系统的检查，也是组织接受评审小组审核前的实战演习。进行这项工作，一是可以为组织及早查找问题，发现公共服务标准化准备和实施工作的不足之处，及时采取纠正措施，减少正式评审的不合格项；二是可以锻炼组织的"应考"能力，为组织顺利通过评审打好基础。

二　实施评审

1. 内部审核

内部审核是一个单位为保持其组织正常运作和实现质量持续改进而开展的一项重要管理活动。其主要目的是通过评价本组织的各项管理工作、活动对自身的管理体系的符合性，实现管理体系反馈、纠正和改进的功能，是组织对其管理体系进行自我约束、自我诊断和自我完善的制度化的管理手段。内部审核活动开展的成效如何最能反映出一个组织管理体系的运行状况和水平，内部审核的结论是组织进行持续改进的主要依据。

内部审核是公共服务标准化工作中的评价方法之一，开展内审是为了验证质量管理体系实施效果是否达到了规定的要求，即体系的适宜性、符合性和有效性如何。关键岗位人员的资质、培训经历、对公共服务全过程的方法规定、计算机信息管理等要素在运行一段时间后可能会发生偏移，因此，文件运行一段时间之后（一般规定运行半年）要做一次内部质量审核，以确定标准化体系的各项活动及其结果是否符合有关标准或文件，标准化体系文件的各项规定是否得到有效的贯彻并适合于达到组织规定的目标。定时实行有效的内部审核，能够有效防止机关日常公共管理服务与公共服务标准化体系"两张皮"的现象。同时，内部审核也是标准化体系自我完善机制中的一个重要因素。定期进行内部审核可以及时发现质量管理体系中存在的和潜在的问题，并采取纠正预防措施，使其能够持续有效运行。因此，领导小组应确保建立专业的内审员队伍，组织、协调、指导、检查标准化体系的持续有效运行，实施高效的内部审核过程，从而对组织的有效性和效率进行评价。

内审在目的、范围、依据、频次、时间、内容、方式等方面都有详细规定，因而具有很强的可操作性。其主要程序为：每年管理小组根据本单位全年工作安排编制年度内审计划，选择有资质的内审员，经主管领导批准后正式行文并指定内审组长，提前五个工作日告知被审核科室。内审组长负责安排审核员编制检查表、按照审核通用标准和专项工作标准进入现场实施审核。内审也可以与机关岗位目标责任制考核、绩效评估等进行有机结合。对部门管理者、部门内部人员通过口头询问、现场察看等方式进行评定，记录现场检查情况，将"不符合项"和"基本符合项"告知被审核部门，让其查找原因，制定纠正措施，限期整改。管理小组对整改实施效果进行跟踪验证，提交审核报告，报告内审整体情况，供领导小组参考，提出改进思路，使质量管理体系持续有效运行。在审核过程中，受审核部门（科室）需要积极支持和配合内审员审核，使审核计划得以顺利实施，从而得出内审结果。

在审核过程中，内审员需要掌握以下测评技巧。

（1）提问。与受审核方人员进行面谈和提问是审核的重要方法。因此，提问的方法和技巧的正确运用是有效地实施审核的关键之一。首先，要明确主题，选择谈话对象。在每次找人谈话之前，审核员应按审核计划确定的审核内容明确谈话主题和目的，并根据主题要求选择适合的面谈对象。在选择面谈对象后，还应了解面谈人的具体职务、岗位、工作年份，以便判断其谈话内容的正确性、全面性和可信性。在一般情况下，应尽量选择该过程或活动的责任人。其次，要根据面谈对象心理，选择恰当的谈话方式。审核人员面对的受审核方的谈话人员会有多种多样的心理，他们的心理活动会在谈话中表露出来，审核人员应善于观察和判断，针对不同的心理状态，选择不同的谈话方式，以便与谈话人员共同合作，完成审核任务。最后，要掌握好时间，选择谈话技巧。内审员要在预定的时间内完成已确定的审核任务，掌握时间是非常重要的，谈话所花费的时间与内审员主动掌握谈话技巧有关。

内审员在谈话过程中应做到以下几点：态度友善，消除对立；针对内容，正确提问；少说多听，捕捉要点；珍惜时间，及时引导；遇到问题，明确说明；查看计划，拾遗补阙。

（2）聆听。审核员向受审核方提问是为了从对方的回答中获取有关信息，以便为判断体系的符合性和有效性寻找依据和线索。在谈话过程中，审核员聆听时的表情、插话、记录等一举一动都会影响受审核方谈话的心态和效果。因此，审核员在专心聆听的同时，也应注意方式方法。一是聆听时的表情。谈话双方都会注视着对方。审核员在聆听时的表情应出自真情的流露，正确理解审核工作的性质、特点和目的，端正自己的工作态度，并应注意以下几点：审核员对待受审核方的态度应和蔼可亲，不卑不亢，主动热情，切不可板起面孔吓唬人或教训人；与受审核方站在平等的地位，采取共同探讨的方式，欢迎受审核方提出不同意见，鼓励受审核方畅所欲言；为了不打断对方谈话，审核员可利用表情替代插话提问。二是做好聆听时的记录。审核员在聆听对方回答问题和介绍情况时，应注意做好记录，谈话内容要点切不可遗漏。

（3）观察。审核是有计划的活动，每次审核都有明确的目的。为了达到审核的目的，在察看现场、查阅文件、检查实物时也应有的放矢地进行。审核不同于参观，也不同于蹲点调查。因此，审核中的观察必须把握好观察的目的。

常用的观察方法有以下几种：①过程顺序观察法。这是按照组织提供服务的过程顺序进行质量活动的一种现场观察方法。在现场观察时，审核员可以随时询问受审方，以便补充观察得到的印象或信息。②管理现场观察。在过程顺序观察中发现了问题或产生了疑问时，就需要对相关部门或场所进行寻源性或相关性观察。③出其不意地再观察。内审员为了证实证据的真实性或者查找新证据，可以出其不意地到已经审核过的部门再次观察或查核。这种方法主要用在受审方不主动合作或有虚假表现的场合。

（4）验证。查验事实并取得证据是内部审核过程中现场审核的重要技巧。每个内审员都不能偏听偏信，受审方回答的问题和说明都应以事实为依据并让审核员看到。通常采用的方法有抽样取证、系统取证、复印取证、摄录像及查找其他证据等。

（5）记录。审核过程的记录是审核员归纳审核发现、提出审核报告最基础的资料。在记录过程中需要注意以下事项：①在审核提问、聆听、观察、验证时，及时摘要记录，特别是对有疑问或不合格的方面的记录。②记录真实的事实或证据。③做记录时应简明扼要，可以使用缩语、符号等内审员能看懂的记录。

通过内部审核，可以使管理服务工作从事后控制变成事前、事中、事后全过程控制，使运动式的自查自纠变成常规性的内部审核，使内审工作成为督促各项工作任务落到实处的一个有效手段，发现业务工作中的不合格项，限期整改。通过内审，使各项业务工作始终处于可控状态，保证各项工作落到实处、取得实效。

2. 外部审核

引入"第三方审核"，由专业认证机构对机关标准化管理体系运行情况每年进行一次现场监督审核，检验体系运行情况，建立长效机制。将业务工作完成情况和公共服务标准化体系标准执行情况两者的考核结果相结合，作为部门绩效有效评定依据，强化机关工作人员的责任意识。

3. 管理评审

管理评审是管理者为评价标准化质量管理体系的适宜性、充分性和有效性所进行的活动。其目的就是通过这种评价活动来总结标准化质量管理体系是否完善，并从中找出与预期目标的差距，寻找可能改进的机会。

管理评审的基本流程是：①管理评审的策划。要做好管理评审，首先要进行管理评审的策划，策划是否充分直接会影响管理评审的质量，因此管理评审的充分策划是做好管理评审的前提。②管理评审的准备。完成了管理评审的策划之后，就要严格按管理评审策划的要求进行管理评审的准备工作，包括管理评审输入资料的准备等，准备工作到位是做好管理评审的重要保证。③管理评审的实施。管理评审的实施是管理评审的关键，所有的策划和准备工作都是为了管理评审的实施。管理者应对此高度重视，并认真做好管理评审的实施工作。④管理评审改进措施的验证。对于管理评审提出的改进措施，要按照要求认真进行验证，使管理评审真正发挥组织内部监视和测量及持续改进的作用。

三 结果汇总与反馈

1. 汇总审核结果，形成审核报告

在内审结束后，评审组成员要及时汇总评审材料，形成审核报告。公共服务标准化体系内审通常涉及标准化体系主要过程的相关内容，我们可以通过内审全面了解体系运行的效果，以内审报告的形式为标准本身以及下一阶段的评审和服务质量的提升提供依据。因此，内审报告必须体现对体系运行情况的总结。从总体上讲，要总结体系运行的充分性、适宜性和有效性；从细节上说，要总结体系各主要过程和层次的策划、实施、日常检查、日常调整和完善情况，总结前一时期或阶段运行的经验教训，找出原因，以便今后举一反三，提高标准化体系的整体有效性，达到持续改进的目的。

2. 对评审出现的问题及时改正

在内审工作结束后，各部门要确保对内审结果做出反应，即能够采取改进措施。各部门需要对检查出的不符合项、观察项逐条分析原因，制定纠正措施并按所确定的期限进行整改，组织本单位内审员认真分析原因并制定预防措施，审核组也需要对纠正措施的实施进行进一步的跟踪验证。在此过程中需要注意几点：一是内部审核不符合项的整改应该有轻重缓急之分。不符合项的整改是组织内部一项正常的管理活动，组织不会倾斜更多的资源予以保障，而且不符合项对组织目标实现的影响程度存在较大差别，因此在不符合项的分析过程中，必须对其轻重缓急予以判定和区别对待，才能做出最为合适的安排。二是纠正措施的制定应当由本单位内各个部门的审核员共同参与。这是因为，不符合项在被审核的部门发现，但往往不只在一个被审核部门发生，产生不符合项的深层次根源也往往并不只涉及一个部门。因此，在进行原因分析和制定纠正措施的过程中，可能涉及的各部门以及审核员都应该参与其中，才能取得良好的效果。三是对于体系运作最为熟悉的是管理部门，对于较为严重和涉及面广的不符合项，只有管理部门负责组织进行分析和制定纠正措施，才能具有全局性和可实施性。四是各部门应组织本单位各级人员加强对标准的再学习、再运用，提高各级人员的认识和重视程度，提高各级人员执行管理体系文件的自觉性和主动性。

3. 对标准框架中的不完善之处进行修改

各部门要组织人员对本部门文件进行评审，进一步补充、完善体系文件，使文件更具有可操作性；领导小组也应组织相关职能部门对机关标准化管理体系文件进行评审、修改、完善。同时，部门标准化管理体系建设工作要逐步与本单位的各种制度有机对接，避免重复和体系运行与实际工作脱节的"两张皮"现象。在原有的制度框架下，既要保证各部门标准化管理体系运行顺畅，又要保证整个机关的标准化体系执行力的提升。

4. 总结经验，进一步扩大标准化部门和项目

服务没有终点，对服务的改进也就不能停止。试点单位应建立持续改进的工作机制，定期总结试点工作中的方法、经验并在此基础上加以推广应用，对标准实施过程中发现的问题应及时提出修订标准的建议，在不断完善标准的过程中改进和提升服务质量。在开展服务标准化的过程中，通过制定标准、实施标准与结果反馈这三个环节的不断循环，持续改进服务过程，不断满足顾客要求，提高顾客满意度，同时创建行业品牌。试点单位应积极开展"标准提升服务质量行动"，以标准化、规范化管理为手段，以提高服务质量和水平为目的，争创本行业服务品牌。

四　内部沟通与监督

计划是成功的先导，监督考核是落实计划之本。再好的计划、办法，没有一套有效的监督考核机制都是无法实现的。对标准实施的监督是促进标准贯彻执行的有效手段，是标准化工作的重要组成部分。通过检查，既可以发现标准实施中存在的问题，以便及时采取纠正措施；还可以发现标准本身存在的问题，为标准修订积累依据。在实际操作中，要使监督检查工作形成制度、长期开展，需要由部门领导做好考核和评定，并依据监督检查结果对工作进行改进，同时对人员进行奖惩。

监督分为内部质量监督和外部质量监督两种方式。内部质量监督即单位内部质量监督管理制度，主要内容为日常考核和投诉处理。日常考核涉及工作人员纪律、形象、工作质量，各项制度执行、纠错整改等。要做好内部监督，一是要加强计划监督，强化标准化指南的指导性，强化标准化工作的执行力，加强考核，实施动态管理；二是要明确业务处室的职责，加强对部门日常工作的过程管理；三是要加强监察，认真履行监察职能，采取日常督察、专项检查、实地督察、情况催报等形式，对公共服务标准化管理中日常工作的程序及关键环节进行监督。例如，南京市江宁区财政局利用标准持续改进机制，加强标准贯彻的激励约束，对标准化实行长效管理，建立了标准贯彻的激励约束机制。江宁区财政局在利用内部持续改进机制的同时，强化

外部激励和约束措施，确保标准得到贯彻落实。一是将标准化工作列入财政局的员工绩效考核当中，按季度从文件控制、记录控制、内部审核、未达标控制、纠正和预防控制五个方面进行审核，有重点、有步骤、有计划推进标准的落实。二是将满意度测评当做评价标准化工作成效的重要方面，每个季度开展服务对象、基层财政所和科室内部满意度调查，并对有基本满意和不满意评价的科室，要求写出纠正预防措施，从而改进自身工作。三是抓好标准审核结果应用。把执行体系文件的态度和结果作为局干部考核任用的重要依据，对执行体系文件存在较大问题的科室和个人进行通报批评，在评选先进、任用干部时一票否决。

外部质量监督即上级监督、人大监督、舆论监督、公众监督和服务对象监督以及行政监察、行风评议等制度。通过外部监督，能够强化社会各界对服务标准化工作的监督，增加管理过程的透明度。加强外部质量监督，一是要完善上级监督，各级质量技术监督局应会同发展和改革委及相关行业主管部门对试点合格单位进行跟踪考核，发现不符合标准或发生重大责任事故的单位，要限期整改或上报国家标准化管理委员会。国家标准化管理委员会可视情节做出书面警告、通报批评或撤销证书的处理。证书被撤销的，两年内不得重新申请试点。二是可以聘请人大、政协有关委员，民主党派专家，学者担任监督员，对重大项目的评估论证、跟踪检查、评审等重要工作环节进行监督和指导。三是群众监督。可以通过网络，将公共服务标准化的情况加以公开，向社会进行公示，接受群众监督，从而实现工作流程的公开、透明。

南京市江宁区在组织实施公共服务标准化的过程中高度重视评审工作，积累了一些成功经验。第一，成立专业内审小组实施评审。2009 年，江宁区成立了由 33 名骨干内审员组成的区级机关标准化管理体系内审小组，并在区贯标办的组织下深入 69 个部门进行了审核。通过强化"以我为主"的内审员队伍建设，使内审员掌握了审核的方法和技巧，积累了全过程审核和对审核过程加以控制的经验，对标准化管理体系的持续有效运行和改进起到了重要作用。第二，创造性地将内部审核与考核有机结合。该区内审小组被赋予内部审核和部门考核的职权，有助于更好地发挥评审监督的功能。第三，将内部审核常规化。通过对部门最高管理层、相关科室采取口头询问、记录审核、现场察看等评审方式，使管理服务工作事后控制变成了事前、事中、事后全过程控制，使运动式的自查自纠变成了常规性的内部审核。第四，以内部审核促进持续改进。通过评审，发现了各部门在实施公共服务标准化管理过程中存在的问题，明确列出了检查出的不符合项、观察项。各部门针对这些问题，组织内审员认真分析原因并制定整改措施，促进区级机关公共服务标准化管理体系的持续改进。第五，以第三方认证复审的外部审核形式促进标准化管理。江宁区重视区级机关标准化管理体系第三方认证工作，邀请标准化专家对全区 69 个部门的质量、环境、职业健康安全"三标一体"和机关工作人员行为管理规范的标准化管理体系进行外部评审并持续改进，顺利达到 ISO9001：2000、ISO14001：2004、GB/T28001：2008 的认证要求。

第九章

公共服务标准化的环境建设

本章在分析公共服务标准化环境建设理论基点的基础上，通过 PEST 框架和内部逻辑结构两条思路，对公共服务标准化环境建设的外生性和内生性影响因素进行分析；基于 SWOT 框架，构建了公共服务标准化环境模型，分别对潜力发展型和"形式化"发展型提出了环境建设的对策。

第一节　公共服务标准化环境建设的理论基点

环境与公共服务标准化密切相关，在公共服务标准化的不同阶段，环境的相关程度不同。公共服务标准化环境可以分为对外服务标准化环境与内部管理标准化环境、宏观环境与内部环境等不同类别。公共服务标准化环境建设的总体研究思路可以按照分总式进行设计。

一　环境与公共服务标准化的相关分析

相关分析是研究现象之间是否存在某种依存关系，并对有具体依存关系的现象探讨其相关方向以及相关程度的一种分析方法。公共服务标准化环境，是对公共服务标准化影响因素、动力机制、局限性、产生条件的归纳总结，并进一步探索目前研究中未考虑到的要素，将零散的要素扩展、丰富为系统的集合。环境与公共服务标准化的相关分析，研究的就是公共服务标准化与环境中各种因素之间的依存关系，并探讨公共服务标准化与环境中各种因素的相关程度。一方面，公共服务标准化与环境具有高度相关性。要长久有效地推进公共服务标准化建设，就必须对公共服务标准化建设环境进行全面、客观的分析。另一方面，公共服务标准化的不同阶段与环境的相关程度不同。公共服务标准化环境建设理应成为公共服务标准化研究中的一个重要部分。

1. 环境与公共服务标准化

公共服务标准化总是在一定的环境中进行的，与公共服务标准化环境密不可分。公共服务标准化不可能脱离环境而进行，公共服务标准化的理论需要在环境中实践，同时也需要根据环境进行修正与改良。环境即"实际"，不能脱离实际谈理论。公共服务标准化是实践性极强的应用型理论，在实践中萌芽，在实践中发展，在实践中完善。脱离了实际环境，公共服务标准化的理论也就失去了意义。政府对外提供的直接性公共服务涉及公众需求环境、经济支持环境、政治导向环境、行政配合环境等，对内管理的间接性公共服务同样涉及政治导向、行政协调配合、行政理念等环境；就公共服务标准化的过程而言，模板设计涉及理论发展、社会中介组织成熟度、高校合作参与度、技术成熟度等环境，组织实施则涉及政治、经济、社会、行政等各方面的环境。因此可以说，公共服务标准化离不开公共服务标准化环境。

特定的环境是政府部门引入公共服务标准化的源动力。公共服务标准化的启动离不开环境的刺激。有需求才能引发供给。环境刺激产生的对公共服务标准化的"有效需求"，是公共服务标准化的源动力。考虑公共服务标准化的起因，就必然要联系到公共服务标准化环境。比如，西方国家因为陷入财政危机、管理危机和信任危机的严峻环境，因而逐渐开始将企业管理的科学方法引入公共服务领域。在我国，杭州市上城区因为面对权力运行不够规范、政府效能不能有效提升、政府廉洁性有待加强的处境，区政府开始着手引入公共服务标准化工具。清楚地了解什么样的环境需要公共服务标准化建设，才能更加有针对性地集中火力进行公共服务标准化。

环境是影响公共服务标准化可持续发展的双刃剑。公共服务标准化环境是公共服务标准化的各种影响因素的集合。公共服务标准化环境中影响因素的成熟度以及"优劣性"决定了公共服务标准化项目能否有效落实、能否可持续以及持续时间的长短。优质成熟适宜的环境是公共服务标准化落实与发展的保障。只有形成促进公共服务标准化的"气候"，公共服务标准化才能落实并且可持续发展。比如，在十八届中央纪委二次全会国家领导人讲话和全会发布的公报中，传递出中共中央推进反腐倡廉建设的强烈信号，这种信号就是政治环境为公共服务标准化提供的鲜明的风向标，形成了推动公共服务标准化发展的"气候"；而在环境因素不成熟或者缺失的情况下，环境反而会对公共服务标准化形成阻力。例如，在行政人员公共服务的意识尚不够强烈，对公共服务标准化的认识不够到位与深刻，部门之间权力规划不够清楚，职责分配尚不够清晰的情况下，公共服务标准化需要很大的协调成本，这种不成熟的环境就对公共服务标准化造成了阻碍。只有对环境进行透彻分析，不断优化公共服务标准化的环境，突出环境中的推动因素，消除环境中的阻碍因素，为公共服务标准化营造优质成熟适宜的环境，才能保证公共服务标准化的有效性与可持续发展。

2. 环境与公共服务标准化不同阶段的相关程度分析

公共服务标准化主要包括两个步骤：一是模板设计，指公共服务标准体系设计，包括维度设计、指标设计、菜单设计等；二是组织实施，指将设计好的公共服务标准贯入政府内部管理与公共服务中，进行公共服务标准化建设，正式执行公共服务标准化。公共服务标准化环境与公共服务标准化的不同步骤具有不同的相关性。

公共服务标准化环境与模板设计环节的相关程度相对低，也就是模板设计环节的相关影响因素比较少。相对来说，模板设计还没真正触及权力的重新分配，模板设计的开展需要的条件也比较少，关键因素就是高校与社会智库的合作参与、资金支持以及政策导向。因此，模板设计环境的构建相对简单。

公共服务标准化环境与组织实施环节的相关程度相对高，也就是组织实施环节的相关影响因素比较多。组织实施是公共服务标准化最重要的步骤，意味着公共服务标准化的落实，因而环境与组织实施的相关性较强，是公共服务标准化的核心。在组织实施的过程中，涉及相关部门之间的协调，权力的重新规范与分配，于是组织实施影响因素就比较复杂，其中甚至包括部门之间的谈判、利益交换等。组织实施的权变性更明显，在不同的环境下，会产生不同的组织实施结果。因此，组织实施容易受到环境影响，产生执行的困境与限度。

根据不同的相关程度，需要对不同步骤分配不同的环境资源，这也是要在基于环境分析的基础上，就公共服务标准化过程的不同步骤来讲，环境分析都是非常重要的。

二　公共服务标准化环境的类别分析

公共服务标准化是对环境范围的限定，因此公共服务标准化建设环境的分类与公共服务标准化的内容密切相关。同时，由于环境本身的特点与作用方式不同，也产生了不同的环境类别。不同环境种类对公共服务标准化的影响方式不同，影响程度也不相同。对公共服务标准化建设环境的分类进行论述，能够作为之后进一步分析的基础。

1. 基于公共服务标准化性质的角度，分为对外服务标准化环境与内部管理标准化环境

对近年来我国公共服务标准化的实践进行梳理，大体上可以分为整体性的政府组织标准化建设，窗口部门的行政服务中心标准化建设，基层所站公共服务标准化建设和公共基础设施公共服务标准化建设等，[①] 涉及行政审批、基础服务、政府职能部门内部管理等内容，所制定的标准包括公共服务基础标准、公共服务管理标准及公共服务技术标准等。总体而言，当前公共服务标准化建设包括对外服务的标准化建设以及内部管理的标准化建设。

公共服务标准化环境按照公共服务标准化建设性质可分为对外服务标准化环境与内部管理标准化环境。对外服务包括了基本公共服务、行政服务窗口服务、公共基础设施建设等，是一种直接性的公共服务。相对而言，这类公共服务是公众日常更能直观感受到的，可以通过"结果"对服务进行评价，对外服务的标准就包括了"结果"的数量与质量以及提供"结果"的过程的效率与服务态度。在对外服务标准化环境中，外部环境因素相对重要一些，同时，"结果"可见，便于监督与考核，外部环境所形成的由外而内的督促力与推动力能相对于内部管理标准化建设产生更明显的效果。

---

① 卓越、张世阳、兰丽娟：《公共服务标准化顶层设计的战略思考》，《中国行政管理》2014 年第2 期。

内部管理包括了行政权力的规范化配置、行政岗位职责的清晰界定、行政流程的合理设计与透明化等，是一种间接性的公共服务。这类公共服务主要体现在政府内部行政风气以及行政效率上，公众相对感知度较低，因此，外部压力的效果有所弱化，更多地决定于自主自发的内部动力。

2. 基于公共服务标准化环境自身性质的角度，分为宏观环境与内部环境

宏观环境主要指政治、经济、社会与技术四个方面对公共服务标准化建设的外部影响，是推动公共服务标准化建设的外在动力。内部环境主要指领导人支持、组织机构支持、行政权力规范化、行政考核与行政理念这五个行政内部要素对公共服务标准化建设的影响，是推动公共服务标准化建设的内在动力。外部宏观环境是相对普遍的影响因素的集合，对公共服务标准化建设产生外生性的作用力；内部环境则是相对特殊的影响因素的集合，对公共服务标准化建设产生内生性的作用力。由于内部环境的内生性因素具有特殊针对性，并且产生由内而外自发的作用力，因此内生性因素较之于外生性因素，对公共服务标准化建设能产生更加具有决定性作用的影响。本书将基于公共服务标准化环境自身性质的角度，分别从宏观环境与内部环境两个方面，对公共服务标准化的建设环境进行深入探究。

三　公共服务标准化环境建设研究设计：分总式

从公共服务标准化自身性质角度出发，前文将公共服务标准化建设环境分为了宏观环境与内部环境。基于此，本书接着将着重进行环境分析与环境建设两大模块的探讨，并设计"分总式"的研究结构。

1. 分总式研究设计解析

宏观环境对公共服务标准化产生外生性的作用力，内部环境对公共服务标准化产生内生性的作用力。外生性作用力由外而内地对公共服务标准化产生影响，形成一种非自主性的外部压力；内生性作用力则由内而外地产生对公共服务标准化的需求，形成一种自主性的内部动力。因此，环境对公共服务标准化的影响将包括宏观环境的外生性影响与微观环境的内生性影响。内外部环境分别由不同的影响因素构成，产生不同的影响力与影响方式。同时，这两股不同的影响力将合成对公共服务标准化的综合作用力，形成影响公共服务标准化建设的不同环境类型。综上所述，可以按照"外—内—总"的逻辑对公共服务标准化环境进行具体分析。因此，本书将采用"分—总"结构分析方式，由分到总，将公共服务标准化建设环境分析分为两个层次进行，同时引入环境分析工具。

2. 公共服务标准化环境因素变量分析：分解式分析

第一层面，对公共服务标准化环境进行分解式分析，分别探讨公共服务标准化宏观环境的外生性影响因素与内部环境的内生性影响因素与公共服务标准化的相关性，解析各个影响因素的变量构成以及各个变量的不同作用方式与作用力大小。外生性影响因素分析基于 PEST 的结构视角进行，内生性影响因素分析按照"人员—权力—组织—考核"的逻辑结构进行。

变量指的是没有固定的值，可以改变的数。在统计学中，变量包括定类变量、定序变量、定距变量和定比变量。本书中的变量均为定类变量。不同的影响因素由不同的变量构成，在不同的具体环境中，变量的组合不同，变量值不同，将导致影响因素与公共服务标准化的相关程度不同。其中，不同的影响因素的变量构成不同，政治、经济、社会、文化、行政人员这些影响因素的内容相对复杂，由多变量构成；领导组织机构、行政权力、行政考核这些影响因素的内容相对单一，由单变量构成。多变量所构成的环境影响因素的相关程度由多变量综合决定，单变量所构成的环境影响因素的相关程度由单变量直接决定。根据变量的重要性，不同变量的影响程度不同，因此不同变量构成影响因素的权重也各不相同。

3. 公共服务标准化环境模型构建：综合式分析

第二层面，对公共服务标准化环境进行综合式分析。在对公共服务标准化环境因素变量"外—内"进行具体解构式分析的基础上，对公共服务标准化建设环境进行一个综合分析，最终构建起公共服务标准化环境建设分析模型。这里，引用 SWOT 环境分析结构模式，将"外—内"综合为"总"。其中，Y 轴可以看做外生性影响因素形成的"机会—威胁"，X 轴可以看做内生性影响因素形成的"优势—劣势"，在外生性影响因素与内生性影响因素共同作用下，将形成不同的环境类型。第一种环境中标准化建设能够长期可持续发展；第二种环境中公共服务标准化建设具有强大的发展潜力；第三种环境中公共服务标准化建设无法有效落实，成为"形式化"；第四种环境中暂不适宜进行标准化建设。针对第二种与第三种环境可以采取不同的政策措施，促进其发展成第一种环境，完成公共服务标准化的环境建设。

关于"分总式"分析的结构设计，可参见图9-1。

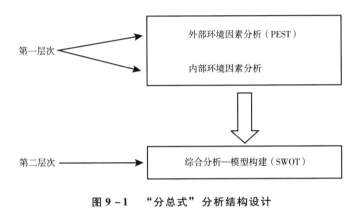

图9-1 "分总式"分析结构设计

通过公共服务标准化环境分析模型的构建，可以形成公共服务标准化环境建设分析模板，直接对一个具体的环境进行分析，先是梳理环境中存在的外生性影响因素与内生性影响因素，再套入SWOT环境分析模型，探讨该具体环境所属的类型，从而分析得出该环境是否适合进行公共服务标准化，以及进行公共服务标准化的环境建设所应采取的措施。

第二节 公共服务标准化建设环境影响因素分析

公共服务标准化建设环境是对公共服务标准化建设产生影响的所有宏观与内部环境因素的集合。外部因素与内部因素分别构成了影响公共服务标准化建设的外生性动力与内生性动力。笔者将采用两个框架分别对宏观环境中的外生性影响因素与内部环境中的内生性影响因素的内容与影响方式进行具体分析。

一 基于PEST框架的外生性影响因素分析

PEST框架是PEST宏观环境分析法所采用的一种宏观环境分析框架，由政治（P）、经济（E）、社会（S）及技术（T）四个方面构成。PEST

分析法是一个常用的分析工具，它通过政治、经济、社会、技术四个方面的因素分析，从总体上把握宏观环境，并评价这些因素对企业战略目标和战略制定的影响。公共服务标准化是一项政府公共部门推行的战略政策。政府与企业不同，分析的具体内容会有差异，但与企业实施某项具体战略时类似，公共服务标准化建设在实施的过程中同样受到宏观环境中政治、经济、社会、技术这四大类外部环境因素的综合性影响。这四大类外部环境因素分别对公共服务标准化形成政治外推力、经济外推力、社会外推力以及技术外推力。这四个外推力相对而言，经济环境是前提条件，政治环境是推动因素，社会环境与技术环境起到一个辅助推力的作用。PEST 框架全面地概括了宏观环境的种类，因此，可以基于 PEST 框架，详细分析公共服务标准化宏观环境外生性影响因素的构成及其对公共服务标准化建设的影响。

1. 政治外推力的变量构成：中央精神、法律制度、方针政策

（1）"中央精神"对公共服务标准化建设造成了一种自上而下的"非正式命令"。在我国的环境下，改革项目的实施与否，与"中央精神""红头文件"密不可分。特别是第三次中央委员会全体会议，通常推出中国深层次改革政策。党政部门自上而下地学习会议决定的内容，领悟中央精神，着手部署与实施中央下达的改革政策。因此，"中央精神"对公共服务标准化建设造成了一种自上而下的"非正式命令"，这种"非正式命令"通过自上而下地学习、细化、部署，形成相关法规政策，自上而下地构成由中央至地方的"任务压力"，形成政治外生推力的第一股力量。

公共服务标准化是与"中央精神"契合度相当高的政府治理创新工具。公共服务标准化一方面作为政府社会管理与公共服务改革创新项目，迎合了行政体制改革与政府职能转变的方向；另一方面公共服务标准化旨在规范行政权力、精简行政流程、保障公共服务输出标准，成为政府纠风工作的重点，切中为党政纠风这一中央精神。为了贯彻落实"中央精神"，公共服务标准化作为与之契合度相当高的工具，就会受到地方政府重视。同时，"中央精神"只有转化为文字型"正式命令"，才能进一步形成强制力与约束力，更好地为公共服务标准化建设提供保障与支持。这种"正式命令"，就是指法律与政策。

（2）法律是公共服务标准化权威性的制度保障。法律是"中央精神"文字化的一种形式，为公共服务标准化提供强制性的政治外部推力，法律对公共服务标准化建设的内容范围、主体对象、标准原则、运作方式等进行的规范与保障，能够推动公共服务标准建设规范化、制度化与长效化，落实公共服务标准化建设中的责任归属，保障公共服务标准化建设的有序进行。

法律可以保障公共服务标准化的制度化。只有出台相关法律法规，公共服务标准化建设才能真正从试点阶段发展到制度化阶段，落实为政府社会管理与公共服务的一种常规化制度。在法律强制力的约束下，保障公共服务标准化作为一项制度运行并落实，否则就必须承担相应责任，因此地方政府部门必然在法律的约束下，听从法律指示。

法律可以保障公共服务标准化建设的规范化。根据发达国家的经验，标准的自愿实施需要形成以各个主体之间健全的权利、义务、责任关系为基础的法律体系。通过法律规范化，大家明确权利、义务、责任，这样减少了在不透明或者界限模糊情况下的协调成本与相互责任推诿，从而有利于公共服务标准化建设的实施。另外，专门统一的公共服务标准化法，可以通过"顶层设计"由上而下保障公共服务标准化建设的有序进行。无论是制度化还是规范化，都能增加公共服务标准化建设的权威性与正式性，减少实施的随意性，使政府公共部门对公共服务标准化产生认同感，将其列入政府改革与发展的规划中。

（3）方针政策对公共服务标准化起导向作用。政策是"中央精神"文字化的另外一种形式，为公共服务标准化建设提供一种引导性的政治外部推力。在推进公共服务标准化试点的过程中，由于法律环境不健全，国家与地方主要通过政策文件对标准化项目工程进行"顶层设计"，对公共服务标准化建设产生引导、推动与规范的作用。

激励性政策有利于公共服务标准化试点获得资源，形成激励性的外部推力。比如，政策中对于开展公共服务标准化建设的地方政府公共部门的财政倾向、资源倾向、荣誉倾向，能够鼓励公共部门开展公共服务标准化建设，对地方政府部门开展公共服务标准化形成引导。

规范性政策有利于公共服务标准化的有序推进。政策相对于法律来说更加灵活与权变，同时也具有规范的作用，并且能够更具体地指导公共服务标准化建设的进行，为公共服务标准化建设提供"顶层设计"，促进公共服务标准化建设的有效开展。因此，政策通过引导与规范，影响公共服务标准化的开展与落实。

（4）政治外推力变量相关性的实践分析。具体环境中，"中央精神"这一变量影响力大小主要体现在是否有相关"中央精神"，以及"中央精神"与倡导公共服务标准化的相关程度。比如，党的十八届三中全会通过了《中共中央关于全面深化改革若干重大问题的决定》，其中提到的"必须切实转变政府职能，深化行政体制改革，创新行政管理方式，增强政府公信力和执行力，建设法制政府和服务型政府"与公共（服务）标准化建设相关，但是由于只是宏观导向而不是具体特制，因此相关程度不是很高；而在2014年的政府工作报告中，提到"把加快转变职能，简政放权作为本届政府开门的第一件大事"，更具体地落在权力规范化上，而权力规范化就属于公共服务标准化的内容之一，因此，相关程度相对较高。选择相关性最高的作为该变量对公共服务标准化建设的影响。

在具体环境中，"法律制度"这一变量影响力大小主要体现在是否有专门的公共服务标准化法，以及法律的具体程度与细化程度。比如，地方公共服务标准化建设相关法规的影响局限在为地方提供方法性指导，偏向政策与指南的作用，条文规范不够详细，责任归属缺少明确规定，约束力度不够，这样几乎没有影响力。

在具体环境中，"方针政策"这一变量影响力大小主要体现在政策对公共服务标准化的内容的针对性、政策指向范围、政策的可操作性。比如，政策出台的十几年间，从"服务业标准化"到2009年提出的"公共管理和社会组织的标准修订任务"到"试点"到"制度设计"到"体系"到"品牌"，再到"农村公共服务标准化"（见表9-1）。政策逐步具体到公共服务标准化的内容，范围以及程度的规定都逐年扩展，对公共服务标准化的影响不断扩大，引导政府部门注意到公共服务标准化建设这一逐渐兴起的革新性工具。特别是2013年"试点细则"政策的试行，直接将政府公共部门引导到公共服务标准化建设的实践上。

表 9 - 1 我国公共服务标准化建设相关政策摘选

制定年份	政策	关键内容
2001	《国民经济和社会发展第十个五年计划纲要》	提出了"调整产业结构,大力发展服务业,完善服务标准,提高服务水平"的要求
2004	《全国服务标准 2005 年—2008 年发展规划》	提出了服务领域国家标准发展的指导思想、主要目标、主要任务和措施
2006	《国民经济和社会发展第十一个五年计划纲要》	提出了"健全服务业标准体系,推进服务业标准化"的新要求
2009	《全国服务业标准化 2009 年—2013 年发展规划》	提出了公共管理和社会组织的标准修订任务
2011	《标准化事业发展"十二五"规划》	提出了加大社会管理和公共服务标准化力度,开展社会管理和公共服务标准化试点,使标准成为提高社会管理与公共服务质量和政府服务绩效的有效手段,促进社会管理与公共服务水平的提升
2012	《国家基本公共服务体系"十二五"规划》	范围确定为公共教育、劳动就业服务、社会保障、基本社会服务、医疗卫生、人口计生、住房保障、公共文化等领域的基本公共服务。"十二五"规划纲要还明确了基础设施、环境保护两个领域的基本公共服务重点任务。提出了保障人人享有基本公共服务是政府的职责,必须着眼制度设计、系统规划、整体推进,建立健全基本公共服务体系
2012	《社会管理和公共服务标准化工作"十二五"行动纲要》	明确了"十二五"社会管理和公共服务标准化的总体目标和重点任务:初步建成全面覆盖、重点突出的社会管理和公共服务标准体系,初步形成制度化、系统化的标准实施推进模式和运转顺畅、协调高效的标准化工作机制,社会管理和公共服务标准化工作取得突破性进展
2013	《社会管理和公共服务综合标准化试点细则(试行)》	向全国征集社会管理和公共服务综合标准化试点项目,目的是促进我国社会管理和公共服务科学化、规范化,发挥标准化对加强和创新社会管理、提升公共服务水平的作用,推动社会管理和公共服务综合标准化试点工作有序开展,培育社会管理和公共服务标准化品牌
2014	《关于全面深化农村改革加快推进农业现代化的若干意见》	提出了有效整合各类农村文化惠民项目和资源,要求推动县乡公共文化体育设施和服务标准化建设,加快构建农村社会养老服务体系,开展农村公共服务标准化试点工作

总体而言,"中央精神"首先对公共服务标准化建设造成了一种自上而下的"非正式命令",这种"非正式命令"通过自上而下地学习、细化、部署,形成相关法律政策,从而进一步对公共服务标准化建设产生影响,形成

了政治三角影响力。政治环境的推动力主要依靠"中央精神"的下达与方针政策的引导。实际上，政策的出台能够更加及时地反映"中央精神"。在"中央精神"文字化的过程中，法律可能相对滞后甚至缺乏，主要通过政策进行自上而下的传达部署。

2. 经济外推力的变量构成：经济总体水平、财政投入比例

经济支持是决定一项改革成功与否的重要影响因素。公共服务标准化建设是一个长期且系统的政府改革过程，需要投入大量的标准研究经费、标准制定经费、标准推广经费、公共服务产品投入经费、制度转型成本。因此，经济外推力是公共服务标准化建设的前提条件。如果经济水平没有达到要求，那么公共服务标准化建设将很难进行。较高的经济总体水平与较大比例的财政投入所形成的有效标准化经费，将形成正向的经济外推力。

（1）经济总体水平决定了公共服务标准化的发展上限。在一般情况下，地区经济发展越好，就越适合、越有能力推进公共服务标准化建设，公共服务标准化建设也能发展得越好；经济条件不足的地方，则没有能力进行公共服务标准化建设。地区经济的发展程度直接影响公共服务标准化的发展程度，经济总体水平决定了公共服务标准化所能发展到的潜在最高水平。

经济发展较好的地区，能够为公共服务标准化提供所需的财物支持并形成对公共服务标准的需求，为公共服务标准化建设提供一个健康良好的发展环境。在经济发展的同时，政府的财政实力也显著增强，从而使得政府有能力探索自身的创新机制，有能力加大公共服务领域的公共支出。[1] 一方面，经济总体水平的上升与发展，能够带动公共服务标准提升。另一方面，现阶段的国家经济发展和国家发展战略对公共服务标准的需求必然成为公共服务标准化系统的有效拉动力。[2] 这明显体现在对外服务标准化建设上。基本公共服务标准的提升、公共基础设施的建立都需要经济的支持，只有经济发展，这类服务的标准化才能"有条件"得到有效落实。否则，缺少了经济基础这一前提条件，公共服务标准化建设是不可能实现的。

一般来说，经济发展影响行政体制的先进性与健全性。经济发展较好的

---

[1] 胡税根、徐元帅：《我国政府公共服务标准化建设研究》，《天津行政学院学报》2009 年第 6 期。

[2] 李上：《公共服务标准化体系及评价模型研究》，中国矿业大学博士学位论文，2010。

地区，行政服务理念一般比较开明，行政创新氛围也比较浓厚，社会管理与公共服务方式都能较快地借鉴国外成功经验，引入先进高效的管理工具。公共服务标准化作为其中一种，一般先在经济发展比较好的地区引入。另外，经济发展较好的地区，会对更加高效、透明、公平、合理的政府社会管理与公共服务方式产生需求。

（2）财政投入比例决定了公共服务标准化建设所分配到的有效资金。《公共服务标准化指南（征求意见稿）》明确指出："公共服务标准化工作应充分发挥政府主导作用，根据各级公共财政的现实以及公众需求，统一规划，分步实施。"在政府主导模式标准下，财政投入是公共服务标准化建设的主要资金来源。经济总体水平决定着上限，但是并不代表着真正投入。公共财政对公共服务标准化的投入比例决定了公共服务标准化建设的有效资金。

有效资金必须达到一定份额才有条件启动公共服务标准化，并为公共服务标准化的顺利进行提供担保。在《社会管理和公共服务综合标准化试点细则（试行）》中，规定试点单位应当具备的基本条件之一，就是"当地党委、政府重视标准化工作，能够为试点提供政策、资金及其他支持"。基本公共服务标准化建设、公共基础设施标准化建设需要投入一定的资金，以供应公共产品的生产与供给；整体性的政府组织标准化建设、窗口部门的行政服务中心标准化建设、基层所站公共服务标准化建设，也需要投入一定的建设资金，支出于项目科研成本、行政改革成本、标准化流程再造成本。

财政投入能够调动公共服务标准化建设的积极性，引导地方立项。政府应该每年将国家标准化纳入财政预算拨款，或者提供专项资金支持，鼓励地方增加公共服务标准化相关立项。比如，2013年，上海市发布的《上海市标准化推进专项资金项目申请指南》中，将"社会管理与公共服务"作为"有力推进重点领域的项目"之一，予以优先考虑、重点资助。这样，为了获得资金支持与资助，地方政府将首先考虑指南中所引导的"社会管理与公共服务"领域的标准化。

相关的财政规定，能够对公共服务标准化的落实提供财政约束力，从而保证财政专款资金的落实到位以及公共服务标准化项目的"任务完成"。比如，2011年，上海市出台《上海市标准化推进专项资金管理办法》，规定：

"市财政每年在预算内安排 4000 万元财政资金建立上海市标准化推进专项资金，主要用于资助在本市注册的企事业单位承担的本市标准化推进项目。"其中同时规定："项目承担单位应当按照合同或计划任务书的要求完成项目；因特殊原因逾期未完成的，可以申请延期 1 年。经批准延期后仍未完成的，视情况停止资助或追回已经支付的资助资金。"对资金的约束，产生了对公共服务标准化落实的约束力。

（3）经济外推力变量相关性实践分析。在具体环境中，"经济总体水平"这一变量影响力大小主要体现在地区 GDP、地区人均 GDP。由于经济变量可以量化，因此可以相对直观地评价。近年来，我国公共服务标准化建设试点主要集中在 GDP 较高的省份。在具体环境中，"财政投入"这一变量影响力大小主要体现在财政收入、一般公共服务财政支出、一般公共服务财政支出占财政收入的比例、一般公共服务财政支出占 GDP 的比例、标准化项目专项财政拨款。总额越大，比例越高，资金也就越充分，公共服务标准化建设的物质环境也就越有利。

总体而言，在经济发展情况好的前提下，只有财政投入比例同时较大，才能构成公共服务标准化建设的有效资金投入。也就是说，经济总体发展情况与财政投入对有效资金投入具有乘积效应。只有在经济发展情况良好，同时财政投入比例也较大的情况下，公共服务标准化建设资金才是充分的，能够为公共服务标准化建设提供启动条件与物质保障。否则，尽管地区经济发展良好，在公共服务标准化建设方面的财政投入比例小，同样也会使公共服务标准化建设缺乏资金支持，而产生阻力。我国目前各地区经济大致处于发展阶段，然而对公共服务标准化建设的重视程度还不够，公共服务标准化相关的财政投入比例不大，经济环境的外部推力有一定的潜力，但是现阶段仍然不够，有待加码，也就是提高财政投入比例。

3. 社会外推力的变量构成：社会公众、社会中介组织、高校、社区

社会环境是指对公共服务标准化建设产生影响的社会人文因素，包括公众需求程度、社会中介组织参与程度、高校参与程度、社区发展程度。公共服务标准化建设虽然主要由政府主导，但是公共服务标准化建设的有效推行仍然涉及多元相关者。

（1）公众参与度决定公共服务标准化建设的"需求导向"。公众对标准化的公共服务的需求形成公共服务标准化建设的动力。在市场经济中,有效需求的旺盛能够拉动经济的稳定增长。虽然公共服务标准化建设是政府主导的,相当于"卖方市场",但是随着政府职能转变的加快以及服务型政府的渐渐形成,"需求导向"已经成为政府提供公共服务所应遵循的原则之一。在"需求导向"之下,政府要倾听民声,提供公众意见平台,根据公众需求来制定公共服务标准。随着公众生活水平的提高以及公民意识的觉醒,公众对公共服务从"量"上的需求上升到"质"上的需求,因此,不仅需要公共服务,而且需要标准化的公共服务。就基本公共服务和公共基础设施来看,公众需要的是"等量"的服务,也就是均等化的公共服务,这就需要对这些公共服务进行标准化建设;就行政服务窗口服务、基层社区站所服务以及公民间接感受到的政府整体行政办事绩效与透明度来讲,公众需要的是优质并且"同质"的服务,这同样需要对这些公共服务进行标准化建设。

公众对公共服务标准化建设的良好评价有助于进一步夯实公共服务标准化建设,为公共服务标准化建设提供一个良性循环的发展环境。优质、规范化的公共服务,能够为公众提供一个预期与客观的判断标准,避免主观造成的不确定性与不满,提升公众的满意度;"等量同质"的公共服务保障了公民平等享受公共服务的权利,也进一步保障了社会的稳定与和谐。公众的支持与社会的稳定,是进行改革的一个良好环境。公共服务标准化的有效落实,可以提高公众的满意度,同时,公众满意度的提高有助于进一步鼓励公共服务标准化的推进,最后形成政府效能与公众满意度同时提高的双赢局面。比如,天津市审批办在市、区两级行政许可中心全面实施服务标准,并向乡镇(街道)行政服务中心延伸,行政审批事项办结率和群众满意率都提高到99%以上,天津市行政许可中心也成为公共服务标准化建设的成功试点之一。

(2)社会中介组织能够在社会自治层面推动公共服务标准化。社会中介组织的参与,是政府主导模式下的有效补充,能够形成推动公共服务标准化建设的多元力量。在政府主导模式下,社会中介组织对公共服务标准化建设仍然产生着不可或缺的影响。社会中介组织是介于政府与企业、社会利益群体之间的各类社会组织,在政府主导模式之下,仍需社会多方力量的辅助参与。比如,公益性的社会中介组织本身就是公共服务的提供者和承担者，是政府在提供公共服务过程中的有力合作伙伴，在社会救济和社会保障方面，可以作为公共服务的主要承载者，参与社会管理和公共服务。特别是对于基本公共服务标准化建设与公共基础设施公共服务标准化建设，相关公共服务组织的支持与参与，能够缓冲政府在这个方面的财政压力与负担。对于整体性的政府组织标准化建设、窗口部门的行政服务中心标准化建设、基层所站公共服务标准化建设，社会中介组织能够起到协助、沟通的作用，作为政府与社会之间的中介组织，成为公众需求、社会需求与政府行动、政府反馈之间的桥梁。

标准化协会、研究院的发展与参与，能够推动公共服务标准化的理论建设和社会参与。在公共服务标准化实践工作中，一些模块专业知识含量高，需要专业人员的指导与操作，同时公共服务标准化理论的发展，也需要专业人员的调查与研究。在标准化协会、研究院中，相对于政府而言，有更多从事标准化工作的专业人才，同时拥有公共服务标准化建设的理论知识与实践经验。在公共服务标准化模板设计阶段，需要大量的专业知识来设计标准体系与通用型菜单等；同样，在公共服务组织实施阶段，专业工具的使用，比如 ISO9000 质量管理工具，需要专业人员的指导，或者对政府工作人员进行专业培训。因此，靠政府单干是不行的，必须有专业人员联合推进。例如，中国标准化研究院现代服务标准化研究中心作为公共服务标准化的社会中介组织，一直致力于开展服务标准化前沿理论、顶层政策设计以及应用研究，为政府部门提供整套服务标准化解决方案，成为政府标准化管理的"智囊团"，推动了政府公共服务标准化工作的开展。另外，在推动公共服务标准化建设的过程中，有关单位可以联合标准化协会，通过定期组织多种形式的标准化学习班、成果总结交流大会等，将公共服务标准在已经制定、实施后所得到的成功经验大力度地宣传，提高有关单位、公共服务组织的热情，使更多的人可以积极地加入公共服务标准化的建设中建言献策，[①] 提高公共服务标准化的社会参与程度。全社会对公共服务标准化积极性与参与度的提高，能够为政府开展公共服务标准化提供精神支持，增强政府开展公共服务标准化的活力。

---

① 徐婷：《我国政府公共服务标准化建设探究》，中国海洋大学硕士学位论文，2012。

（3）高校参与不断推动公共服务标准化建设理论更新。

首先，高校作为学术研究的前沿阵地，拥有丰富的科研资源与理论人才，是推动公共服务标准化建设不可或缺的理论队伍。高校参与公共服务标准化建设，主要是指与进行标准化建设的政府部门、行政服务中心、基层站所沟通合作，获得调研课题项目、调研经费以及调研资源，为政府部门等提供公共服务标准化建设的理论方案、标准化流程以及公共服务标准等。特别是一些高校研究院、研究所的专家教授致力于政府绩效管理、标准化管理的研究方向，能够更好地与政府部门合作，为公共服务标准化建设提供智力支持。

其次，高校的智力支持贯穿了公共服务标准化建设的全过程，包括前期的调研与标准模板的设计与拟定，中期推动工具与政策措施的研究，后期问题限度的发现与改良。这为公共服务标准化建设的实践提供了良好的理论匹配环境，能够促进公共服务标准化建设的有效发展。我国一些成功的公共服务标准化建设试点，都有与高校进行合作的经验（见表9-2），这也是这些试点获得成功的原因之一。另外，高校与标准化协会合作，构成政府公共服务标准化"智库"的主要成员，能够共同推动公共服务标准化建设的理论发展。

表9-2　我国公共服务标准化建设试点与高校合作案例

试点地区	合作高校	具体合作内容
杭州市上城区	浙江大学公共管理学院	在推进公共服务标准化建设的初期，上城区政府就对《上城区政府行政管理与服务标准化信息工程》进行了立项，合作开展行政管理与公共服务标准化体系建设课题研究，推动了行政管理和公共服务标准体系总体框架雏形的形成。在合作期间，共同主办上城区政府管理与公共服务标准化创新与实践研讨会，进一步推动公共服务标准化建设
北京市东城区	北京大学	委托北京大学作为示范区理论研究机构，最终形成了系列专题研究报告，包括《东城区公共服务标准化工作调研报告》等，推动构建了公共服务标准化体系总体框架、行政管理标准化体系、城市管理标准化体系、公共服务效益与评价标准化理论，形成了"四位一体"的政府公共服务理论体系，并落实于公共服务标准化建设的实践中
四川省汶川县	中国标准化研究院以及清华大学、北京大学、美国哈佛大学等高校	依托智力支持，逐渐理清思路，整理出了标准体系构建原则，将全民健康公共服务标准化工作细化为四大领域九个项目，启动了公共服务标准化的建设

（4）成熟的社会能够成为落实公共服务标准化的优良载体。社区是公众生活中不可缺少的一个综合基础的群众基础机构，社区服务是服务业标准发展的重点领域之一。社区服务涉及社区劳动保障、社区养老、社区计生、社区帮扶救助、社区公共基础设施等诸多方面。

公共服务发展较好、自治程度较高、发展较成熟的社区，必然产生进一步规范化、统一化的需求，成为公共服务标准化建设的发展点。社区作为一个基层平台，涵盖了各方面基本的公共服务，是实践与发展公共服务标准化建设的基本单元。社区公共服务标准化主要包括规范机构设置、规范人员配置、规范服务设施、规范室外布置、规范室内布置、规范运行机制、规范服务要求。① 社区相对来讲范围较小，服务相对集中，着力点清晰，因此能够相对容易地进行统一规划设计，实行公共服务标准，推广公共服务标准化，成为政府公共服务标准化建设的载体，加速公共服务标准化建设的进程，激发公共服务标准化建设的活力，积累实践经验。比如，天津市滨海新区公共服务标准化建设，就以社区作为落脚点与辐射点。从 2010 年至今，新区对全区 27 个街镇和 200 余个社区的服务中心及服务站进行社区标准化全面建设提升。一方面，社区公共服务标准化的形成可以作为政府公共服务标准化建设自上而下的落脚点，成为公共服务标准化的触角，向全社会铺陈开来，对公共服务标准化建设起到巩固作用；另一方面，社区公共服务标准化也可以作为政府公共服务标准化建设自下而上的先行点，促使政府启动公共服务标准化建设。

社区公共服务标准化能够增强公众的服务体验，激发公民意识，提高公共参与的热情，从而盘活公共服务标准化建设的软环境，推动公共服务标准化建设的发展。社区基本公共服务与公众利益密切相关，社区公共服务人员是公众最常接触的公共服务者，社区公共基础设施也是公众最直观感受到的公共服务产品。因此，社区公共服务标准的规范，必然能够提升公众生活的满意度，使公众感受到公共服务标准化带来的好处，从而形成刚性需求与权利意识，要求政府加强公共服务标准化建设，积极参与到政府公共服务标准化建设成果的评价与考核中，成为推动政府公共服务标准化建设的强劲外生

① 《常德市社区公共服务站建设规范（试行）》，2013 年。

动力。

（5）社会外推力变量的实践分析。在具体环境中，"社会公众"这一变量影响力的大小主要体现在公众是否意识到公共服务标准化的好处、公众是否要求政府运行公共服务标准化、公众是否积极参与关于公共服务标准化的意见征集、公众是否参与政府公共服务标准化成效的评价。

在具体环境中，"社会中介组织"这一变量影响力的大小主要体现在与公共服务标准化相关的社会中介组织的数量、中介组织是否提供公共服务、中介组织与政府关于公共服务标准化项目相关内容的成功合作次数，如提供公共服务标准化方案次数、举办培训班次数等。

在具体环境中，"高校"这一变量影响力的大小主要体现在政府是否与高校合作、地方国家级重点高校数量、高校承担的公共服务标准化建设相关课题数、高校是否有公共服务标准化专业方向的学科带头人、高校是否有专门的标准化研究中心。比如，厦门大学政府绩效管理中心专门设立政务（行政、公共）服务标准化研究方向中心，组织专门人力进行前期的资料搜集、理论推敲、选题确定工作。现已形成总体的研究计划和具体的重点研究领域，设计出了一整套较为完整的开发流程。

在具体环境中，"社区"这一变量影响力的大小主要体现在社区服务健全程度、社区公共基础设施完善程度、社区是否设置一体化行政服务大厅。

4. 技术外推力的变量构成：标准化工具、电子工具

（1）标准化工具基于工具理性层面提高公共服务标准化的可操作性。提升政府服务质量，不仅仅是服务的意识问题、态度问题，更多的是服务方法问题、技术问题，需要切实可行的管理工具。目前，引入公共服务领域的标准化工具主要有ISO9000质量管理和六西格玛管理。这两个工具在公共服务领域具有不同的适用程度，政府部门几乎都是采用ISO9000质量管理进行采标贯标，这也决定了ISO9000质量管理对公共服务标准化建设的影响力要大于六西格玛管理。因此，我们主要对ISO9000质量管理这一工具对公共服务标准化建设的影响进行讨论。

标准化工具能够促进公共服务标准化建设从理论到实践。公共服务标准化理论需要通过特定的实施方案或者可操作性的工具运用到实践中。实施方案的制定需要与社会中介组织或者高校合作，前期调研，方案讨论与设计等，需要相关专业人才，并投入较大的工作量与成本，由此可能对公共服务标准化建设形成阻碍。标准化工具的通用性，简化了这一过程。政府通过使用成熟的标准化工具，可以直接将理论运用到实践，提高公共服务标准化的效率，缩短公共服务标准化的周期。

ISO9000 质量管理体系的持续改进，迎合了政府公共服务标准建设的需求。ISO9000 质量管理体系是由企业管理领域引入的管理工具，只有通过持续改进，贴合公共管理与服务的特点，才能很好地嵌入公共服务标准。ISO9000 质量管理体系历经五个版本，持续改进一直是该体系中的一个中心词。持续改进为 ISO9000 质量管理体系从标准、服务标准走向公共服务标准预留了很大的发展空间。ISO9000 质量管理体系在导入政府工作的过程中，公共管理行为如服务方法、服务流程、服务成本、服务标准等各方面应当持续改进，同时将政府的公共责任、公平正义等公共精神体现在其中。比如，ISO/IWA4：2005 标准以 ISO9001：2000 为基础，将 ISO9001 中的技术语言"转化"为地方政府人员更为熟悉的语言，以帮助、鼓励和推进 ISO9001 质量管理方法在地方政府中的运用。同时，它不要求地方政府进行质量管理体系认证，主张通过内部质量审核，及对来自人民群众、社会各界和上级政府的意见或评价的收集与分析，① 来证实地方政府的质量管理体系是否符合要求，不是为了认证而认证。通过持续改进，使得 ISO9000 质量管理体系适应了政府管理复杂性、灵活性等特点。另外，ISO9000 质量管理体系需要一个操作平台，从而，政府在熟识以及运用 ISO9000 质量管理体系的基础上，就产生了对公共服务标准化建设的需求。

ISO9000 质量管理体系的先行导入，为引入公共服务标准化建设做好了充分准备。ISO9000 质量管理体系强调通过过程管理实行全面质量优化与提升。政府部门导入 ISO9000 质量管理体系，普遍进行了流程再造，从服务出发，按照便民原则，重新设计办事程序，科学规范各个环节，使岗位明确、职责清晰、有章可循、有规可依；同时用 ISO9000 质量管理体系的系统方法思想，把组织管理体系看成相互关联、相互作用的过程网络，注意政府内各

① 陈赟：《地方政府导入 ISO9000 质量管理体系的探索——基于 5 个主要标准的分析》，厦门大学硕士学位论文，2012。

部门、各项工作间的相互关系，建立科学、严密的岗位衔接和协同体系，形成有效的权力分解和制衡机制。这为公共服务标准化建设打下了良好的基础，做好了充分的准备。

（2）电子工具进一步提升公共服务标准化的效率。公共服务标准化的电子工具包括网络电子平台系统和公共服务标准化管理系统软件。

电子平台系统主要与"一站式"服务的行政服务中心相结合，针对的是对外服务标准化。首先，电子平台的发展与成熟需要与之相契合的规范、新式的管理制度相匹配。比如，"一网式"的电子政务大厅，需要与"一站式"的行政大厅实体相配合。相对而言，网络平台建设成本较低，因此，可能先于实体大厅而发展。就目前的发展来说，电子政务的总体框架与现实的政府业务相脱节，"电子"与"政务"在一定程度上难以达到统一，这就需要一种新的手段加以解决。① 电子实现使得政府的纵向管理能力通过虚拟的扁平化管理结构得以"无限"放大，这种巨大的驱动力将促使政务本身标准化，以应对电子化的基本前提要求，同时有效率的规模运作也使得标准化成为可能和必然。② 其次，电子平台的发展与公共服务标准化实践相结合，能够很好地辅助公共服务标准化建设的进行。比如，电子平台可以作为公开标准信息、收集公众意见、接受公众考核测评等的平台以及标准化业务流程的电子办理大厅，降低公共服务标准化建设成本，落实公共服务标准化理念。

公共服务标准化管理系统软件可以与标准化工具联合使用，针对的是对内管理公共服务标准化。这套系统可以搭载岗位设置、职责划分、任务分配、流程管理、行政考核等模块，通过电子系统，使得一些在实际中难以实现的标准化内容相对容易地实现，同时便于部门之间进行网上交流，全面提高标准化效率。

（3）技术外推力变量的实践分析。在具体环境中，"标准化工具"这一变量的影响力大小主要体现在政府在前期是否已经事先导入 ISO9000 质量管理工具，在标准化过程中是否采用 ISO9000 质量管理工具，导入的 ISO9000

---

① 方华：《新泰市行政服务标准化的实践及启示》，《法制与社会》2010 年第 7 期。

② 刘锋：《基于 J2EE 电子政务工作流的研究与实现》，电子科技大学硕士学位论文，2004。

质量管理工具是否进行了持续改进。

在具体环境中，"电子工具"这一变量的影响力大小主要体现在是否建立电子化行政服务平台、电子化平台办件结件数量、电子化平台功能务实程度，比如是否有意见收集栏目、公众考核栏目、标准化信息公开栏目等，是否开发公共服务标准化管理软件系统，该系统在政府部门内是否得到切实使用。

二　基于内部逻辑结构的内生性影响因素分析

公共服务标准化建设的内部环境是指对公共服务标准化建设的执行与推进产生直接影响的行政环境，是对公共服务标准化建设产生影响的最直接要素，是推动公共服务标准化建设的内生力量。内部环境是内生性因素的总和，是政府内部自发产生的对公共服务标准化建设的需要，因此，内部环境对推动公共服务标准化建设起到决定性的作用。相对于国外公共服务标准化的建设以及企业服务标准化建设，影响我国公共服务标准化建设的特色性因素也体现在政府内部行政环境之中。这些因素包括行政人员、组织机构、权责设置以及行政考核。相对而言，行政人员与领导组织机构是必要条件，权责以及行政考核则是助推因素。下文基于"人—组织—权力—考核"的逻辑结构，对公共服务标准化内生性影响因素进行分析。

1. 行政人员的变量构成：领导人态度、行政人员行政理念、行政服务人员专业程度

（1）领导人态度是公共服务标准化"自上而下"执行模式下的关键性因素。在政府主导模式下，公共服务标准化建设的执行途径主要是自上而下。这种途径关注的焦点是高层决策者，也就是领导。政府的许多决策与领导人的决定与偏好有着密切联系。我国实行的是高度集中的政治管理体制，决定了领导者在政府改革中的重要作用，任何部门的改革得到领导者的支持，都能达到事半功倍的效果。[①] 在"自上而下"的政策执行模式中，领导

---

① 方华：《基层行政服务中心公共服务标准化建设问题研究》，南京理工大学硕士学位论文，2012。

人的支持性态度是启动公共服务标准化建设的关键性因素。首先，领导人对公共服务标准化的支持，保证了"自上而下"的源头动力。领导人的自发推动，保证了公共服务标准化建设的自主性。其次，高层领导的支持，还能带动政府部门工作人员的积极性，增强政府部门工作人员的配合程度以及对公共服务标准化建设工作的重视程度，降低政府部门的改革惰性。因此，领导人的支持性态度是公共服务标准化建设引入启动与长期有效推行的关键性因素。

影响领导人态度的原因有：第一，多部门联动合作产生共赢前景，促使领导人支持公共服务标准化建设。比如，2010 年，天津市质监局为了响应国家质检总局和国家标准化管理委员会提出的"不断拓宽服务业标准化工作的新领域，推动社会管理和公共服务标准体系建设"的工作要求，将推行服务业标准化试点列入了重点工作中；而天津市监察局、市纠风办认为推行服务标准化是纠风工作再上新水平、再上新台阶的需要，于是三部门联动，形成了"在全市公共服务单位推行服务标准化工作"的共识。第二，为了获得政治进步的资源性优势。例如，中央对推行公共服务标准化建设的单位、对获得公共服务标准化建设试点或者项目的单位有一定的政策倾向与财政资助。因此，推行公共服务标准化建设成为领导人"政治进步"的表现，从而为地方争取资源性优势，拉动地方发展。第三，为了增加公众满意度，提升政府的公信力，保障一定的社会稳定与和谐，从而提升在公共服务满意度调查中的排名。第四，为了获得政治升迁机会与增加工资福利。然而，由于公共部门存在封闭性大、流动性低等特征，机构人员提高服务效率和质量的动力不足。公共部门的工资福利和升迁涉及各种复杂因素，与公共服务标准化的过程与效果不具有直接相关性。[①]

（2）行政人员行政理念是影响公共服务标准化建设的隐性约束力。法律法规对行政人员行为具有显性约束力，而行政理念对于行政人员则具有隐性约束力。对于改革与创新的态度影响着公共服务工作人员对公共服务标准化建设的接受程度。公共服务标准化建设是一项涉及政府社会管理与公共服

[①]　卓越、张世阳、兰丽娟：《公共服务标准化顶层设计的战略思考》，《中国行政管理》2014 年第 2 期。

务方式的改革。公共服务工作人员从"经济人"的理性思维角度出发，会对改革产生一种天然的"抵抗"。第一，公共服务标准化要求公共服务"保质保量"，这就对公共服务人员的服务水平、服务态度提出了更高的要求，因而成为公共服务工作人员的"负担"，使其产生排斥心理。第二，"路径依赖"使大部分公共服务工作人员不想发生变化，求稳不求变。第三，公共服务标准化建设作为一项改革，必然要打破原先的利益分配格局，利益受到削减的相关人员必然不欢迎新的制度。例如"三定"方案的执行，涉及理论与现实的矛盾，涉及部门权责的分割和利益的再分配，必然触碰到某些部门的利益，增加标准化的协调阻力与难度。

公共服务工作人员的服务意识影响着公共服务工作人员落实公共服务标准化的积极性与有效性。一般来讲，相关人员的公共服务意识越强烈，就能越积极地参与到公共服务标准化建设中，怀抱着为人民服务的愿景，不断提高自身的公共服务水平。然而，这种情况是几乎不存在的。虽然我国服务型政府的行政理念已经得到实践，但是传统的管制思维依然对政府工作人员有着深刻的影响，"官本位"的思想没有从根本上改变，受到传统管制思维的影响，部分窗口工作人员的服务意识和责任意识淡薄。[①] 不成熟的行政服务理念将对公共服务标准化建设产生隐性阻力。

（3）行政服务人员专业程度影响公共服务标准化理论的运用。在把公共服务标准化理论运用到实践的过程中，对行政服务人员有一定的专业要求，他们既要掌握公共服务标准化的原理、准则以及公共服务标准化工具，又要懂得政府部门的实际概况。

在与高校、社会中介组织合作的过程中，政府部门专业人员与其对话，能够产生更好更有效的合作效果。在导入理论的过程中，特别要注意与政府运作的实际相结合，注意到政府运作与企业的不同。这就需要既熟知政府部门运作概况与运作特点，又掌握公共服务标准化基本原理的政府部门专业人员。在模板设计阶段，政府部门专业人员应该提供政府运作的相关信息，确保所设计的模板与方案具有可操作性。

---

① 方华：《基层行政服务中心公共服务标准化建设问题研究》，南京理工大学硕士学位论文，2012。

公共服务人员的专业程度，影响公共服务标准化的实施。政府部门组织实施公共服务标准化的基本流程是以标准规范行政程序，力图用标准规范每一项工作，用标准形成一套新的工作模式，构成标准化的政府运作流程体系。但是，在组织实施过程中，难免会遇到不同的问题。比如，标准的边界在哪里？标准是否越细致越好？具体地说，一个基层部门乃至一个科室标准规范要编写多少字数作为一个底线？要投入多少精力才算不影响正常工作？制定出来的内容丰富的标准规范在具体落实过程中，一旦出现新的问题，如何才能及时回应？这涉及标准导入与运用时的简化问题，需要公共服务人员具有专业视角以及部门工作经验日常积累。

（4）行政人员影响力变量的实践分析。在具体环境中，"领导人态度"这一变量的影响力大小主要体现在评估领导人态度这一变量对公共服务标准化的影响力方向与大小的时候，应该考虑领导人是否支持，是否由领导人自发推动，领导人是否真正参与到公共服务标准化建设中。

在具体环境中，"行政人员行政理念"这一变量的影响力大小主要体现在公共服务人员的服务意识、创新意识、责任意识，以及是否认识到公共服务标准化的好处。

在具体环境中，"行政人员专业程度"这一变量的影响力大小主要体现在公共部门是否有专业人员及专业人员数量。

2. 单变量1：领导组织机构设置合理性

公共服务标准化的落实与发展，除了推动公共服务标准化的主体之外，还需要设置合理的相关行政组织机构来支持。公共服务标准化的建设是一项涉及多部门、需要几个单位共同完成的工作，因此需要共同认可的组织机构领导与推动标准化工作，包括负责领导公共服务标准化建设、公共服务标准化建设的总体规划、公共服务标准化法律法规的细化、公共服务标准化总体指南的编写、安排与协调相关部门之间的流程对接与职责分配、监督相关部门标准化工作的执行进度与完成情况。基于行政成本与我国现实情况的考虑，如果在质监部门成立正式的公共服务标准化办公室，一方面是编制上需要慎重考量，另一方面可能增加大量的行政成本。因此，一般设立的是公共服务标准化领导小组办公室。

公共服务标准化领导小组的形成是进行公共服务标准化建设的前提条

件，也是推动公共服务标准化建设的主导力量。"因为质量管理在一个机构里的真正开始要等到质量改进小组建立起来并着手分析和改进具体的工作进程时。"① 同样，公共服务标准化建设的真正开始要等到公共服务标准化领导小组建立起来并着手分析和改进具体的工作进程时。

只有设立专职的公共服务标准化领导小组，才能使地方政府公共服务标准化建设管理职能化。通过设立公共服务标准化领导小组，对公共服务标准化领导小组成员进行集中培训，掌握公共服务标准化的基本原理以及与政府实务相结合的方法原则，从而保证能够有力地进行组织协调、细化国家层面的标准化法律法规、制定编写科学合理的公共服务标准化指南。

公共服务标准化工作领导小组成员的构成不同，工作重点与成效也有所不同。从表9－3中可以看出，天津市的领导小组办公室相对于宁波市而言，多了纪检监察和纠风部门、法制办，成员组成相对有针对性；而宁波市的小组成员比较杂，还包括各个公共服务职能部门。天津市公共服务标准化领导小组将标准化工作与整风治理、职权规范监督相结合，实际上相对于对外服务标准化，增加了更多对内管理标准化的内容，力度更大更强，更具有针对性。从成效上来看，天津市着重从政府内部标准化入手，政府工作规范、工作效能整体提升，成为较为成功的示范。

表9－3　不同地区公共服务标准化工作领导小组构成

地区	办公室设置	领导小组组长	领导小组成员
天津	设在市质监局	分管监察和纠风工作的常务副市长	包括9个成员单位：纪检监察和纠风部门、质监部门、发改委、经济和信息化委、法制办等
宁波	设在市质监局	分管质量监察的常务副市长	包括15个成员单位：质监局、发改委、经信委、教育局、科技局、环保局、交通委、住建委等

在具体环境中，"组织机构"这一变量的影响力大小主要体现在是否成立公共服务标准化领导小组、小组成员的设置是否合理。

---

① 〔美〕史蒂文·科恩、罗纳德·布兰德：《政府全面质量管理：实践指南》，孔宪遂等译，中国人民大学出版社2002年版，第69页。

3. 单变量2：权责设置规范化

权责设置的规范化是指明确政府部门岗位设定、职能划分，岗位职责清晰，位责权相匹配，权力运行流程明确规范。

规范化与标准化的内容相似，表现在环境建设、设备统一、明确职能、加强人员管理、完善制度建设等方面。可以看出，两者都是对公共服务主体之间的关系、具体行政行为的方式、公共服务流程、资金支持、运行机制等进行规范，在内容和对象上存在诸多相似之处。通过权责设置规范化，使得部门定岗明确、职责清晰，位责权相匹配，业务流程规范。这相当于为标准化打下了良好的基础，建设好了标准化所需的软环境。在这个基础上，能够更有效地制定标准指南与标准文件，进一步对服务质量制定标准，进一步根据公众需求制定标准。规范化程度越高，政府部门也就能越容易地应用标准化，从规范化进一步上升到标准化。

公共服务标准化与规范化的目的基本一致，都旨在获得一种最优质的公共服务秩序，在这种良好的秩序基础上形成更加高效和优质的公共服务，追求政府行政效率的提高，以最大限度地满足公众的需求。规范化工作到位的政府部门，在落实规范化工作的过程中，必然逐渐培养起"规范、高效、最优质"的行政理念，能够更好地适应与接受公共服务标准化工作的要求。

中央对权力运行规范化大力强调与重视，形成了对公共服务标准化建设强有力的助推力。标准化建设成为纠风工作的重点，强有力地推动了公共服务标准化建设。公共服务标准化旨在规范行政权力、精简行政流程、保障公共服务输出标准，成为政府纠风工作的重点，地方政府部门普遍把服务标准化工作纳入业务工作和反腐倡廉工作全局来安排部署，作为重点工作推动，地方一把手也因此对公共服务标准化建设高度重视，亲自狠抓落实。

在具体环境中，"权责设置规范化"这一变量影响力大小主要体现在公共部门是否有进行规范化工作、规范化工作的成效、"三定"方案的翔实程度、工作流程数量等。

4. 单变量3：行政考核

行政考核包括政府部门的年终考核与日常考核、全面考核与专项考核。

行政考核是对政府年度工作、产出、绩效的评价。考核内容以及考核指标的设计，影响着政府工作方向与工作重心；对考核结果的奖惩程度，影响着政府对考核结果的重视程度。

行政考核对公共服务标准化产生督促效应。行政考核内容与公共服务标准化工作内容挂钩，构建相关考核指标，督促政府部门形成开展公共服务标准化建设的动机。例如，为了确保宪章得到落实，英国政府以审计委员会为主体，设计了地方政府绩效指南。2001 年，英国政府又通过制定服务指南、绩效评估框架等文件，对地方政府的公共服务进行全面的、统一的评价。①相比之下，我国虽然也颁布了《公共服务标准化指南》，但是仅仅是停留于指导性的层面，并没有相应的评价体系，因此效果也就不如英国指南。实际上，我们可以借鉴国外的做法，并且结合我国的实际，将公共服务标准化指南的相关指标与效能考评制结合起来，实现月度、季度、年度考核，对公共服务标准化的成效形成全方位的评价，监督并促进公共服务标准化任务的完成。

行政考核对公共服务标准化产生激励与警戒作用。对公共服务标准化工作考核结果的奖惩力度，将直接影响政府对于公共服务标准化的重视程度。对公共服务标准化优秀试点与项目加以奖励，将激励这些地区进一步巩固与发展公共服务标准化，把公共服务标准化工作做得更好，同时也可以激励其他具备开展公共服务标准化建设条件的地区引入公共服务标准化。对在效能考评中表现较差的单位加以惩罚，将警戒这些单位部门端正态度，改进做法，真正落实公共服务标准化，完成公共服务标准化任务，同时也对其他正在进行公共服务标准化的单位部门产生警示作用。例如，新泰市行政服务中心按照过程控制理论和工作成果"倒逼法"设计了全程覆盖、奖惩分明、公众参与的全程标准化考核机制，②促进了行政服务中心标准化建设的顺利进行。

此外，官方主办的评奖式考核也可以对公共服务标准化建设起到一定

---

　　① 邸妍、李娟：《国外经验对我国人力资源社会保障公共服务标准化的启示》，《人事天地》2012年第 9 期。

　　② 赵宇：《试析以电子政务为基础的行政服务标准化——以"新泰模式"为视》，《重庆广播电视大学学报》2012 年第 1 期。

的激励作用。比如，中央编译局比较政治与经济研究中心、中共中央党校世界政党比较研究中心和北京大学中国政府创新研究中心于 2000 年联合创办"中国政府创新奖"，杭州市上城区"政府管理与公共服务标准化"项目荣获第七届"中国地方政府创新奖"。这在某种程度上可以形成激励与示范效应。但是，这种奖暂时缺少有效奖励措施，因此形成的影响不可能很大。这种奖项可以考虑通过采用多种方式，在多个层面普及开，形成制度化、定期性年度考核，促进公共服务标准化建设鼓励机制的立体化、多样化构成。

在具体环境中，"行政考核"这一变量的影响力大小主要体现在是否设立关于公共服务标准化建设的考评机制、是否有相关的奖惩措施。

第三节　公共服务标准化建设环境模型构建与对策

在具体的环境中，外生性影响因素与内生性影响因素的不同组合以及所有因素的总体"优劣"，形成了作用于该环境下公共服务标准化建设的综合影响力，在不同的影响力作用下，形成了不同的公共服务标准化环境。公共服务标准化在不同的环境下，将产生不同的发展轨迹。只有建设最有利于公共服务标准化发展的环境，才能够最终促进公共服务标准化的有效落实与长期发展。在外生性因素与内生性因素进行分析的基础上，笔者将引用 SWOT 作为分析架构，将内、外部环境影响因素综合起来，构建分析公共服务标准化环境的通用模型。

一　基于 SWOT 框架的公共服务标准化环境模型构建

1. 公共服务标准化环境综合分析

公共服务标准化环境是宏观环境与内部环境中所存在的影响因素的集合。表 9 – 4 所示是公共服务标准化环境的综合构成。在宏观环境中各个外生性影响因素共同作用，形成了宏观环境的外生作用力方向；在内部环境中各个内生性影响因素共同作用，形成了内部环境的内生作用力方向。宏观环境与内部环境两股力量综合，最终形成了公共服务标准化建设的综合影响力。

表 9-4 公共服务标准化环境综合分析

宏观环境	外生性变量	Σ外生	内部环境	内生性变量	Σ内生
政治	中央精神		行政人员	领导人态度	
	法律制度			行政人员行政理念	
	方针政策			行政服务人员专业程度	
经济	经济总体水平		领导组织机构	领导组织机构的设置	
	财政投入比例				
社会	社会公众		权责	权责设置规范化	
	社会中介组织				
	高校				
	社区				
技术	标准化工具		行政考核	行政考核	
	电子工具				

首先，具体影响因素的评价标准有两个方面：一是是否具有，二是是否表现良好。在具体环境中，需要分析各个因素是否存在，并且表现得是否"良好""成熟"。每种影响因素只有同时具备以上两点，才能够有效地促进公共服务标准化发展，属于有效促进因素，会产生正向作用力；反之，如果缺失或者表现不好，就属于抑制因素，会产生反向作用力。比如，没有存在相关的"法律法规"，两点都不满足，是抑制因素；存在相关的"方针政策"，但是可操作性不强，也就是虽然满足了第一点，但是不满足第二点，也是抑制因素。通过这两个评价标准，可以初步确定宏观环境与内部环境的影响因素组合，也就是确定推动因素与抑制因素分别有多少个。

其次，不同因素的重要性不同，所占的权重也就不同。在宏观环境中，经济是前提条件，政治是推动因素，社会与技术起到一个辅助推力的作用，也就是说经济是必需的，如果经济不行，公共服务标准化将很难发展。因此，经济占 50%，政治占 20%，社会占 15%，技术占 15%。在内部环境中，行政人员与领导组织机构是必要条件，权责以及行政考核则是助推因素，人和组织是推行公共服务标准化的前提，没有执行的人员以及运作的载体，公共服务标准化将无从发展。因此，"行政人员"占 30%，"领导组织机构"占 30%，"权责"占 20%，"行政考核"占 20%。每个具体影响因素的权重则进一步根据具体情况再进行细分。

再次，确定宏观环境的外生作用力 $\sum_{外生}$ 与内部环境的内生作用力 $\sum_{内生}$ 的方向。根据影响因素组合以及各种因素不同的权重，大致估计外生作用力与内生作用力的方向。促进因素可以计为 +1，抑制因素可以记为 -1，与权重相乘之后求和（见公式 1），这样可以大致估算出外生作用力与内生作用力的指数。如果指数为正，那么作用力的方向就是正向促进；如果指数为负，那么作用力的方向就是负向抑制。

公式 1　外生作用力与内生作用力的估算公式：

$$\sum_{外生} = （促进因素 1 \times 权重 1 + 促进因素 2 \times 权重 2 + \cdots + 促进因素 N \times 权重 N）-$$
$$（抑制因素 1 \times 权重 1 + 抑制因素 2 \times 权重 2 + \cdots + 抑制因素 N \times 权重 N）$$

$$\sum_{内生} = （促进因素 1 \times 权重 1 + 促进因素 2 \times 权重 2 + \cdots + 促进因素 N \times 权重 N）-$$
$$（抑制因素 1 \times 权重 1 + 抑制因素 2 \times 权重 2 + \cdots + 抑制因素 N \times 权重 N）$$

最后，公共服务标准化建设环境由外生作用力与内生作用力合并而成。公共服务标准化环境所产生的综合影响不能由外生作用力与内生作用力简单加和而成。因为外生作用力对公共服务标准化产生的是由外而内的影响，形成一种被动式的压力；内生作用力对公共服务标准化产生的是由内而外的影响，形成一种主动式的动力。两种力的性质不同，因此必须进行矢量叠加。最终得到的结果就是具体环境对于公共服务标准化建设的影响。外生作用力与内生作用力都可能产生正向效果与负向效果，经过矢量叠加，会得到四种结果。在此基础上，要针对不同结果的环境特点，进行公共服务标准化的环境建设。在此，笔者引入 SWOT 模型结构进行进一步分析。

2. 公共服务标准化环境 SWOT 分析模型构建

SWOT 通过对被分析对象的优势、劣势、机会和威胁等加以综合评估与分析得出结论，通过内部资源、外部环境有机结合来清晰地确定被分析对象的资源优势和缺陷，了解所面临的机会和挑战，从而调整方法、资源以保障被分析对象的实行以达到所要实现的目标。SWOT 包括两个向度：一个是 X 轴，代表着内部资源所形成的"优势—劣势"；另一个是 Y 轴，代表着外部环境所形成的"机会—威胁"（见图 9 - 2）。这正好可以与前面所分析的宏观环境以及内部环境对应起来。

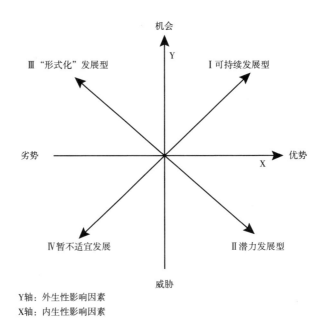

Y轴：外生性影响因素
X轴：内生性影响因素

图 9 - 2 公共服务标准化建设环境分析模型

首先，公共服务标准化宏观环境可以对应 Y 轴。宏观环境对公共服务标准化形成一股由外而内的被动型压力。宏观环境中的外生性影响因素存在丰富，并且表现良好，那么将会对公共服务标准化提供"机会"；宏观环境中的外生性影响因素存在贫乏，并且一些因素即使存在但是表现得不好，那么将会对公共服务标准化造成"威胁"。换句话说，宏观环境中的促进因素越多，"机会"越多；抑制因素越多，"威胁"越多。当宏观环境的综合外生作用力为正的时候，则体现为存在"机会"；反之，就会造成"威胁"。因此，我们不妨将 Y 轴看做外生性影响因素的集合，正方向代表正向外生作用力提供"机会"，反方向代表负向外生作用力造成"威胁"。

其次，公共服务标准化内部环境可以对应 X 轴。内部环境对公共服务标准化形成一股由内而外的主动型动力。内部环境的各个内生性影响因素大部分存在，差别主要体现在是否表现良好。内部环境中的内生性影响因素表现良好、成熟，那么可以说在这个内部环境进行公共服务标准化建设是有自身"优势"的；内生性影响因素表现较差、不成熟、形式化，那么可以说在这个内部环境进行公共服务标准化建设存在自身"劣势"。因此，我们不妨将 X 轴看做内生性影响因素的集合，正方向代表正向内生作用力是一种"优势"动力，反方向代表负向内生作用力是一种自身"劣势"阻力。

最后，构建公共服务标准化环境建设分析模型。我们基于 SWOT 框架，将公共服务标准化环境分析嵌入其中。Y 轴代表外生作用力所形成的"机会—威胁"，外生作用力取决于外生性影响因素的加和；X 轴代表内生作用力所形成的"优势—劣势"，内生作用力取决于内生性影响因素的加和。$\sum_{综合}$是 X，Y 的函数，通过 X 轴与 Y 轴矢量叠加后得到。

3. 基于 SWOT 模型的四种公共服务标准化建设环境模型

将外生作用力与内生作用力的正负方向进行综合后，会得到四种可能的结果，分别位于四个象限，代表着公共服务标准化建设环境可能存在的四种类型。

第一种是可持续发展型。该类型位于第一象限，是"机会—优势"组合，也就是说外生作用力方向为正，形成"机会"；同时内生作用力方向也为正，存在"优势"。在这种情况下，政府部门自身在"人员—组织机构—权力运行—行政考核"方面具有总体的自身优势，有发展公共服务标准化的自主需求，领导人比较支持，行政人员服务理念比较先进，可能认识到发展公共服务标准化的好处，成立领导组织机构；同时，经济环境良好，政治、社会以及技术环境总体适宜，为公共服务标准化建设提供了机会，支持公共服务标准化的发展。也就是说，政府公共部门有发展公共服务标准化的需求与优势，同时宏观环境为其提供了发展条件，这样公共服务标准化能够有效落实，长期发展。因此，这种环境是公共服务标准化建设最优、最理想的环境，也是公共服务标准化环境建设的目标。

第二种是潜力发展型。该类型位于第二象限，是"优势—威胁"组合，也就是说外生作用力方向为负，造成"威胁"；同时内生作用力方向为正，存在"优势"。在这种情况下，政府公共部门具有发展公共服务标准化的需求与优势，但是宏观环境尚不能为其提供发展条件。可能的情况是公共服务支出投入不足，与高校、社会中介组织的交流力度不够，标准化工具与电子工具的使用还不够到位。这样，可以把这种类型视为潜力发展型，也就是政府公共部门由于宏观环境的限制，尚未发展公共服务标准化，然而具有发展公共服务标准化的内在需求与潜力。通过改善宏观环境，可以打破瓶颈，使公共部门能够开始推行起公共服务标准化体系。

第三种是"形式化"发展型。该类型位于第三象限，是"劣势—机会"组合，也就是说外生作用力方向为正，形成"机会"；同时内生作用力方向为负，存在"劣势"。在这种情况下，宏观环境为公共服务标准化提供了发展优势，外生性需求由外而内地产生压力，然而政府自身缺乏自主性动力。这样，在外界的压力下，虽然政府部门开始启动公共服务标准化，但是政府可能以应付的态度推行公共服务标准化，出现"上有政策，下有对策"的情况，没有真正有效落实，公共服务标准化最终流于"形式化"。这种情况是公共服务标准化发展最常见的瓶颈。通过改善内部环境，可以促使政府部门真正落实公共服务标准化。

第四种是暂不适宜发展型。该类型位于第四象限，是"劣势—威胁"组合，也就是说，外生作用力与内生作用力方向同时为负，造成"威胁"并存在"劣势"。在这种情况下，无论是宏观环境还是内部环境，都尚不具有发展公共服务标准化的条件或者优势。在这种环境下推行公共服务标准化的成本较高，需要通过较长时间的修正与改良，暂不适宜发展公共服务标准化。

在这四种类型中，第一种类型是最理想的，能够保证公共服务标准化有效落实与长期发展，是公共服务标准化环境建设所要达到的目标。第二种类型与第三种类型均存在某些方面的不足，第二种类型宏观环境条件不足，第三种类型内部环境自主动力不足，通过有针对性地建设与改善，可以突破瓶颈。相对而言，第二种类型比第三种类型更容易改善一些，第二种类型内部自主动力充足，通过对经济、技术、环境等的改善，能够将该环境的潜力激活，由第二种环境向第一种环境发展；第三种类型的改善则困难一点，内部环境的自主性的培养，需要更长的时间，但是由于还是存在宏观环境所提供的条件与机会，因此还是可以进行建设与改善。第四种类型存在问题最多，推行公共服务标准化成本较高，需要进行较长时间的改良。实际上，要综合第二种类型与第三种类型的改进措施进行全面建设。因此，本书下一步将选择第二种环境与第三种环境进行探讨，分别分析针对性的改进措施与对策，使其能够发展为第一种环境，最终促使公共服务标准化长期有效落实与发展。

二 潜力发展型环境建设对策

潜力发展型环境是"优势—威胁"组合，该类型内生动力具有优势，但是宏观环境存在较多威胁，没有能为内部环境提供条件支持，成为影响公共服务标准化发展的瓶颈。因此，潜力发展型环境需要针对宏观环境进行建设与改善，形成与内部动力配套的外生压力，从而启动公共服务标准化项目。由于存在内部自主需求，因此最需要的是宏观环境经济、技术、理论等方面的支持。针对公共服务标准化宏观环境建设，主要应该采取如下对策措施。

1. 建立并完善公共服务标准化资金投入及管理机制

在宏观环境中，经济外推力是公共服务标准化的前提条件。只有经济外推力达到一定的水平，公共服务标准化才有条件启动。经济外推力在模型设计中占50%的权重，一般来说，外生环境达不到正向，很大一部分原因是经济条件不够。其中，公共服务标准化资金是经济外推力中最重要的构成部分。因此，可以以公共服务标准化资金投入及管理体制作为着重点进行突破。

首先，加大财政投入，增加公共服务标准化支持项目。财政投入是公共服务标准化建设的主要资金来源。一方面，政府可以通过每年将国家标准化纳入财政预算拨款范围，为公共服务标准化建设提供稳定的资金来源，同时通过财政强化政策导向，加大政府公共部门与行政人员对于公共服务标准化的重视程度；另一方面，政府部门应重点支持基本公共服务标准化的项目，提供专项资金支持，鼓励地方增加公共服务标准化相关立项，特别是针对政府公共服务标准化专门项目，比如行政服务大厅标准化或者教育、医疗等基本公共服务领域标准化。在管理方面，可以借鉴上海市的经验，出台相关标准化推进专项资金管理办法，对标准化项目资金的使用、评估、责任进行规定。

其次，应该开拓公共服务标准化资金的多元化渠道。第一，在非基本公共服务领域鼓励公共服务组织投资；第二，在非基本公共服务领域采用公开的筹资渠道进行社会筹资；第三，政府应加大私人标准、联盟标准、协会标准向公共服务标准转化的补贴，鼓励公共服务组织积极参与公共服务标准制定工作。在管理方面，公共服务组织、标准协会等可以对政府公共服务标准化资金的使用进行监督。

2. 建立公共服务标准化技术性工具使用机制

在经济条件限制的情况下，可以通过引入并使用公共服务标准化技术性工具，提高公共服务标准化建设的效率，减少公共服务标准化成本，从而突破经济限制。

首先，导入ISO9000质量管理体系。在启动公共服务标准化之前，可以先行导入ISO9000质量管理体系，对政府公共职能部门进行流程再造，从服务出发，重新设计版式程序，科学规范各个环节，使岗位明确、职责清晰、有章可循、有规可依；同时，通过引入ISO9000质量管理体系，政府公共部门可以事先热身，接受程序化、规范化、标准化的服务理念。在启动公共服务标准化的过程中，直接套用ISO9000质量管理体系，降低公共服务标准化建设成本，提高公共服务标准化效率，缩短公共服务标准化周期。

其次，建设公共服务标准化电子平台。第一，建立与实体部门相对应的电子平台。例如，窗口部门行政服务中心建立起与"一站式"相对应的"一网式"电子平台，政府部门建立起与政府行政办公楼相对应的公共服务标准化管理电子平台。第二，在电子平台上公开公共服务标准化信息，包括领导小组的设置与成员构成、职责分配结构图、行政事务流程图、公共服务具体标准规定。第三，在电子平台上落实公共服务标准化实务，比如行政审批。第四，通过电子平台与公众沟通，收集公众意见与建议。

3. 加大政府部门与高校以及社会中介组织的交流合作

高校专家与社会相关中介组织都是政府"智库"的重要组成部分，能够为公共服务标准化提供理论支持。通过与高校以及社会中介组织合作，获得理论资源、人才资源、相关课题资源等，从而弥补经济方面的不足。

第一，在理论资源与课题资源方面，政府公共部门可以形成与高校、社会中介组织的多方合作机制，由政府提供课题项目、调研经费以及调研资源，高校与社会中介组织之间进行理论交流，最后由高校与社会相关中介组织为政府部门提供公共服务标准化建设的理论方案、公共服务标准化流程以及公共服务标准等。

第二，在人才资源方面，一是各大院校可开设公共服务标准化专业；二是相关管理机构、行业协会等要加大对公共服务标准化的宣传及培训力度；三是组建并完善相关公共服务领域的标准化专家委员会；四是建立标准化专家网络和信息库。通过以上措施培养更多的公共服务标准化人才，参与到公共服务标准化理论研究与实践执行的过程中。

三　"形式化"发展型环境建设对策

"形式化"发展型环境是"劣势—机会"组合，该类型外生动力充足，为公共服务标准化提供了发展条件，然而内生性动力不足，缺乏发展公共服务标准化的内部自主性，导致公共服务标准化沦为"形式化"的空文。内部环境也成为该类型下对政府部门发展公共服务标准化产生负面影响的短板。因此，在"形式化"发展型环境中，需要针对内部环境进行建设与改善，形成能够调动外生性条件支持的内部自主动力，从而落实公共服务标准化项目。由于存在宏观支持条件，因此最需要的是寻求内部环境的领导支持、行政人员配合以及考评机制的配套。针对公共服务标准化内部环境建设，主要采取如下对策措施。

1. 建立公共服务标准化领导负责机制

一方面，落实公共服务标准化工作领导小组中组长、副组长的工作内容与责任，明确其在公共服务标准化过程中的职责范围。一旦公共服务标准化的建设资金没有充分利用，或者在导入公共服务标准的过程中，标准没有落实，公共服务没有达标，行政服务窗口服务标准没有达标，政府部门办事办公标准没有达标，那么就要由领导统一负责，强化领导对公共服务标准化的重视程度。

另一方面，适当强化公共服务标准化激励机制。第一，由于公共服务标准化工作领导小组是非正式组织，其中的小组成员相当于"兼职"，从而增加了除本职工作之外的工作量，因此，可以适当增加公共服务标准化工作领导小组成员的工资补贴。第二，对于领导公共服务标准化工作效果良好的公共服务标准化工作领导小组给予物质奖励或者个人荣誉。第三，在领导人晋升机制中，加入公共服务标准化创新相关内容。通过这几个方面，对公共服务标准化工作负责人产生有效刺激，从而激发领导人对公共服务标准化建设的支持。

2. 建立公共服务标准化执行人员培养机制

其一，定期开展公共服务标准化培训班、研讨会、讲座。政府公共部门可以与相关高校 MPA 班合作，聘请相关老师对公共部门行政人员进行系统性培训；也可以聘请相关教授以及标准化行业协会资深人员开展讲座；同时，各地公共服务标准化工作人员可以组织定期研讨会，就本地区公共服务标准化工作展开讨论，公共服务标准化示范点工作人员可以介绍与分享相关经验。

其二，开发通俗易懂的标准宣贯教材、公共服务标准化学习册子。一些从事公共服务标准化的行政人员的专业背景可能与公共服务标准化、行政管理等并不相关，并且，行政人员实际上更关注操作过程的培养。因此，应该开发出适合公共服务标准化行政人员的学习册子或者宣贯教材，包括公共服务标准化的基本理论、公共服务标准具体实践内容、公共服务标准化的操作过程。另外，在宣贯材料与学习册子中，还可以包括公共服务标准化的好处、现代公共服务理念这两块内容。

3. 建立公共服务标准化考评机制

第一，在政府组织与政府行政人员的定期考核中增加公共服务标准化的相关评价模块，设定合理的评估标准，采取易于操作的评估方法，发现和解决公共服务标准体系在结构、功能方面的缺陷，以及公共服务标准化工作在运行、管理中的不足。利用"倒逼法"，通过月度、季度、年度考核，监督并促进公共服务标准化的执行。

第二，对公共服务标准化项目采取项目评估。针对专门的公共服务标准化项目，可以与高校以及社会中介组织合作，采取行业自评和专家评定结合的形式，聘请专家定点、定时对公共服务标准化项目的标准制定、控制、贯彻效果和影响进行评估，发现和解决问题，促进公共服务标准化项目的持续改进、完善。定期邀请标准化专家评估项目运行状况，分析项目实施效果，为公共服务标准化项目的优化提供专业指导。

第三，引入公众参与的公共服务标准评价模式，采取问卷调查、社会监督、督察回访、质量评价等方式，收集公众对政府部门公共服务标准化实施情况的反馈，建立多元主体参与评价体系，提高服务共同体对公共服务标准体系的认知与监督。[①]

---

① 郝素利、李上、丁日佳：《公共服务标准化的国内外比较及对策研究》，《商业时代》2011 年第 6 期。

附　　录

附录一　《乡镇基本公共服务通则》国家标准
（征求意见稿）编制说明

一　任务来源

《乡镇基本公共服务通则》国家标准属于列入国家标准化管理委员会2010 年国家标准制修订项目（项目编号 20100170 – T – 469）。本项任务由全国服务标准化技术委员会（SAC/TC264）提出并归口，计划于 2013 年完成。

二　制定本标准的目的意义

当前，我国乡镇基本公共服务发展面临着新形势，亟待进一步深化农村综合改革，破解乡镇基本公共服务总量不足，区域间发展不平衡，整体服务水平不高等一系列难题，加快城乡统筹步伐。通过研制乡镇公共服务标准体系，充分发挥标准化在规范服务要求、提升服务水平、优化服务管理等方面的基础作用，将有助于突破现实瓶颈，解决城乡基本公共服务不均等问题，从而为合理配置公共资源，引导财政资金合理投入提供技术依据，促进城乡经济社会发展一体化进程。因此，开展《乡镇基本公共服务通则》国家标准的研制工作具有重要的现实意义。

1. 是落实国家重大战略部署的重要支撑

最新发布的《国家基本公共服务体系"十二五"规划》，全文频频提出应在公共服务建设工作中引入标准化机制，并且明确指出要"统筹空间布局，制定实施城乡统一的基本公共服务设施配置和建设标准。加大农村基本公共服务支持力度……制定并推行各类机构服务项目及其规范标准，提高农村基层公共服务人员专业化水平"。因此，制定《乡镇基本公共服务通则》标准，有助于落实国家重点战略部署。

2. 为乡镇政府加强自身基本公共服务能力建设提供依据

标准将从乡镇基本公共服务提供的基本原则、服务内容、服务质量几个方面，对乡镇基本公共服务在公共教育、就业和社会保障服务、医疗卫生、人口计生、住房建设与危房改造、法律治安、公共文化、基础设施、环境保护等领域的基本公共服务提供提出具体规范要求，并注重相关要求的可操作性，可为乡镇政府提供规范化服务、促进乡镇政府加强自身基本公共服务能力建设提供依据。

3. 是我国推进农村综合改革的现实需求

我国农村综合改革工作步入新阶段，即将面临"三大转变"。2006 年，随着农业税的全面取消，中央做出推进农村综合改革的重大决定，并以乡镇机构、农村义务教育、县乡财政体制三大重点作为突破口开展农村综合改革工作。深化农村综合改革的内在发展规律，需要搭建标准化体系予以支撑。作为科学管理的手段，通过制定与农村综合改革制度相配套的《乡镇基本公共服务通则》，将有助于实现农村综合改革体制机制的重要创新，实现从重点领域到全面推广的新突破。

三　编制依据

（1）《国民经济和社会发展第十二个五年规划纲要》

（2）《国家基本公共服务"十二五"规划》

（3）《社会管理和公共服务标准化工作"十二五"行动纲要》

（4）《农业科技发展"十二五"规划》（农业部）

（5）《国民经济行业分类》（GB/T4754–2011）

（6）《服务标准制定导则——考虑消费者需求》（GB/T24620–2009）

四　工作过程

2011 年 12 月至 2012 年 3 月，中国标准化研究院与镇江丹阳市珥陵镇政府联合成立标准起草工作组，广泛搜集资料，深入调研，充分了解我国乡镇基本公共服务的服务领域、服务要求、服务质量方面存在的问题，找出需要并且可以进行标准化的方面。

2012 年 4 月至 2012 年 6 月，标准起草工作组在前期调研以及对资料分析整理的基础上，形成《乡镇基本公共服务通则》国家标准草案一稿，并就标准中的技术内容进行了认真深入的研究和讨论。

2012 年 7—9 月，标准起草工作组在广泛、认真听取公共服务主管部门领域相关专家意见的基础上，对草案一稿进行了反复修改，形成了《乡镇基本公共服务通则》国家标准草案二稿。

2012 年 10—12 月，标准起草工作组成员对标准草案二稿再次认真推敲，并进行了修改，并广泛听取乡镇基本公共服务一线工作者对该标准的意见，对该项国家标准草案三稿做了深入修改，形成标准征求意见稿。

五　主要内容

本标准的基本框架如下：

条款	分条款	要点
1. 范围		适用于面向所有乡镇居民提供的各类基本公共服务活动
2. 术语和定义		乡镇基本公共服务
3. 基本原则	3.1	透明公开
	3.2	易于获取
	3.3	集中办理
	3.4	分类规划
	3.5	及时改进
4. 服务内容	4.1	公共教育
	4.2	就业和社会保障服务
	4.3	医疗卫生
	4.4	人口计生
	4.5	住房建设与危房改造
	4.6	法律治安
	4.7	公共文化
	4.8	基础设施
	4.9	环境保护
5. 服务质量	5.1	信息收集
	5.2	持续改进

标准起草工作组

二〇一三年一月

附录二 乡镇基本公共服务通则（征求意见稿）[*]

目次

---

* 目前仅有征求意见稿可供查阅，正式文件无法获取。

前言

本标准按照 GB/T1.1 – 2009 给出的规则起草。

本标准由全国服务标准化技术委员会（SAC/TC　264）提出并归口。

本标准起草单位：（略）。

本标准主要起草人：（略）。

1. 范围

本标准规定了乡镇基本公共服务的基本原则、服务内容、服务质量等要求。本标准适用于面向所有乡镇居民提供的各类基本公共服务活动。

2. 术语和定义

下列术语和定义适用于本文件。

乡镇基本公共服务：

在国家基本公共服务框架下，由政府主导，多方协同参与，为保障乡镇居民生存和发展最基本需求所需的社会条件提供的一系列综合性服务。

3. 基本原则

3.1　透明公开

乡镇政府各部门应建立基本公共服务信息公开制度，综合运用网络、报纸、广播、宣传板、宣传员等多种渠道发布信息，做到信息发布透明、公开、及时，并应配合使用百姓易于理解的方式对基本公共服务相关信息的内容进行宣传和解释。

3.2　易于获取

乡镇基本公共服务的提供宜直接上门入户。对难以实现直接上门入户的服务，乡镇政府各部门宜直接或者委托代理机构设置便于居民直接获取服务的基层服务提供站，宜保障每个乡至少有一个服务提供站点。

3.3　集中办理

政府宜在条件适合的乡镇（村）组建社区服务中心，聚集提供社保办理、图书文化站、社区医生及其他可实现聚集的公共服务，联合设置一站式办事窗口。

3.4　分类规划

政府应注意掌握乡镇居民的基本公共服务主要需求，结合本地的资源、经济和需求实际情况，综合制订科学的基本公共服务实施计划，有重点、有步骤地推进基本公共服务建设进程。

3.5　及时改进

政府各部门应注意跟踪各种渠道对乡镇基本公共服务提供情况的反馈，根据乡镇居民的意见反馈和现实情势的变化，及时调整基本公共服务建设政策。

4. 服务内容

4.1　公共教育

4.1.1 学前教育

为家庭经济困难儿童、孤儿和残疾儿童提供学前教育资助，具体要求如下：

——公办幼儿园学前一年教育免学费；

——社会办幼儿园学前一年教育给予补助；

——学前二年、三年教育给予补助。

4.1.2 义务教育

政府教育部门提供乡镇义务教育服务应符合以下要求：

——应免除全部学杂费，提供免费教科书，为寄宿学生提供免费住宿，提供贫困寄宿生生活补助；

——应配备教学所需的基础设备、校舍等资源；

——配置各科各类教学人员，保障教师工资福利待遇，宜建立在职教师培训机制。

4.1.3 高中阶段教育

政府教育部门直接或组织提供乡镇高中阶段教育应符合以下要求：

——宜支持在各乡镇建立涉农技术或其他职业技术教育培训机构；

——农村学生、城镇家庭经济困难学生和涉农专业学生中等职业教育免学费；

——为全日制在校农村学生中等职业教育提供生活补助；

——为家庭经济困难学生提供普通高中资助。

4.1.4 乡镇社区教育

乡镇社区教育提供应符合以下要求：

——乡镇社区教育机构应设立校务委员会，负责制定办学宗旨、教育培训计划，确定教育培训内容和活动方案，整合、调度全镇教育资源；

——宜设立各村（居）委会建立社区学校教学点，对教学点的管理和业务进行指导，为每个教学点配备联系教师和社区教育志愿者。

——组织本村（居）居民进行各级各类的培训活动，并做好计划、总结、资料积累等日常工作。

4.2　就业和社会保障服务

4.2.1　就业服务

应建立乡镇劳动就业社会保障服务中心（所），免费为劳动者提供以下服务：

——就业政策法规咨询、职业供求信息、市场工资指导价位信息和职业培训信息发布；

——组织提供农业技能培训、职业指导和职业介绍；

——对就业困难人员实施就业援助；

——办理就业登记、失业登记等事务；

——其他公共就业服务。

4.2.2　社会保险

乡镇社会保险服务应包括以下内容：

——生存认证服务；

——退管服务，如组织退休人员体检等；

——经办服务。

4.2.3　社会救助

社会救助至少包括以下制度：

——自然灾害社会救助制度；

——贫困地区扶贫制度；

——农村"五保"供养制度。

4.3　医疗卫生

医疗卫生包括以下内容：

——建设农村三级医疗卫生服务网络，有条件的地区宜提供移动诊疗服务；

——实施艾滋病防治、肺结核防治、地方病、传染病及人畜共患病防治措施；

——建立健全区域中毒控制与急救网络，实现突发公共卫生事件应急处置资源整合；

——建立居民医疗档案，有条件的地区宜建立电子医疗档案，提供慢病干预与管理。

4.4　人口计生

人口计生服务主要包括以下内容：

——为育龄人群免费提供计划生育、优生优育、生殖健康等科普宣传教育服务；

——为育龄人群免费提供避孕药具和避孕、节育、生殖健康及取出节育器技术服务；

——为符合条件的育龄群众免费提供输卵管疏通服务；

——为计划怀孕夫妇免费提供孕前优生健康检查服务；

——采集人口信息；

——对村级专干进行知识指导。

4.5　住房建设与危房改造

乡镇政府规划住房建设与实施危房改造，应满足以下要求：

——乡镇政府规划住房建设，应根据综合测评地质数据、生态环境数据以及周边已有单位情况数据科学选址；

——实施危房改造应制定包括现有基础资料、数据分析的危房改造规划；

——宜建立农户档案管理信息系统。

4.6　法律治安

乡镇政府提供法律治安公共服务，应满足以下要求：

——应配置必需的窗口、展板等综合服务设施，用于法律科普宣传和治安服务；

——联合法律服务社团等社会机构，推进人民调解、安置帮教、法制宣传教育、法律援助等服务进乡镇；

——实行警务人员巡查制度。

4.7　公共文化

乡镇公共文化服务应满足以下要求：

——应设立综合文化站，宜设立乡镇图书馆、农家书屋、文化中心等配套设施；

——实现20户以下通电自然村广播电视覆盖；

——每个乡镇有公共电子阅览室，农家书屋覆盖全部行政村；

——在中西部及其他老少边穷等地广人稀的地区配备文化服务车，建设流动服务网络。

4.8　基础设施

4.8.1　交通基础设施应至少满足以下要求：

——具备条件的乡镇、建制村应通公路，逐步提高村庄内主要道路硬化率；

——政府应组织建设护栏、人行路、路灯等配套安全保障基础设置，并提供乡镇公路及配套设置的管护、养护服务；

——宜建设乡镇客运站点，在学校、医院以及居民聚集地应设置公交站点，衔接乡镇客运网络和城市公交网络；

——应监督公交运营，保障每天至少8小时运营时间，运营时至少每半小时一辆公交车的运营频次，严格考核管理公交车准时率。

4.8.2　电力基础设施应至少满足以下要求：

——乡镇电力服务提供应委托具有相应资质的电力公司，安全管理高压电线等设施；

——行政村应通电，无电地区人口全部用上电；

——行政村宜通宽带，带宽满足基本的生活工作需求，自然村和交通沿线通信信号基本覆盖。

4.8.3　水利基础设施应至少满足以下要求：

——政府应组织建设基础农田水利设施；

——自然水灾多发地的乡镇，政府应组织建设达到安全等级的水利基础设施，并安排做好维护工作。

4.8.4　邮政普遍服务基础设施应至少满足以下要求：

——邮政营业场所，应保证农村地区主要人口聚居区平均5—10千米服务半径或 1—2 万服务人口；

——邮筒（箱）设置，应保证提供邮政普遍服务的邮政营业场所门前设置邮筒（箱），乡、镇人民政府所在地主要人口聚居区平均 5 千米服务半径；

——交通不便的边远地区，应按照国务院邮政管理部门指定的标准执行。

4.9 环境保护

4.9.1 饮用水安全应至少满足以下要求：

——应开展饮用水水源地调查评估；

——应建立饮用水水源地环境监管体系；

——应开展环境保护宣传教育。

4.9.2 生活污水处理应提供以下设施：

——乡镇和规模较大村庄宜建设集中式污水处理设施；

——居住分散的村庄应推进分散式、低成本、易维护的污水处理设施建设。

4.9.3 垃圾处理应满足以下要求：

——生活垃圾的收集、转运、处置设施建设，统筹建设城市和县城周边的村镇无害化处理设施和收运系统；

——交通不便的地区要探索就地处理模式，引导农村生活垃圾实现源头分类、就地减量、资源化利用。

4.9.4 建立环境质量监测与评估体系：

——饮用水源地、村庄河流（水库）水质应设置监测试点；

——宜建设空气背景站或区域站，提高环境监测覆盖率，启动环境质量调查评估。

5. 服务质量

5.1 信息收集

乡镇政府各主管部门应以多种方式收集乡镇居民对基本公共服务质量的评价信息，信息收集的方式有：

——直接与乡镇居民沟通；

——向乡镇居民发放调查问卷；

——收集各种媒体的报道；

——设置意见箱，定期汇总乡镇居民的建议或投诉。

对于收集到的投诉信息，应按照相关规定和服务承诺及时进行处理，并将处理结果以适当的方式及时告知投诉人。

5.2　持续改进

乡镇政府各主管部门应主动接受监督，对乡镇居民提出的改进建议或投诉，应及时开展调查，合理采取改进措施。

附录三 《政务服务中心网上服务规范》国家标准（征求意见稿）编制说明

一 任务来源

《政务服务中心网上服务规范》国家标准属于列入国家标准化管理委员会2011年国家标准制修订项目，项目编号为20110769 – T – 469。本项标准由全国服务标准化技术委员会（SAC/TC264）提出并归口，计划于2013年完成。

二 制定本标准的目的意义

作为政务的窗口，政务服务机构联系民生最紧密、服务群众最直接，如何对其进行建设与完善一直是群众关注的热点问题。我国政务服务机构是伴随着政务审批制度改革和电子政务的应用快速发展起来的。1999年至今，全国政务服务机构规模不断壮大，取得了一定的成效。但作为新生事物，管理体制和运行机制方面的一些制约因素，影响了其更好地发挥作用。

标准化是促进政务服务机构规范健康发展，进而提升政务服务绩效的重要技术支撑。利用标准化的手段规范政务服务机构，是创新社会管理的一种重要途径。本项目通过开展政务服务中心网上服务标准研制，有利于提升政务网上服务质量，对于深化政务公开、提高公众满意度具有重要的意义。

1. 为政务服务中心规范网上服务提供依据

标准对政务服务中心网上服务的原则、服务的内容、服务提供要求、服务保障和评价改进进行了详细的规范，并注重相关要求的可操作性，可为政务服务中心提供规范化的网上服务、促进政务服务中心加强自身建设提供依据。

2. 是建设服务型政府的重要途径

实践表明，标准化与信息化相结合的创新建设是提升政务服务中心能力，全面推进服务型政府建设的一项重要举措。政务服务中心网上服务集中行政审批和服务办事的职能，极大地方便和服务了办事群众，它充分体现了服务型政府服务公众的理念。研制政务中心网上服务规范，有助于完善运行机制，打造透明廉政的服务型政府；有助于大力推进政务公开，实现由封闭政府向开放政府、由管制型政府向服务型政府、由全能政府向有限政府的转变。

3. 为政务服务中心网上服务监管提供技术支撑

本标准主要适用于对政务服务中心网上提供的服务进行管理。因此，标准的制定与实施将为政务服务中心管理机构提供监管抓手，有利于管理机构依据本标准的相关规定进行监管与引导，从而促进政务中心网上服务建设的健康、规范、有序发展。

三　编制依据

（1）《关于深化政务公开加强政务服务的意见》（中办发〔2011〕22 号文件）

（2）GB/T1.1-2009《标准化工作导则第 1 部分：标准的结构和编写》

（3）GB/T20000.2-2009《标准化工作指南第 2 部分：采用国际标准》

（4）GB/T1900-1：2008《质量管理体系要求》

（5）GB/T21061－2007《国家电子政务网络技术和运行管理规范》

四　工作过程

2011 年 12 月至 2012 年 3 月，中国标准化研究院现代服务标准化发展研究中心与镇江行政服务中心成立联合标准起草工作组，广泛搜集资料，深入调研，充分了解我国政务服务中心在网上服务内容、服务质量方面存在的问题，找出需要并且可以进行标准化的方面。

2012 年 4—5 月，标准起草组赴镇江、上海、泉州、宁波、深圳、成都六个网上服务建设富有特色的政务服务中心进行深入调研，总结当前政务服务中心网上服务的成功经验和存在的问题。

2012 年 6—7 月，标准起草工作组在前期调研以及对资料分析整理的基础上，形成国家标准《政务服务中心网上服务》国家标准草案一稿，并就标准中的技术内容进行了认真深入的研究和讨论。

2012 年 8—10 月，标准起草工作组在多次召开标准研讨会，广泛、认真听取电子政务、国家编办、国家信息中心以及标准化领域相关专家意见的基础上，对草案一稿进行了反复修改，形成了《政务服务中心网上服务》国家标准草案二稿。

2012 年 11—12 月，标准起草工作组成员对标准草案二稿再次认真推敲，并进行了修改，并广泛听取政务服务一线工作者和服务标准委员会专家对该标准的意见，对该项国家标准草案三稿做了深入修改，形成标准征求意见稿。

五　主要内容

本标准的基本框架如下：

条款	分条款	要点
1. 范围		适用于政务服务中心网上行政服务管理
2. 术语和定义		政务服务中心 实体政务大厅 政务服务中心网上政务大厅 进驻部门 直办事项 联办事项
3. 基本原则	3.1	公开性
	3.2	安全性
	3.3	易用性
	3.4	时效性
	3.5	兼容性
4. 服务内容和提供要求	4.1	信息公开服务
	4.2	网上审批服务
	4.3	民意互动服务
5. 服务保障	5.1	CA 数字认证功能
	5.2	数据记录管理功能
	5.3	服务特殊人群功能
	5.4	提醒警示功能
	5.5	多渠道交互功能
6. 评价改进	6.1	评价方式
	6.2	评价内容
	6.3	评价结果
	6.4	持续改进

标准起草工作组

二〇一三年一月

附录四　政务服务中心网上服务规范（征求意见稿）[*]

目次

前言

1. 范围

2. 术语和定义

2.1　政务服务中心

2.2　实体政务大厅

2.3　政务服务中心网上大厅

2.4　进驻部门

2.5　直办事项

2.6　联办事项

3. 基本原则

3.1　公开性

3.2　安全性

3.3　易用性

3.4　时效性

3.5　兼容性

4. 服务内容和提供要求

4.1　信息公开服务

4.2　网上审批服务

4.3　民意互动服务

5. 服务保障

5.1　CA 数字认证功能

---

* 2015 年 10 月 12 日国家质检总局、国标委共同发布"2015 年第 32 号文"关于批准发布《政务服务中心运行规范第 1 部分：基本要求》等 7 项国家标准的公告，其中《政务服务中心网上服务规范》国家标准号为 GB/T32168 – 2015，实施日期为 2016 年 5 月 1 日，目前还未正式公开该标准内容，故仍以征求意见稿显现。

前言

本标准按照 GB/T1.1—2009 给出的规则起草。

本标准由全国服务标准化技术委员会（SAC/TC264）提出并归口。

本标准起草单位：（略）。

本标准主要起草人：（略）。

1. 范围

本标准规定了政务服务中心网上服务的基本原则、服务内容和提供要求、服务保障、服务改进等内容。

本标准适用于政务服务中心网上服务管理。

2. 术语和定义

下列术语和定义适用于本文件。

2.1 政务服务中心

依据政府授权，组织具有行政许可、非行政许可审批职能的政府部门及其他相关服务单位，在统一场所开设窗口集中提供服务的机构。

2.2 实体政务大厅

政务服务中心的部门窗口组成的现实物理大厅。

2.3 政务服务中心网上大厅

政务服务中心通过网络平台提供各类综合性政务服务的数字虚拟大厅。

2.4　进驻部门

派负责行政许可、非行政许可审批的工作人员进入政务服务中心，提供集中事项办理服务的部门。

2.5　直办事项

不需要现场勘查、集体讨论、专家论证、听证的一般性审批事项和公共服务事项。

2.6　联办事项

须经两个或两个以上进驻部门联合办理或并联审批的事项。

3.基本原则

3.1　公开性

以政务为公开原则，不公开为例外，及时、准确、全面地在政务服务中心电子政务大厅平台上公开公众普遍关心、涉及公众切身利益的政府信息。

3.2　安全性

建立数据分级隔离加密、应急预警和数据备份等安全管理机制，妥善处理信息公开与保护国家秘密、商业秘密和个人隐私的关系，提供安全、稳定、可恢复的网络平台。

3.3　易用性

应提供公共网络数据接口，宜在实体办事大厅和其他居民聚集区提供便民触屏服务终端设备。不需人工回复的咨询事项，应提供 7×24 小时服务，需人工回复的咨询事项，应至少提供 5×8 小时的服务。

3.4　时效性

对于直办事项，宜提供在线即时直接办结服务。对于联办事项，应立即对公众的审批申请、投诉意见或咨询提问做出回应并妥善处理，至少在承诺时限内完成服务项目。

3.5　兼容性

应符合相关技术标准、设计合理，提供规范的接口数据，支持多种数据库环境，保障与原有系统和其他应用系统兼容和集成，保证运行平台和服务栏目具有升级、拓展的能力。

4. 服务内容和提供要求

4.1 信息公开服务

4.1.1 实体办事大厅基本信息公示

应在电子政务大厅中，公示实体办事大厅的基本信息，主要包括以下内容：

——政务服务中心简介及机构设置；

——政务服务中心工作动态，公布中心的文件、规章制度及计划规划；

——网上申诉、网上咨询、意见征集的答复或结果；

——实体办事大厅收取的行政事业性收费标准；

——公告窗口事项调整情况；

——其他需公布的内容。

4.1.2 事项办理指南公示

应向公众提供行政许可和非行政许可和公共服务事项办理指南，宜包括以下内容：

——事项类型、事项编码、事项名称、受理条件、行政主体、法定办理时限、承诺办理时限、许可（审批）条件；

——法律、法规、政策、规章、规范性文件等的具体条款；

——详细的办理流程图、审核要求等；

——申报表单或格式文本下载服务，可细化到每项材料的填报、审核要求，并提供示范文本；

——不同情况下的收费依据和收费标准；

——实体办事大厅的办理部门、办理地点、办理人员、联系电话、监督电话；

——事项办理中的常见问题及解答；

——前置审批事项链接，提醒后置事项；

——提醒与审批事项相关的中介服务，中介机构名录宜按星级排序；

——明示实体办事大厅的布局示意图，标明每个窗口的准确位置、联系电话、服务人员，并建立窗口与事项的对应关系，宜提供虚拟与实景相结合的服务大厅。

4.1.3 事项办理结果公示

应按业务类别和时间顺序进行公示实体办事大厅和网上办事大厅办理的办件情况。

4.2　网上审批服务

4.2.1　网上审批程序指南

应提供直办、联办事项办理程序指南，至少包括以下内容：

——办理流程图；

——办理承诺时限；

——需要提交材料明细，表单或格式文本下载；

——审核要求；

——常见问题解答、在线解答服务等；

4.2.2　网上注册/登录服务

网上办事大厅应提供用户实名注册功能：

——应提供一般用户注册服务，宜通过手机短信进行确认；

——应提供一般用户登录服务，宜提供 CA 数字认证登录服务；

——登录用户可查询在实体办事大厅和网上办事大厅的所有痕迹；

——用户注册信息宜包括用户类别、姓名（单位名称）、身份证号码（组织机构代码）、电子邮件地址、联系电话、邮政编码、联系地址等。

4.2.3　网上预约服务

网上预约应做到：

——预约方式多样，可选择电话、网络、口头等方式；

——确认方式多样，可选择短信、电话等；

——项目办理时间可为工作日或非工作日。

4.2.4　网上受理服务

网上受理服务应满足以下要求：

——应有选择性地针对部分或全部事项，提供网上申报所需要件上传的功能，并将网上申报的材料实时传送到行政审批系统；

——应按照首问负责制、服务承诺制、限时办结制要求，将是否受理情况的决定及时反馈给用户；

——对通过 CA 数字认证的用户宜提供正式受理服务，对一般用户应提供预受理服务，需到实体办事大厅核实申请材料的真实性；

——宜提倡通过上传一份申报资料，通过部门间的信息共享，实现联办件的一站式申报受理。

4.2.5 网上审批

宜提供网上审批服务，提供网上审批服务的应做到：

——及时审批，在承诺时限内完成批复；

——对通过 CA 数字认证的用户应提供网上预审服务，可携带申请材料原件直接到中心获取证照或批文、批复等审批结果；

——对通过 CA 数字认证的用户宜提供网上审批服务，对直办事项直接提供审批结果；

——宜提倡简单联审事项实现并联审批；

——应提供审批结果多渠道反馈服务。

4.2.6 办理状态查询

网上政务大厅应设立事项办理状态查询栏目，依据受理编号或有效证件号码等方式，提供事项办理查询服务，事项办理状态信息应至少包括：

——事项类型；

——事项编码；

——事项名称；

——办件名称；

——申请时间；

——办理部门；

——当前状态等。

4.3 民意互动服务

4.3.1 在线咨询或离线咨询

网上咨询服务做到：

——宜设置咨询表格，内容包括咨询部门、咨询类型、是否公开、咨询主题、咨询内容和相关附件等；

——实时互动宜做到能转接到办件窗口，即相关业务人员直接负责解答；

——留言互动应做到定期回复，保证与服务对象沟通流畅；

——经常咨询的问题应分类定期追加到常见问题解答中，形成知识库，供公众查询。

4.3.2　网上投诉

网上投诉服务做到：

——宜设置投诉举报表格，内容包括申诉举报受理编号、被投诉举报部门、投诉举报类型、被申诉举报人姓名、申诉举报内容；

——应实时传输到行政审批系统中，并明确处理时限；

——宜提供申诉举报结果反馈查询功能，通过申诉举报受理编号向社会公众反馈申诉举报处理的结果信息；

——宜与相关府监察平台实现互动。

4.3.3　意见征集

意见征集做到：

——应根据人民群众关心的问题，动态调整意见征集话题；

——宜明确服务响应时间。

5. 服务保障

5.1　CA 数字认证功能

CA 数字认证服务提供商必须是国家商业密码办公室的电子认证服务使用密码许可单位。可对通过 CA 数字认证的用户提供首页栏目的自定义功能。

5.2　数据记录管理功能

应对公众访问、办事以及各级管理员操作维护动作进行详细记录，并提供统计、审计与分析功能。

5.3　服务特殊人群功能

宜提供无障碍功能和多语种功能。

5.4　提醒警示功能

对于专业性较强的术语、复杂的操作等应有在线帮助或操作指南。具有严重后果的功能执行应具有警告提示，并且在执行命令前要求确认。

5.5　多渠道交互功能

应提供网上服务大厅的站内导航（栏目间的有效链接）、站外导航（与相关网站的链接），宜实现与本级以下政务服务中心网上办事大厅的互联互通。宜提供多渠道服务平台和工具，如短信、微博、飞信、移动办公、即时交流工具等。

6. 评价改进

6.1 评价方式

可采用自我考核、第三方考核、用户考核、参与本级政府考核或相结合的方式，对政务服务中心提供的网上政务服务进行考核，可采取量化考核形式，日常考核与年终考核相结合。

6.2 评价内容

政务服务中心可根据政府网站测评体系，从电子政务服务的体系建设完备性、服务事项受理情况、时效性、功能完备性、联合办理情况、群众满意度等方面制定评价指标，并设计权重或分值。

6.3 评价结果

政务服务中心根据评价情况应设计评价等级，并及时在网上办事大厅或实体办事大厅公布评价结果，评价结果作为效能评价的重要依据。

6.4 持续改进

应根据评价结果不断改进服务方式，优化服务流程，持续提升服务质量。

参考文献

GB/T21061-2007《国家电子政务网络技术和运行管理规范》
中办发〔2011〕22 号文件《关于深化政务公开加强政务服务的意见》

参考文献

一 著作

[1] 马子红：《中国地方政府管理创新大典》，国家行政学院出版社 2009 年版。

[2] 广东创势质量技术咨询服务有限公司：《学校党政机关 ISO9000 实践》，广东人民出版社 2005 年版。

[3] 王飞：《创新的空间扩散》，知识产权出版社 2008 年版。

[4] 黄恒学、张勇等：《政府基本公共服务标准化研究》，人民出版社 2011 年版。

[5] 王语哲：《公共服务》，中国人事出版社 2007 年版。

[6] 王登华、卓越：《公共服务标准化导论——以南京市江宁区财政局实践探索为个案》，中国财政经济出版社 2011 年版。

[7] 井敏：《构建服务型政府理论与实践》，北京大学出版社 2006 年版。

[8] 中国项目管理委员会：《中国项目管理知识体系与国际项目管理专业资质认证标准》，机械工业出版社 2003 年版。

[9] 中华人民共和国国家质量监督检验检疫总局：《服务业组织标准化工作指南第 3 部分：标准编写（GB/T 24421.3 - 2009）》，中国标准出版社 2009 年版。

[10] 中华人民共和国国家质量监督检验检疫总局：《标准化工作指南第 1 部分：标准化和相关活动的通用词汇》，中国标准出版社 2002 年版。

[11] 艾兵：《ISO9000 质量管理体系建立（第 2 版）》，中国标准出版社

2008 年版。

[12] 石国亮:《服务型政府:中国政府治理新思维》,研究出版社 2008 年版。

[13] 卢映川、万鹏飞:《创新公共服务的组织与管理》,人民出版社 2007 年版。

[14] 〔印〕魏尔曼:《标准化是一门新学科》,中国科学技术情报研究所编辑,科学技术文献出版社 1980 年版。

[15] 全国服务标准化技术委员会:《服务业组织标准化》,中国标准出版社 2010 年版。

[16] 刘靖华、姜宪利:《中国政府管理创新》,中国社会科学出版社 2004 年版。

[17] 安莉:《政府质量比较研究》,吉林大学出版社 2006 年版。

[18] 孙选中:《服务型政府及其服务行政机制研究》,中国政法大学出版社 2009 年版。

[19] 李习彬:《规范化管理——管理系统运行设计方法论》,中国经济出版社 2006 年版。

[20] 李永恒:《ISO9000 与公共行政管理》,海天出版社 2001 年版。

[21] 李军鹏:《公共服务型政府建设指南》,中共党史出版社 2006 年版。

[22] 李春田:《标准化概论(第 4 版)》,中国人民大学出版社 2005 年版。

[23] 李习彬、李亚:《政府管理创新与系统思维》,北京大学出版社 2002 年版。

[24] 李庆钧、陈建:《中国政府管理创新》,社会科学文献出版社 2007 年版。

[25] 〔英〕T. 普罗克特:《管理创新》,周作宇等译,中信出版社 1999 年版。

[26] 肖陆军:《服务型政府概论》,对外经济贸易大学出版社 2006 年版。

[27] 吴建伟、祝天敏:《ISO9000:2008 认证通用教程》,机械工业出版社 2009 年版。

[28] 宋其玉:《ISO9001 标准理解与应用指南(2008 版)》,机械工业出版社 2009 年版。

［29］宋彦军：《TQM，ISO9000 与服务质量管理》，机械工业出版社 2005 年版。

［30］陈天祥：《新公共管理——政府再造的理论与实践》，中国人民大学出版社 2007 年版。

［31］陈昌盛、蔡跃洲：《中国政府公共服务：体质变迁与地区综合评估》，中国社会科学出版社 2007 年版。

［32］柳成洋：《服务标准化导论》，中国标准出版社 2009 年版。

［33］钟瑛：《政府公共服务标准体系研究》，世界图书出版公司 2011 年版。

［34］俞可平：《治理与善治》，社会科学文献出版社 2000 年版。

［35］俞可平：《政府创新的理论与实践》，浙江人民出版社 2005 年版。

［36］俞可平：《中国地方政府创新》，北京大学出版社 2006 年版。

［37］〔美〕欧文·E. 休斯：《公共管理导论》，彭和平等译，中国人民大学出版社 2001 年版。

［38］〔美〕史蒂文·科恩、罗纳德·布兰德：《政府全面质量管理：实践指南》，孔宪遂等译，中国人民大学出版社 2001 年版。

［39］〔美〕史蒂文·科恩、威廉·埃米克：《新有效公共管理者》，王巧玲等译，中国人民大学出版社 2001 年版。

［40］〔美〕拉萨尔·M. 林登：《无缝隙政府：公共部门再造指南》，汪大海、吴群芳译，中国人民大学出版社 2002 年版。

［41］〔美〕埃弗雷特·罗杰斯：《创新的扩散》，辛欣译，中央编译出版社 2002 年版。

［42］〔美〕基利等：《公共部门标杆管理：突破政府绩效的瓶颈》，张定淮译，中国人民大学出版社 2002 年版。

［43］姚宏：《中国医疗保险标准化体系概论》，湖北科学技术出版社 2008 年版。

［44］徐高清、林磊、陈群：《管理的系统方法——方法确立》，中国计量出版社 2006 年版。

［45］桑德斯：《标准化的目的与原理》，科学技术文献出版社 1974 年版。

［46］王庆锋：《国外公共部门质量管理机制研究》，中国经济出版社 2007 年版。

二 期刊论文

［1］ 丁元竹：《我国基本公共服务均等化过程中标准建设问题》，《甘肃理论学刊》2008 年第 3 期。

［2］ 马国贤：《基本公共服务均等化的公共财政政策研究》，《财政研究》2007 年第 10 期。

［3］ 王平：《中国标准化管理体制：问题及对策》，《世界标准化与质量管理》2003 年第 3 期。

［4］ 王卓君：《政府创新能力的学理解析》，《学术界》2007 年第 5 期。

［5］ 王国华、温来成：《基本公共服务标准化：政府统筹城乡发展的一种可行性选择》，《财贸经济》2008 年第 3 期。

［6］ 王桢桢、郭正林：《公共服务均等化的影响因素及标准化体系建构》，《学术研究》2009 年第 6 期。

［7］ 王桢桢：《广州基本公共服务均等化的推进路线与标准框架》，《广东行政学院学报》2011 年第 6 期。

［8］ 尤建新、王家合：《政府质量管理体系建构：要素、要求和程序》，《中国行政管理》2006 年第 12 期。

［9］ 尹泽生、牛亚菲：《从规范到标准的递进》，《旅游学刊》2005 年第 6—7 期。

［10］ 石庆功、石蓓蓓：《规范化服务型政府建设的几点建议》，《成都行政学院学报》2005 年第 12 期。

［11］ 卢坤间：《建设回应型政府的重要举措——广东省江门市政府导入质量管理体系的分析》，《中国行政管理》2008 年第 6 期。

［12］ 田武：《2008 版 ISO/DIS9001 标准介绍及应用对策建议》，《中国标准化》2008 年第 3 期。

［13］ 生飞：《ISO19011：质量和环境管理体系审核的有效结合》，《中国质量认证》2003 年第 6 期。

［14］ 刘卓慧：《荷兰专家谈 ISO19011 标准》，《中国质量认证》2003 年第 6 期。

［15］ 刘解龙：《增强两型社会建设体制机制创新的可持续性研究》，《湖南

社会科学》2011 年第 4 期。

［16］江源富、杜义国：《标准化和信息化是提升行政服务水平的有效途径》，《电子政务》2009 年第 10 期。

［17］安体富、任强：《公共服务均等化：理论、问题与对策》，《财贸经济》2007 年第 8 期。

［18］孙友祥、柯文昌：《城乡基本公共服务均等化：价值、困境与路径》，《中国行政管理》2009 年第 7 期。

［19］杜义国、江源富：《标准化管理：提升行政服务绩效的系统化方法》，《行政管理改革》2011 年第 4 期。

［20］李习彬：《中国政府管理创新体系研究》，《国家行政学院学报》2002 年第 6 期。

［21］李彬：《关于我国公共服务市场化的思考》，《管理世界》2003 年第 6 期。

［22］李志增：《关于加强派出所规范化建设的思考》，《北京人民警察学院学报》2004 年第 4 期。

［23］李玉银、陈鹏、王东强：《关于规范化服务型政府建设的思考》，《广西民族学院学报》（人文社会科学版）2006 年第 6 期。

［24］李绥州：《我国地方政府导入 ISO 质量管理体系的技术分析》，《岭南学刊》2008 年第 2 期。

［25］李绥州：《导入 ISO9001：2000 背景下地方政府绩效考核指标体系述评》，《中国行政管理》2008 年第 3 期。

［26］李泷、孟春、李晓玉：《公共服务均等化中的服务标准：各国理论与实践》，《财政研究》2008 年第 10 期。

［27］李军、邓乔国、桑晓明：《江门市直机关 ISO 体系运行效果分析》，《五邑大学学报》（社会科学版）2010 年第 2 期。

［28］李燕：《我国社会保险服务标准化发展路径分析》，《劳动保障世界》2010 年第 11 期。

［29］李晓林：《从城市公共服务标准化实践看 GB/T24421.2 的适用性》，《标准科学》2010 年第 12 期。

［30］李晓林：《从公共服务标准化实践看精细化管理趋势——以北京市公

共服务标准化建设实践为例》，《中国标准化》2012 年第 3 期。

［31］杨雪冬：《中国基层政府创新研究的十个问题》，《公共管理学报》2008 年第 1 期。

［32］杨锋、王金玉：《主要发达国家制定和实施标准化战略的经验》，《标准科学》2011 年第 1 期。

［33］杨晓峰：《政务管理与公共服务标准体系的构建》，《质量与市场》2011 年第 10 期。

［34］吴建南：《中国地方政府创新的动因、特征与绩效》，《管理世界》2007 年第 8 期。

［35］吴国清、李文苗、李天娟：《区域旅游一体化与标准化的互动响应》，《标准科学》2010 年第 4 期。

［36］何增科：《中国地方政府创新与政治合法性：一项初步的经验研究》，《云南行政学院学报》2007 年第 2 期。

［37］余丽丽：《杭州市上城区人才服务标准化建设的实践》，《中国人才》2010 年第 11 期。

［38］邹运来：《工商所规范化服务的探索与思考》，《中国工商管理研究》2010 年第 2 期。

［39］汪来杰：《西方国家公共服务的变化：轨迹于特征》，《社会主义研究》2007 年第 6 期。

［40］汪修慈：《从 2009 版 ISO9001 及 ISO9004 标准草案看质量管理体系标准的制订思路》，《中国质量认证》2007 年第 4 期。

［41］张吕好：《行政许可、认证与标准化管理》，《行政法学研究》2004 年第 3 期。

［42］张勤：《论推进服务型政府建设与基本公共服务均等化》，《中国行政管理》2009 年第 4 期。

［43］张立荣、冷向明：《当代中国服务型政府建设的标准体系——当代中国服务型政府建设的标准体系研究》，《政治学研究》2009 年第 5 期。

［44］张强：《2008 版〈质量管理体系要求〉国际标准的变化及铁路认证企业的应对措施》，《铁道技术监督》2009 年第 8 期。

［45］张明兰、王晓燕：《服务标准化的特征和对策研究》，《上海标准化》

2009 年第 11 期。

［46］ 张欣：《行政服务标准体系建设探讨》，《大众标准化》2011 年第 6 期。

［47］ 张岚、毛益民：《论地方政府创新扩散的影响因素》，《现代城市》2012 年第 3 期。

［48］ 陈红太等：《中国服务型政府的四种模式》，《中国行政管理》2007 年第 7 期。

［49］ 陈雪莲：《国外政府创新的研究与实践》，《国家行政学院学报》2010 年第 1 期。

［50］ 国家行政学院课题组：《探索基层政府公共服务的质量标准——山东胶州九龙镇〈乡镇政府便民服务规范〉调查》，《国家行政学院学报》2009 年第 3 期。

［51］ 金林燕、陈刚：《探索社会管理创新的探路者和先头兵——杭州市上城区"政府管理与公共服务标准化"试点掠影》，《质量与标准化》2011 年第 10 期。

［52］ 金世斌：《服务型政府建设的路径选择》，《江南论坛》2012 年第 5 期。

［53］ 周祥彪、彭国生：《浅议基层工商所规范化建设》，《武汉学刊》2011 年第 1 期。

［54］ 庞力：《我国公共服务标准化问题探讨》，《商场现代化》2010 年第 3 期。

［55］ 郑桂林：《行政标准化问题研究》，《重庆行政》2005 年第 6 期。

［56］〔美〕埃伯哈德·默尔曼：《呼唤服务标准》，《地震标准化》1996 年第 2 期。

［57］〔美〕罗伯特·B. 登哈特、珍妮特·V. 登哈特：《新公共服务：服务而非掌舵》，《中国行政管理》2002 年第 10 期。

［58］ 赵宇：《试析以电子政务为基础的行政服务标准化——以"新泰模式"为视角》，《重庆广播电视大学学报》2012 年第 1 期。

［59］ 郝国庆：《实现政府行为规范化的三个关键环节》，《桂海论丛》2004 年第 1 期。

［60］郝玲玲：《规范政府行为提高政府公信力》，《长春市委党校学报》2010 年第 3 期。

［61］郝素利、李上、丁日佳：《公共服务标准化的国内外比较及对策研究》，《商业经济研究》2011 年第 6 期。

［62］胡税根、徐元帅：《中国政府公共服务标准化建设的价值研究》，《甘肃行政学院学报》2009 年第 5 期。

［63］胡税根、徐元帅：《我国政府公共服务标准化建设研究》，《天津行政学院学报》2009 年第 6 期。

［64］柳成洋、左佩兰、冯卫：《我国服务标准化的现状和发展趋势》，《中国标准化》2007 年第 3 期。

［65］钟瑛：《政府公共服务标准体系研究》，《档案学通讯》2008 年第 5 期。

［66］俞可平：《善政：走向善治的关键》，《当代中国政治研究报告》2004 年第 1 期。

［67］俞可平：《论政府创新的若干基本问题》，《文史哲》2005 年第 4 期。

［68］姜晓萍：《成都市的规范化服务型政府建设》，《中国行政管理》2004 年第 11 期。

［69］姜晓萍、姜洁：《地方可持续发展与规范化服务型政府建设》，《四川大学学报》（哲学社会科学版）2005 年第 4 期。

［70］洪生伟：《服务标准化的对象和领域——初探服务标准化》，《标准生活》2009 年第 8 期。

［71］秦建国、孙炜、尤顺玲：《实施标准化管理，全面提升市政公用事业服务水平》，《中国标准化》2006 年第 9 期。

［72］袁颖、杨婷：《从政府治理模式的角度谈规范化服务型政府》，《甘肃农业》2006 年第 11 期。

［73］晏绍庆、康俊生、路欢欢：《推进公共服务标准化的研究和思考》，《标准生活》2011 年第 11 期。

［74］钱振明：《略论发展行政学》，《江苏社会科学》2000 年第 4 期。

［75］徐雷：《标准化提升公共服务质量与价值》，《质量与标准化》2011 年第 1 期。

［76］ 高丽梅：《天津市公共服务标准化建设的现状和思考》，《大众标准化》2012 年第 1 期。

［77］ 唐铁汉：《建设服务型政府与基本公共服务均等化》，《国家行政学院学报》2008 年第 2 期。

［78］ 唐良富等：《公共服务标准化探析》，《标准科学》2010 年第 10 期。

［79］ 崔义中、王秋萍、高宁：《基层政府创新能力测评指标体系的构建设想》，《宁夏社会科学》2011 年第 9 期。

［80］ 康键、郑兆红、汤万金：《服务质量评价体系及标准体系研究》，《世界标准化与质量管理》2008 年第 1 期。

［81］ 葛红林：《从农村标准化学校建设看公共服务供给》，《中国行政管理》2010 年第 11 期。

［82］ 韩艺等：《西方公共服务市场化借鉴效用的反思》，《江西行政学院学报》2006 年第 1 期。

［83］ 韩志明：《公共管理标准的理论分析》，《北京科技大学学报》（社会科学版）2007 年第 6 期。

［84］ 韩福国、瞿帅伟、吕晓健：《中国地方政府创新持续力研究》，《公共行政评论》2009 年第 2 期。

［85］ 衡霞：《服务型公共部门规范化建设的载体选择——公共部门引进 ISO9001 标准的实践与理论思考》，《成都行政学院学报》2006 年第 12 期。

索　引

图书在版编目（CIP）数据

公共服务标准化的创新机制/卓越等著. —北京：社会科学
文献出版社，2016.3
（国家哲学社会科学成果文库）
ISBN 978 - 7 - 5097 - 8803 - 5

Ⅰ.①公…　Ⅱ.①卓…　Ⅲ.①社会服务 - 标准化 - 研究
Ⅳ.①C916 - 65

中国版本图书馆 CIP 数据核字（2016）第 037459 号

·国家哲学社会科学成果文库·

公共服务标准化的创新机制

著　　者／卓　越　等

出 版 人／谢寿光
项目统筹／曹义恒
责任编辑／曹义恒　贾立平

出　　版／社会科学文献出版社·社会政法分社（010）59367156
　　　　　地址：北京市北三环中路甲 29 号院华龙大厦　邮编：100029
　　　　　网址：www. ssap. com. cn
发　　行／市场营销中心（010）59367081　59367018
印　　装／北京盛通印刷股份有限公司

规　　格／开　本：787mm × 1092mm　1/16
　　　　　印　张：21.125　插　页：0.375　字　数：337 千字
版　　次／2016 年 3 月第 1 版　2016 年 3 月第 1 次印刷
书　　号／ISBN 978 - 7 - 5097 - 8803 - 5
定　　价／128.00 元

本书如有印装质量问题，请与读者服务中心（010 - 59367028）联系